EDITORA DO CONHECIMENTO

Auxiliando a humanidade a encontrar a Verdade

O Homem, a sua Essência e a sua Circunstância

O Homem, a sua Essência e a sua Circunstância

Nelci Silvério de Oliveira

Todos os direitos desta edição reservados à
CONHECIMENTO EDITORIAL LTDA.
Rua Prof. Paulo Chaves, 276 – Vila Teixeira Marques
CEP 13480-970 — Limeira — SP
Fone/Fax: 19 3451-5440
www.edconhecimento.com.br
vendas@edconhecimento.com.br

Projeto gráfico: Sérgio Carvalho
Ilustração da capa: Banco de imagens

ISBN 978-85-7618-474-4
1ª Edição

• Impresso no Brasil • Presita en Brazilo
Produzido no departamento gráfico da
Conhecimento Editorial Ltda
grafica@edconhecimento.com.br

Dados Internacionais de Catalogação na Publicação (CIP)
Angélica Ilacqua CRB-8/7057

Oliveira, Nelci Silvério de
O Homem, a sua Essência e a sua Circunstância / Nelci Silvério de Oliveira — Limeira, SP : Editora do Conhecimento, 2019.

252 p.

ISBN 978-85-7618-474-4

1. Homem - Aspectos filosóficos 2. Homem - Aspectos religiosos 3. Religião 4. Ética 5. I. Título

19-0803 CDD – 111

Índices para catálogo sistemático:
1. Homem - Existência

Nelci Silvério de Oliveira

O Homem, a sua Essência e a sua Circunstância

1ª edição
2019

EDITORA DO CONHECIMENTO

Trago na profundeza vertical e metafísica de minha alma a eterna, dolente e soluçante saudade do meu Senhor, meu Deus e meu Pai, que é a última razão da minha razão, toda a Essência da minha existência.

Sumário

Prefácio

Jornadeando por todas as mansões na casa do Pai que tem conhecido, o homem que ora habita neste mundo, ainda que em sua grande maioria desconheça, é parte imprescindível de um grande plano de evolução cósmica e universal estabelecido nele mesmo pelo seu Creador.

Todo homem neste planeta, assim como toda e qualquer outra creatura, não importando como ou onde se encontre, busca a mesma coisa, que é a maior e cada vez mais abrangente e profunda consciência de si mesmo e da sua própria natureza. Todos os estímulos externos que recebe têm por objetivo provocar suas faculdades e fazer manifestarem seus recursos de modo a favorecer nele a realização do grande plano. Toda vez que um homem resolve um problema ou supera um conflito com bondade, está em sintonia com a sua própria essência e portanto ascendendo na escala evolutiva para Deus. Pouco importa a religião organizada que professe ou o templo que frequente, se age com bondade, está vivendo a verdadeira religiosidade.

A evolução não é algo que acontece fora do homem. Deus não se manifestou em quaisquer dos seus filhos de maneira incompleta, de forma a ir completando os incompletos depois, desde que lhe façam a vontade. Deus não faz nada incompleto como também não produziu de si mesmo almas mais ou menos, de forma a ir aprimorando cada uma delas com o tempo. Deus não faz nada mais ou menos. Absurdo ainda maior seria admitir que Ele é causa de almas impuras, pois que, fonte de absoluta pureza e perfeição, só pode produzir o que é. Deus creou o homem tal qual Ele é, completo, perfeito e puro, na condição de simples e ignorante, ou seja, sem conhecimento de coisa alguma e igualmente sem experiência. Quando Deus creou o homem ele o fez com toda a plenitude de si mesmo. Compete ao homem adquirir cada vez mais consciência disto e entrar na glória do seu Senhor, pois o verdadeiro sentido de existir é tirar do meio a única coisa que ele pode verdadeiramente lhe proporcionar: sabedoria para o espírito!

Todo conhecimento que o homem recebe neste mundo é portanto sagrado e tem por fim favorecer a parcela de compreensão da Lei que ele busca, como também toda a experiência que ele precisa conquistar. O produto de tudo isto é a evolução, é a sua autorrealização espiritual, pois o reino de Deus dentro do homem e nunca fora dele é o reino ao qual o queridíssimo mestre Jesus de Nazaré se referia.

Se a maioria neste planeta azul age em aparente desconformidade com tudo isto, pouco importa, são como cegos que tropeçam e se contaminam um pouco na periferia de seus corpos agregados, mas nem por isso modificam em um grau sequer sua essência divina e por isso mesmo jamais são abandonados pelo seu Creador.

A obra que o leitor tem nas mãos é o suprassumo de toda a sabedoria que o Professor Nelci Silvério de Oliveira tem adquirido e que realizou em si mesmo na forja da sua própria evolução e que aqui nos é gentilmente oferecida. É o produto natural e espontâneo de sua incansável busca pela verdade, não a busca relativa da pseudo-verdade das impermanências, mas a busca pelo eterno que todos haveremos de buscar e encontrar, fruto da sintonia com o alto e do derramamento do Pai para todo aquele que anseia pela própria libertação. É o efeito inevitável de uma atitude de fidelidade à Lei e à verdade, é graça manifesta.

Em cada capítulo, em cada sub-item, deve procurar o leitor adotar uma atitude não de mera intelectualidade analítica, de forma a somente se enriquecer de informação e desenvolver a mente. Muito preferível é um estado singelo de receptividade para o conhecimento que está nas entrelinhas, e que só pode ser auferido numa atitude de sacralidade, onde tudo é humildade e os tesouros ocultos possam ser apreciados.

Por quantos orbes temos portanto jornadeado, quantas vestes carnais nos tem sido carinhosamente emprestadas pela misericórdia do Pai, quantas famílias temos conhecido, quantas dores e sofrimentos temos vivido nos preparando para a grande libertação? O único tesouro que realmente nos interessa é o que o conhecimento da Lei pode nos dar e que em grande expressão, o leitor poderá encontrar na obra que tem nas mãos.

Queremos lembrar a todos ainda que, conforme as palavras de Mário de Andrade: "os gênios nacionais não são de geração espontânea". Almas nobres e dedicadas têm oferecido à humanidade da sua cota de esforço e sofrimento, e realizado suas conquistas para acelerar a marcha do progresso desde os primórdios da civilização. Somente como resultado de tudo isto é que um roteiro de apreciação de todas as questões que verdadeiramente interessam ao homem pôde ser organizado. É portanto tesouro para a alma, é proposta de iluminação para o espírito, é um braço que se estende do alto misericordiosamente para que o homem se eleve.

Assim, muito desejoso que todos se beneficiem com o livro que lhes chegou às mãos, me ocorre uma dessas máximas de sabedoria que vêm do Oriente: "tomem conhecimento destas coisas e decidam como hão de proceder". O conhecimento da verdade faz amor com o espírito, e quando isto sucede ao homem, não é experiência que se possa mais esquecer, pois o Amor é a Lei de Deus.

Brilhe enfim no leitor a luz, tome conhecimento de toda a sabedoria que lhe é oferecida e desperte para a plenitude da glória que é sua.

Emerson Vaz Lettry
Goiânia, 30 de dezembro de 2018

Introdução

• O homem • O homem e Deus • O homem e o mundo

1. O homem

A palavra *homem* é originária do latim *hominem*, acusativo de *homo, hominis*, cujo significado é *húmus*, ou seja, *terra*. Trata-se de um erro de interpretação, a partir de certas fontes, como, por exemplo, das visões de Moisés, narradas no Gênesis, o primeiro livro da Bíblia. Moisés, entretanto, jamais disse que Deus criou o homem do barro. O que ele realmente afirmou é que as potências criadoras (*Elohim*, em hebraico, plural de *El*) fizeram o corpo do homem da *substância da terra*. É o que se acha escrito literalmente no texto grego da *septuaginta*, tradução feita do original hebraico por 70 judeus de Alexandria, três séculos antes da era cristã.

Realmente, o nosso corpo físico é constituído basicamente de água em cerca de oitenta por cento... sendo que os outros vinte por cento restantes não passam de pobres componentes minerais que, se fossem sintetizados num laboratório, seriam suficientes apenas para a feitura de um prego... de tamanho médio! Nada há, de fato, em nosso corpo que não esteja presente na natureza.

Pelo visto, este corpo que temporariamente animamos, nem mesmo é realmente nosso, já que o tomamos emprestado da natureza, com a ajuda de nossos pais biológicos, e, quando, por motivos diversos, como acidentes, desgaste, doenças ou velhice, ele não mais consegue nos sustentar, então, nós, que somos Espírito, o abandonamos e o devolvemos ao seu legítimo dono, isto é, a matéria, para a perpétua reciclagem da natureza, onde, segundo Antoine-Laurent LAVOISIER, "nada se cria, nada se perde e tudo se transforma".

É por isso, certamente, que, conforme Tomé (*O Evangelho de Tomé*, logion 29), Jesus Nazareno, certa vez, maravilhou-se da encarnação do homem, dizendo: "Como é que tamanha riqueza veio habitar em tanta pobreza?" Claro está que a riqueza é o Espírito, ao passo que a pobreza é o corpo físico!

Dizem que, em épocas pretéritas, que há muito se perderam nas brumas do tempo, milhares de anos antes da nossa era (Cf. Cécile SAGNE. *O erotismo sagrado*. Trad. Rio de Janeiro: Ediouro, p. 161-162), uma jovem iniciada da Índia, muito linda de corpo e belíssima de alma, de nome Hemalekha, foi dada em matrimônio, por seu pai adotivo, a um príncipe, cujo nome era Hemacuda. Os dois estavam enamorados. Contudo, nos joguinhos amorosos que entretinham, a moça não demonstrava grande entusiasmo, razão porque o príncipe, um tanto agastado e aborrecido com a situação, considerada até mesmo constrangedora, houve por bem reclamar, queixando-se amargamento. A princesa, então, lhe respondeu: Alteza, este corpo, que tanto desejas, não passa de uma gaiola constituída de ossos, ligados entre si por músculos e tendões. Por fora, uma pele revestida de pelos em toda a sua extensão; por dentro, líquidos e excremento. Tendo sido concebida originariamente por sangue e esperma, esta gaiola vem à luz passando pela mesma porta da urina...

Sabemos que o *homo* se bifurca em *masculus* e *femina*, termos latinos para macho e fêmea. O latim é uma língua metafisicamente pobre, o que não acontece, por exemplo, com o grego. Em grego, macho é *anèr* e fêmea é *gynè*. Mas, e o homem como Espírito, anterior e posterior à bifurcação existencial em macho e fêmea, porque é eterno? Em grego, é o *anthropos*. Entretanto, não há em latim, e, consequentemente, em qualquer idioma neolatino, um termo que lhe seja correspondente.

Todos herdamos a indigência filosófica do latim. É por isso

que a terminologia científica atual, que é prática, horizontal e quantitativa, é toda ela formada por vocábulos e por prefixos e sufixos latinos, enquanto a linguagem filosófica, idealista, vertical e qualitativa, é constituída de palavras, prefixos e sufixos gregos.

Outro termo por demais interessante é mulher. Provém do latim *mulier*, termo comparativo *muli+er*, cujo significado original é... mais mole, no sentido de mais fofo, mais delicado, mais macio, mais suave... Segue-se daí, logicamente, que mulher "dura", seja em termos físicos ou psicológicos, não é mulher, é homem disfarçado!...

2. O homem e Deus

Deus é o Ser, o Absoluto, o Eterno, o Ilimitado.

Deus é o Infinito, e o Infinito não é susceptível de definição. Definir é, etimológica e literalmente, delimitar, estabelecer fins, contornar, finitizar. Ora, como se pode delimitar o Ilimitado, finitizar o Infinito? Definir Deus é algo tão infantil como tentar colocar o oceano numa xícara ou, então, enunciar um círculo quadrado.

Deus é, simplesmente é, com a infinita potência do seu Ser. Nada mais se poderia dizer, porque é indizível, ou mais ainda, é impensável.

De fato, pensamos com a nossa mente intelectiva, que funciona de forma bipolar ou horizontal e, por isso mesmo, jamais pode alcançar as culminâncias da verticalidade intuitiva unipolar e indimensional do Absoluto. A mente quase sempre mente despudoramente, pois é próprio da mente... mentir!

Deus é, não para ser pensado, mas para ser vivido, vivenciado na intimidade intuitiva, qualitativa, fecunda e fecundante do Eu e não para ser dito na horizontalidade intelectiva, quantitativa e fecundada do ego.

Um deus pensado ou inteligido chega a provocar arrepios. É como o clarão da lua, poético até, porém, tiritante, frio como um campo de neve, de uma frialdade polar... Todavia, o Deus vivido é infinitamente mais cálido, mais fecundo e mais irradiante do que o sol que alimenta toda a vida biológica neste planeta Terra. Somente o Deus único e verdadeiro pode ser conhecido e amado através de um jubiloso querer, no calor construtivo do amor e do mais vibrante entusiasmo.

A palavra Deus provém do vocábulo latino *divus*, que tem origem em *deivus*, com o significado de luminoso, cheio de luz. Daí é que derivamos a palavra *dia*. Ora, nada mais pode aproximar-se de Deus, em termos de representação simbólica, do que a luz... a luz cósmica, invisível, universal e incontaminável...

Deus é o eterno... de mil nomes. É o Ser, o Ente, o AUM, o Yahveh, o Lógos, o Verbo, o Nous, o Theòs, o Zeus, o Tao, o Pai... Deus é Deus, e El, é God, é Gott, é Brahman, é Allah... Mas, nada disso é Deus! Nem todos os nomes possíveis de todos os idiomas possíveis do Universo seriam suficientes e bastantes para nominar Deus, porque Deus é a Qualidade Suprema do Infinito, e não a soma quantitativa e total de todos os finitos, sendo, portanto, em Essência, absolutamente inominável!

Deus é o Ser, o único Ser. Nós também somos, como partes de Deus, somos por participação, somos por dádiva e graça do Ser Absoluto. Como Essência, nós também somos eternos.

O homem não desceu ao mundo para fazer grandes coisas, mesmo porque, aos olhos de Deus, nada é grande nem pequeno, mas é pura qualidade. O desejo de se destacar, fazendo grandes coisas, é apenas uma ilusão do ego imediatista, pirotécnico e fogueteiro!...

O homem veio à existência para buscar e encontrar o ser, o ser em Deus, em si mesmo, nos irmãos e na natureza. Veio para o autoconhecimento, a autolibertação e a autorrealização de si mesmo. Está no mundo para descobrir e revelar o seu ser, mas, como sempre tem que fazer algo, sejam grande ou seja pequeno, conforme a específica missão, que lhe foi confiada pelo Ser Absoluto, deve fazê-lo com humildade, alegria e grandeza da alma, independentemente dos frutos ou resultados.

Do ponto de vista dessa dimensão superior de consciência, varrer uma rua ou lavar um canil pode ser mais importante do que escrever um livro ou presidir a uma república. Tudo depende do ser e não do fazer, do porquê e do para quê, da atitude qualitativa do sujeito e não das características do objeto ou da função. Suponhamos, por exemplo, que uma mulher, ao chegar em casa à noitinha, após uma estafante jornada de trabalho, encontre a pia de sua cozinha abarrotada de louças, talheres, vasilhas e pratos, até quase ao teto. Basicamente, três atitudes lhe são possíveis: Primeira, ela se recusa a lavar os utensílhos e, revoltada, explode em xingamentos e impropérios, mandando ao inferno a empregada faltosa, o marido e os próprios filhos; segunda, lava-os, porém, chorosa, ressentida e amargurada; e, terceira, mete mãos ao trabalho, a sorrir e a cantar, saboreando o cheiro da limpeza e a alegria da água. Somente nesta última hipótese, o fazer é compatível com o ser, com a superior dignidade da criatura humana, mais do que isso, aqui o trabalho se transformou em oração e oração eminentemente libertadora.

A verdadeira grandeza do homem consiste em semear o bem pelo bem, do modo mais desinteressado, e não em colher egoesticamente os resultados. Mas, se for capaz de ações dessa natureza, os resultados virão necessariamente, mesmo que, excepcionalmente, possam demorar uma centena de anos. A verdade é que, como não se perde um átomo de energia no campo quantitativo da física, ainda que uma galáxia inteira se incendeie, muito menos se pode perder uma única vibração positiva no reino qualitativo da metafísica.

Deus é o Ser. Todavia, que significa etimologicamente a palavra ser? Em português, têmo-la como infinito substantivado, originário do verbo latino *sedere*, com o sentido de estar assentado ou permanecer... O símbolo é apenas razoável. Em outros idiomas, como o grego, o inglês e o hebraico, é relativamente mais correto, pois em vez do nosso infinitivo, usa o particípio presente ou gerúndio, muito mais adequados. Em hebraico, por exemplo, o vocábulo *Yahveh*, ou, um tanto incorretamente, *Jeohvah*, não é, nada mais nada menos do que o nosso Ente ou sendo português.

Consequentemente, Deus é o Ente Absoluto, é o Sendo, o Absolutamente Sendo, o Infinitamente Sendo. Assim Sendo, Deus é!...

O que existe não é, e o que é não existe! Existir, *ex-sistere*, em latim, significa literalmente estar de fora. Daí, porque Deus não existe, o que existe são as manifestações de Deus.

Deus siste, ou melhor, IN-siste, não ex-siste. Ele é, com a Infinita Potência do seu ser, desde sempre e para sempre... sem começo, sem meio e sem fim!...

Por isso, deixa de ter qualquer sentido falar-se em existência de Deus e chega às raias do ridículo a tentativa de provar tal coisa... Mesmo porque só se pode provar aquilo que é provável, que é baseado em probabilidades. Portanto somente se pode provar coisas relativas, quantitativas, finitas, temporárias. Ora, Deus é absoluto, pura qualidade, infinito, ilimitado, eterno... Logo, é impossível que possa ser provado, a não ser na intimidade silenciosa, qualitativa e crística de um autoiluminado. Porém, de qualquer modo, essa experiência rigorosamente íntima jamais poderia ser transmitida e, por isso mesmo, provada a quem quer que seja.

Apesar disso, no entanto, filósofos e teólogos, em todos os tempos e lugares, têm insistido bravamente em provar a existência de Deus.

Battista MONDIN (*Quem é Deus?* p. 181-258) tratou exaustivamente de tais provas, consideradas em si mesmas, em sua necessidade, sua estrutura, seu valor e sua história. Ele as classificou em provas ontológicas, cosmológicas e antropológicas. Provas ontológicas, segundo ele, são aquelas que partem *a priori* da ideia mesma de Deus; cosmológicas, as que se baseiam em fenômenos da contingência do mundo; e antropológicas, as que se fundamentam nas exigências de transcendência, que encontramos no homem.

Se mergulharmos nessas provas, a impressão que nos fica é exatamente a mesma de Georges GUSDORFF (*A agonia da nossa civilização*, p. 202), quando ele nos diz: "Se o homem pudesse demonstrar a existência de Deus, o Deus assim descoberto não seria mais Deus, mas um ser intelectivo submetido à obediência da argumentação humana, prisioneiro de um universo do discurso constituído pelo homem."

Tem toda a razão. Uma descrição de Deus, seja cosmológica ou antropológica, o reduz a um deus criado à imagem e semelhança do mundo e do homem, ou seja, a um falso deus, a um pseudodeus. Argumentos dessa natureza podem até levar homens inteligentes, porém, despidos de sensibilidade, ao ateísmo, principalmente os indecisos.

Deus é o Ser, mas, sobretudo, é o Pai. E o homem é o filho. Deus é Pai, não é padrasto! "E esse Pai – afirma Inácio LARRAÑAGA (*A rosa e o fogo*, p. 52) –, não é um Deus vestido de relâmpagos, mas, um vasto oceano de ternura."

Circulam pela periferia existencial deste mundo certas filosofias e teologias, igualmente periféricas, e, mais do que isso, equivocadas, para as quais Deus não é Pai, mas padrasto do homem. Dizem e pregam que Deus criou o ser humano, bem como tudo quanto existe *ex-nihilo*, do nada, do nadíssimo nada. Dessa maneira, o homem seria fundamentalmente mau, porque filho da ausência, filho das trevas e não filho da presença, filho da luz. Quanta loucura! Se Deus criou a existência, inclusive o homem, do nada, que é então de sua Infinitude?...

Deus, na verdade, gerou e concebeu o homem de si mesmo, de sua própria Essência, sacando-o da Luminosa Presença do Infinito, e não da tenebrosa vacuidade do nada. É, por isso que, na visão de Inácio LARRAÑAGA (*As forças da decadência*, p. 80), "o ser humano, mesmo despedaçado na agonia e radicalmente fracassado, está sempre envolvido no amor de Deus".

É por isso ainda que o homem é eterno em seu ser, embora temporário em seu existir; imortal como ser divino, mortal, porém, como fenômeno humano. Assim, o homem, em Essência, é anterior à encarnação e, evidentemente, posterior à sua própria desencarnação.

Por isso também, o homem é essencialmente bom, porque filho da Bondade Absoluta, porque filho da Luz e não filho das trevas. É bom, é um deus em seu ser, embora possa até comportar-se como um bandido em seu fazer. Todavia, se tal acontece é exatamente porque ele ignora a sua filiação divina e mantém pecaminosamente uma ilusão separatista em relação ao Absoluto, que lhe deu origem, falsificando, desse modo, sua própria natureza.

O homem só pode saber realmente o que ele mesmo é. Se não fosse divino, ele jamais poderia conhecer Deus. Por conseguinte, o homem é Deus, Deus-filho, bem entendido e não Deus-Pai e, muito menos, a Divindade. E sendo Deus-Filho, sua vocação invencível é voltar ao aconchego do Pai, no abraço eterno da criatura com o seu Criador...

Mas, que ninguém se iluda. Nenhum homem pode retornar ao Pai simplesmente pelo agir ou fazer, seja um agir vicioso ou, até mesmo, virtuoso. É se não pode regressar pelo seu agir ou fazer, é inconcebível que o possa através de um fazer alheio! É impossível ao homem voltar ao Pai na garupa de um ministro ou de um profeta, nas costas de um padre ou navegando nas torres de uma igreja. O caminho é estreito e a porta é apertada. Somente o filho é que pode passar, desde que, sozinho, nu e livre de todas as escórias involutivas, barônticas e existenciais. Ninguém pode regressar ao seio do Pai através de ritos mágicos ou de sacramentos e fórmulas de qualquer natureza, ninguém pode fazê-lo de contrabando, por mãos de terceiros, sem mérito evolutivo. Só se pode voltar ao Criador pela intuição nacional-espiritual, pelo Verbo, pelo Lógos, pelo Cristo Cósmico, uma vez conscientizado e transformado no Cristo Interno...

O homem como filho, como criatura finita que é, não pode mesmo achar Deus como Pai, como Criador Infinito. Mas o Pai sempre pode achar o filho, desde que o filho se torne achável!... Desde que ele crie as condições necessárias para ser achado, desde que se cristifique, transmentalizando-se, crucificando-se no Amor vertical e incondicional a Deus e horizontal e desinteressado ao próximo e à natureza, criando, assim, humildade, idoneidade e receptividade suficientes para ser encontrado.

3. O homem e o mundo

É surpreendente que os homens desejem conhecer cada vez mais a natureza do mundo e do universo, ao mesmo tempo que ignoram, quase por completo, a natureza humana, a natureza de si mesmos. Sócrates, no século IV, antes de nossa era, já lamentava essa situação, tal como Agostinho, no século V de nosso tempo. E a sandice e a insensatez só têm aumentado desde então, para a surpresa e a decepção dos grandes sábios. Vejamos o que nos diz Ikbal TAIMNI (*Autocultura à luz do Ocultismo*, p. 46):

> Um dos traços chocantes dos tempos atuais é a falta de compreensão sobre a natureza do homem. O homem está tentando saber tudo no universo. Ele pode saber com certeza de que são feitas as estrelas distantes de nós milhões de quilômetros. Ele conhece detalhadamente a constituição dos átomos e moléculas. Entretanto, sobre si mesmo praticamente nada sabe e, o que é pior, está muito satisfeito de viver sua vida sem cogitar de onde vem, qual a sua natureza real, porque está aqui neste mundo e para onde vai após a morte, é realmente espantoso como a grande maioria da população do mundo pode viver toda uma vida sem fazer essas perguntas naturais ou mesmo tomar conhecimento de sua existência.

Convenhamos: um ser humano assim, com essas características, ainda que dotado de livre arbítrio e da faculdade intelectiva, aos quais ainda não faz jus, pouco difere de um cavalo, tomando-se, no entanto, todo o cuidado possível para não injustiçarmos o quadrúpede!

O homem vive no mundo, faz parte da natureza, é um fato. A natureza, conforme René DESCARTES, em suas meditações (*Cf. Obra escolhida*, p. 189), é "a ordem e a disposição que Deus estabeleceu nas coisas criadas". Então, a natureza é o conjunto de todos os corpos, coisas e fenômenos que compõem a gigantesca obra da criação. Na natureza, assim entendida, vive o homem que, enquanto entidade biológica, não pode fugir ao mundo, sendo uma pequenina parte viva desse mesmo mundo. E, sob esse aspecto, como parte desse todo, o homem é muito insignificante! Nicolas BERDIAEFF percebeu claramente o fato, ao constatar que "no mundo da natureza, o homem não ocupa uma posição privilegiada. Entra no reino natural como uma de suas manifestações. É uma parte fragmentada do universo, infinitamente pequena". (*Le sens da création*, p. 104.)

Além dessa pequenez, fisicamente o homem aparece como sendo o animal mais fraco da natureza, o mais dependente de proteção, o mais inerme. Um quadrúpede, por exemplo, já nasce andando, ao passo que o homem, ao nascer, necessita de cuidados especiais por longos anos.

Por outro lado, entretanto, o homem é maior do que o mundo. É parte de um todo, mas, ao mesmo tempo, supera o todo do qual faz parte. Isto, porque o homem é dotado de dupla natureza. Acima da natureza global, ele possui uma segunda natureza que lhe é específica. Trata-se da natureza humana que, segundo o conceito cartesiano (*ob.cit.*, p. 189), significa "o conjunto das coisas que Deus deu especificamente ao homem".

Nessa altura, podemos dizer, com toda a segurança, que, quando se constatarem novas formas de razão, sentimento e vontade, em qualquer outra parte do universo, elas serão necessariamente de natureza espiritual...

Concordamos, mais uma vez, com BERDIAFF (*ob. cit.*, p. 105), quando ele afirma que o homem "faz de si mesmo o centro absoluto, não de um sistema planetário fechado e acabado, mas de todos os mundos. O homem não é apenas uma criatura natural, mas, também, sobrenatural, de origem e destinação divinas, criatura que, embora vivendo no mundo, não pertence a este mundo". É verdade. O homem não pertence ao mundo, está no mundo, todavia transcende o mundo. Consequentemente, não pode desintegrar-se para sempre, como erradamente pensam os céticos, niilistas, materialistas e ateístas, de todas as tendências e matizes. Pelo contrário, sendo Essência Divina, retornará, um dia, mais cedo ou mais tarde, à Casa Celeste do Pai. Como ser-no-mundo, o ser humano é tão-somente um passageiro com destino à eternidade, um pilar de eternidade na insustentável moldura do tempo.

Capítulo I: O Homem e o Universo

• O Universo • A bipolaridade univérsica • O homem e a sua posição no Universo

1. O Universo

Que é o Universo? Qual seria a sua finalidade? Segundo Ikbal TAIMNI (*A Ciência do yoga*, p. 147):

> A ideia de que este universo, magnífica e belamente planejado, no qual vivemos, não tem finalidade alguma, é de fato um insulto à inteligência humana, sendo, entretanto, tacitamente aceita pela grande maioria dos cientistas modernos, ou os assim chamados intelectuais. Se você perguntar a um cientista o que ele tem a dizer sobre qual o propósito implícito no Universo, ele provavelmente se mostrará impaciente e responderá que não sabe e não se importa em saber. Por conveniência, ele terá ignorado a questão do "porquê" do Universo, a fim de poder dedicar-se ao "como", sem ser importunado por qualquer dúvida desconfortável em relação à utilidade daquilo que está fazendo.

O termo universo é certamente uma das palavras mais fortes, profundas e belas da língua portuguesa, bem como de suas co-irmãs neolatinas. Compõe-se de uno e verso. Verso, em latim, é o particípio passado do verbo *vertere*, que significa derramar.

Infelizmente, porém, quando os homens falam em universo, só o vêem pelo lado de fora, pelo verso, e não pelo lado de dentro, pelo uno. Verso, em se tratando do Universo, quer dizer a existência, os finitos, as criaturas, o conjunto de todos os corpos, coisas e fenômenos que englobam a gigantesca obra da criação e de todas as leis gerais que os regem. O Uno, porém, é a Essência, é o Infinito, é o Criador. Por conseguinte, o Universo é a Essência e a existência, o Infinito e os finitos, o Criador e as criaturas. É o Uno e o verso. O Universo é a Unidade Qualitativa da Essência derramada na pluralidade quantitativa da existência. É a Causa Única Incausada e Causante causando tudo quanto existe, e, bem assim, o conjunto de todos os efeitos causados.

O Universo é, portanto, o Deus no mundo e o mundo em Deus, não como entidades disjuntivas ou separadas, mas como um Todo Único e perfeitamente homogêneo, homogêneo e simultâneo.

2. A bipolaridade univérsica

Tudo na existência, tudo no verso, é bipolar e funciona conforme o modelo do átomo, ou seja, em termos de elipses bicêntricas, desde o microcosmo ao macrocosmo, vai do átomo às galáxias e sistemas de galáxias.

Em se tratando do Universo, a bipolaridade é a Unidade na diversidade. Dá-se a bipolaridade univérsica quando o Infinito Qualitativo da Essência produz todos os finitos quantitativos da existência, quando o Criador se manifesta em todas as criaturas, quando o Uno se revela no verso.

A bipolaridade univérsica está presente em toda a criação, como, por exemplo, no mundo existencial do homem. Assim, quando o *anèr*, que é masculino e dativo, se encontra com a *gynè*, que é feminina e receptiva, dessa união bipolar emerge um terceiro indivíduo biologicamente formado por esse encontro fecundo e fecundante. No mundo da mente humana, a bipolaridade aparece como tese e antítese, de cujo confronto se saca uma síntese que, por sua vez, transforma-se numa nova tese e, desse modo, sucessivamente. No reino qualitativo da Metafísica, temos a Religião e a Ética, a primeira, dativa; e a segunda, receptiva e dativa, ao mesmo tempo. Recebe-se de graça do Infinito e se deve doar, igualmente de graça, para todos os finitos. Esse processo, se devidamente exercitado, transforma o homem uma poderosa antena de captação do Infinito e de retransmissão desinteressada para todos os finitos.

3. O homem e a sua posição no Universo

Que lugar nos cabe no conjunto da criação, no desdobramento cósmico da existência? Qual é a posição do homem no concerto do Universo? A resposta que nos oferece a ciência intelectiva, embora extremamente medíocre e acanhada, uma vez que se baseia na dupla dimensão quantitativa de espaço e tempo, é, no entanto, capaz de causar arrepios.

Consideremos, de início, o homem no espaço.

Qualquer um de nós, por exemplo, se ousar subir sozinho ao cume de uma montanha e se se puser, à noite, a contemplar a amplidão do céu estrelado, deixando-se perder na voragem desses insondáveis abismos sidéreos, sentir-se-á, naturalmente, mais insignificante do que um grãozinho de areia no deserto do Saara.

Não há dúvida: os nossos maiores, mais potentes e bem direcionados radiotelescópicos da atualidade já conseguem perscrutar uma nesga, um pedacinho apenas do espaço, o suficiente, no entanto, para vislumbrar cerca 100 bilhões de galáxias, cada uma contendo, mais ou menos, 100 bilhões de estrelas.

Observemos a nossa própria galáxia, a Via Láctea. Não é uma das maiores, mas, ainda assim, a luz, com uma velocidade de 299.800 quilômetros por segundo, levaria 100 mil anos para atravessá-la, de lado a lado. O nosso sistema solar, situado em um braço espiralado da Via-Láctea, acha-se a 50 mil anos-luz do seu centro. Integrante deste sistema, a nossa querida Terra, com um diâmetro de 12.800 quilômetros, que expressão de grandeza teria, se comparada, por exemplo, com os um milhão e trezentos e noventa mil quilômetros do diâmetro do sol. Ela se move em torno do astro-rei numa órbita de, aproximadamente, cento e quarenta e nove milhões de quilômetros de distância.

Ao compararmos todos esses dados, podemos dizer, a bem da verdade, que o nosso sistema solar é apenas um subúrbio inexpressivo, penumbral e distante do centro de nossa galáxia, e que a Terra não passa de um fragmento de poeira cósmica, vagabundeando no oceano galáctico sideral. "Já foi calculado que uma rolha flutuando na superfície do Oceano Atlântico – afirma Ikbal TAIMNI (*Autocultura à luz do Ocultismo*, p. 188-189) – é mais significante, sob o ponto de vista físico, do que a terra quando viaja em sua órbita solitária no vasto oceano do espaço físico. Um pequeno inseto que se move sobre uma montanha tem maior significado, sob o ponto de vista físico, do que um ser humano movendo-se sobre a terra."

Diante desse quadro, haveria palavras para descrevermos a posição espacial do homem no mundo? Estamos vendo que é menor, muito menor, do que a ponta da antena de uma formiga, em relação aos formigueiros do universo!...

E se focalizarmos o homem no tempo? Os resultados não seriam ainda mais assustadores? "Não sabemos nós – continua Ikbal TAIMNI (*ob. cit.*, p. 189) – que as ondas da maré enchente do tempo avançam inclementemente por nossa vida, tudo devorando? Não somente seres humanos, mas civilizações e mesmo Sistemas Solares desaparecem continuamente! Nada pode deter o avanço da onda em que os séculos passam ao esquecimento como se fossem um momento em comparação com a vida do Universo."

Segundo as sábias conclusões da elite aristocrática da filosofia oriental (Cf. *Bhagavad Gita* 8,18-19), o nosso universo é dotado de uma média-vida de trezentos e onze trilhões e quarenta bilhões de anos! E devemos dizer que isto representa apenas uma única respiração completa do Universo. O processo é o seguinte: a luz física, real, incolor e invisível, criada pelo Uno, pela Luz Metafísica Divina, condensa-se em energia e a energia congela em matéria. É a fase da expiração, da diástole, da expansão. Estamos nessa fase. É quando se abre o ciclo luz-energia-matéria, com o despontar do sol de Brahma, e tudo nasce. Porém, uma vez esgotada a força do movimento expansionista, sobrevém o cansaço, a entropia, e, então, tudo volta ao ponto de partida. É a sístole, a inspiração, a contração, fechando-se o ciclo em matéria-energia-luz, quando tudo morre, para, oportunamente, recomeçar, em um novo respiro cósmico do Universo. Infinidade de universos se organizam e se desintegram sob o comando desse ritmo invencível.

Em todos os universos, que se criam e se desintegram, o Uno se mantém imutável e idêntico a si mesmo, ao passo que, durante o processo, só muda o verso, somente o verso...

Este é o grande sistema. Dentro dele, é lógico que sistemas menores obedecem a ritmos cronológicos diferentes. É o caso do nosso sistema solar. Em nosso Planeta, por exemplo, no qual tudo vive graças à energia solar, tudo morrerá, na melhor das hipóteses, daqui a cinco bilhões e meio de anos, quando o sol esgotar o seu combustível e se apagar... Ou, na pior, a qualquer momento, se o sol explodir!...

Do exposto, é lícito perguntar: que seriam os dez bilhões de anos – a média-vida do nosso sistema solar – em comparação com os trezentos e onze trilhões e quarenta bilhões de anos – a média-vida do nosso Universo? Ou, muito menos ainda, que significaria a própria aventura humana, no contexto da idade da Terra?

Richard LEAKEY (*Origens*, p. 13-14) ensaiou uma resposta, nos seguintes termos:

> Se fôssemos documentar a história da Terra, dia por dia, ano por ano, desde o seu nascimento, como parte do sistema solar, por volta de 4 bilhões e meio de anos atrás, num volume de exatamente mil páginas, cada uma dessas páginas cobriria 4 milhões e meio de anos. Quase que o primeiro quarto do livro, cerca de 250 páginas, descreveria como surgiram aos poucos as condições propícias para o aparecimento da vida, após a condensação dos gases que formaram nosso fervilhante planeta. Nesse ponto, grumos gelatinosos, sem dúvida alguma vivos, ainda que muito primitivos, seriam vistos nas poças deixadas pela agitação das marés nos mornos oceanos. Mas a vida no mar, na forma com que estamos familiarizados, teria que esperar até que avançássemos por nosso caminho, através

> de três quartos do texto – a idade dos peixes foi há 500 milhões de anos. E as primeiras criaturas terrestres, descendentes dos peixes que desertaram do ambiente aquático, surgem trinta páginas depois, por volta de 350 milhões de anos atrás. Um dos períodos mais exóticos e por certo o que mais inspira terror na história da Terra, a Idade dos Dinossauros, constaria de umas trinta páginas, descrevendo o período entre 225 e 70 milhões antes do presente, quando, de modo incomum, eles desapareceram de súbito, para serem substituídos pela Idade dos Mamíferos. Foi nesse ponto, há 70 milhões de aos, que evoluíram os primeiros primatas, pequenas criaturas semelhantes ao rato, que abandonaram a vida no chão e foram viver nas árvores: foi a partir desse início simples que evoluíram os macacos, os antropoides e os humanos – nós partilhamos de uma herança primata com os macacos e os antropoides, e também com criaturas menores, tais como o lêmure camundongo e o diminuto poto. O mais distante ancestral identicável do homem (o primeiro hominídeo) faz sua aparição por volta das três últimas páginas antes do fim do livro, cerca de 12 milhões de anos atrás: era o *Ramapithecus*. A linhagem *Homo* vem no fim da penúltima página; e os primeiros artefatos de pedra seriam descritos na segunda metade da última página. E, testando ao máximo nossa capacidade de compressão literária, o total desabrochar dos humanos teria de restringir-se à última linha do livro, com a estética e o simbolismo das pinturas das cavernas da Idade da Pedra, o advento da agricultura, a excitação intelectual da Renascença, a turbulência da Revolução Industrial, a polarização das superpotências, o nascimento das viagens espaciais e tudo o mais que constitui nossa história recente, condensados na palavra final do livro!

Imaginem! Num livro de mil páginas sobre a origem e o desenvolvimento do nosso Planeta, toda a história da civilização mundial, inclusive parte da pré-história, estariam condensadas dentro de uma única palavra: a palavra final do livro!

Tem razão, portanto, Huberto ROHDEN (*De alma para alma*, p. 110) ao afirmar:

> Nós, meu amigo, somos de ontem – e amanhã deixaremos de ser...
> E quando a humanidade deixar o cenário do universo, continuará o drama da Terra e do cosmos – sem nós...
> Sem nós – como milênios antes, como se nunca tivéssemos existido...
> Somos uma pequenino parêntesis – entre dois infinitos...
> Somos um subitâneo lampejo – na noite eterna...
> Somos um grito apenas – no silêncio imenso do deserto cósmico...
> Somos uma microscópica ilha de vida – no oceano da morte universal...
> Somos um nada...

Então, é isto? É esta a posição do homem no Universo? De modo algum! Absolutamente não! Esta é a posição do homem no verso... do Universo. É que até aqui, estávamos tomando a palavra universo pelo lado de fora, pelo verso, e não pelo lado de dentro, pelo Uno...

Ao contrário do que parece à primeira vista, o homem é uma entidade sublime, porque tem sua origem no Infinito e eternamente pertence ao Uno, apenas está temporariamente no verso. De fato, é como nos diz Georges GUSDORFF (*A agonia da nossa civilização*, p. 251), em nossa interpretação, não segundo a letra, mas conforme o espírito: o Uno é a chave de cúpula do sentido, sem ele o verso desaba na incoerência e a face humana se desintegra.

É por isso que o homem pode transcender como, de fato, transcende o verso. O verso nem sequer sabe de sua própria existência. Sem o homem, todo ele vazio de significado volitivo, racional e espiritual, gigantescamente inútil. O único sentido que o verso tem é o sentido que lhe dá o homem. É bom esclarecer, no entanto, que o homem, a que estamos referindo aqui, não se limita a este bípede sem penas, que habita o planeta Terra, mas abrange toda e qualquer criatura, dotada de espírito e matéria, porventura existente em qualquer ponto do verso do Universo.

A cada origem corresponde um destino Se o homem tivesse origem no verso, fosse um simples produto da natureza, vindo de algum finito, como, do macaco, por exemplo, através das estranhas convulsões da matéria, só lhe restaria, por consequência, findo um breve período de dores semiconscientes, como é a vida telúrica de cada um, desintegrar-se num miserável e insignificante punhado de pó. Mas não. Em verdade, o Uno concebeu e gerou o homem de sua própria Essência, buscando-o na Luminosa Plenitude do Infinito e não em algum finito ou na tenebrosa vacuidade do nada. Daí porque o homem é eterno em seu ser, embora temporário em seu existir; imortal como ser divino, mortal, porém, enquanto fenômeno humano. O homem, em Essência, é anterior à encarnação e, evidentemente, posterior à própria desencarnação.

Quanto a isso, não pode haver dúvida. Como já pregara Orígenes, no século II da nossa era, "se uma só alma humana se perdesse desabaria o cosmos e Deus deixaria de ser Deus". (Cf. Huberto ROHDEN. *Filosofia contemporânea*, p. 17.)

No mundo nós somos peregrinos do Infinito, viajores incansáveis, passageiros para a eternidade. Aqui, cada um de nós é o Filho Pródigo... voltando à Casa Paterna. Enfim, é nossa vocação natural, necessária e espontânea retornar ao Uno, que nos deu origem, no abraço final e eterno de criatura com o seu Criador.

Capítulo II: O homem e a sua origem

• A origem do homem • A concepção mitológica • A hipótese zoológica • A teoria cosmológica

1. A origem do homem

Por que o espírito encarna? Por que adota um corpo físico, denso, limitado, pesado e aporta neste mundo primitivo, que lhe causa resistência, que lhe é adverso?

Para algumas crenças religiosas, a encarnação do homem é uma trágica sentença imposta, como punição, por um deus irado a anjos que se rebelaram, que se revoltaram contra sua autoridade. Trata-se, portanto, de uma queda. É o que muitos pensam no Ocidente.

Para outras religiões, a individualização do homem e sua estada na matéria são apenas temporárias. Depois de muitas reencarnações, findo um determinado prazo, o espírito humano desvincula-se do corpo e volta a ser puro Espírito, perdendo o homem a consciência de sua individualidade, fundindo-se no Infinito. É o que alguns pensam no Oriente.

Nada disso, porém, corresponde à realidade. A encarnação e as sucessivas reencarnações do homem não são punições e, por outro lado, o ser humano não perde jamais a sua individualidade, penosamente conquistada durante milhões de anos!

Com a permissão de Deus, o Espírito encarna e reencarna voluntariamente ou obrigado por uma invencível necessidade.

De maneira geral, ele sabe que sua vinda ao mundo é

para enfrentar e vencer provas, tentações e testes, é para se autoconhecer, é para se autorealizar, é para evoluir. Sem resistência não há evolução.

Deus criou o homem o menos possível, para que o homem, criatura criadora, co-partícipe da criação, possa criar-se a si mesmo o mais possível e, pelo autoconhecimento adquirido, se autoliberte e se autorrealize, à medida desse autoconhecimento, aperfeiçoando-se e evoluindo cada vez mais, numa escala de perfectibilidade inesgotável e sem fim. E, em todo esse processo evolutivo, rumo à eternidade e ao Infinito, o homem jamais volta a ser puro Espírito Universal. Ao regressar a Deus, ele não se funde no Infinito, ele se integra, mantendo sua consciência individual e expandindo-a além de todos os limites imagináveis. O homem tem e eternamente terá um corpo, já que o corpo é um dos elementos que o individualizam. Esse corpo será gradativamente mais refinado e perfeito, tornando-se, por fim, um corpo de luz incolor, invisível, indestrutível e imortal

"A encarnação do homem no corpo material – diz-nos Huberto ROHDEN (*O homem*, p. 45) – é, provavelmente, o estágio número um da libertação do homem, cujo processo libertador tem de continuar em outros corpos e em outras regiões do Universo. A libertação não é um estado definitivo, mas um processo indefinidamente continuável."

Tem toda a razão. O ser humano, em demanda do Infinito, por mais que avance em direção a Deus, sempre estará a uma distância eternamente infinita, não em termos de distância astronômica ou quantitativa, mas de vibração qualitativa. Se o homem se infinitizasse, perderia a consciência de sua individualidade, o que, no mínimo, seria suicídio espiritual ou eutanásia mística. O homem, sem nenhuma dúvida, precisa ser perfeito, porém, relativamente e não absolutamente. Só Deus pode e é absolutamente perfeito. Nenhuma criatura logra a perfeição absoluta.

Do exposto, é o momento de se perguntar: Qual é a origem do homem? A origem do homem confunde-se com a origem do seu corpo? Existencialmente, sim; essencialmente, não. Em Essência, o ser humano é Luz Metafísica Divina, parte integrante, não-separada, de Deus, sem começo, sem meio e sem fim!...

As teorias acerca da origem do homem, comumente aceitas ou institucionalizadas, são um completo e rematado equívoco.

Uma delas é concepção mitológica, muito antiga e encampada pelas nossas teologias e a maioria das igrejas visíveis e organizadas.

Outra é a hipótese zoológica, surgida no século XIX, com Darwin (Origem das espécies) e ainda defendida pelas ciências.

Sendo ambas inaceitáveis como veremos, há de se propor uma terceira via, que é a teoria cosmológica, que nos mostra realmente a verdadeira origem do homem.

2. A concepção mitológica

A concepção mitológica é a chamada teoria da criação, segundo a qual Deus teria criado o homem perfeito e acabado, fisicamente tal qual nós o vemos hoje. Tal homem viveria no paraíso edênico, caindo depois em desgraça, ao cometer o pecado original. A evolução, portanto, não existe.

Esta concepção é tão falsa quanto a visão geocêntrica do Universo. É indefensável, sobretudo porque as ciências já demonstraram e provaram que o ser humano vem evoluindo, no corpo e na mente, há milhões de anos, conforme os rastros incontáveis que os seus pés e suas mãos têm deixado na longa esteira do tempo.

Os criacionistas se valem principalmente da escritura do Gênesis, o primeiro livro da Bíblia, cap. 2. Mas, como já vimos, interpretam erradamente as visões intuitivas de Moisés, porque o fazem intelectivamente.

Afirma Huberto ROHDEN (*ob. cit.*, p. 56):

> Sabia Moisés que no corpo humano não existe nada que não tenha vindo da natureza; por isto disse ele que o corpo do homem foi feito da substância da terra, como diz o texto grego da Septuaginta, tradução feita do original hebraico por 70 judeus de Alexandria, três séculos antes da Era Cristã. Deduzir daí que Deus tenha feito um boneco de barro, é infantilismo ridículo.

O que Moisés nos diz, portanto, é que o corpo do homem foi feito da substância da terra. Só isso. Além do mais, não existe queda alguma. O homem não apareceu na superfície do planeta, perfeito e plenamente realizado, caindo desse beatífico estado, ao comer da árvore da ciência do bem e do mal, ao comer o fruto proibido (Gn Caps. 2 e 3). Muito pelo contrário, ao tomar consciência de si mesmo, tornando-se inteligente, deu um grande salto na escala evolutiva, pois, vivendo antes no império dos sentidos, era miserável e infeliz sem sabê-lo. Ao emergir das trevas dos sentidos para a penumbra da inteligência, o homem pôde finalmente conhecer seu estado e os aparentes males do mundo, ou sejam, as adversidades da natureza e a perversidade de seus semelhantes. Tal conhecimento é necessário para que o ser humano possa apressar sua própria evolução, realizando-se paulatinamente pelo poder do livre arbítrio recém-adquirido.

3. A hipótese zoológica

A hipótese zoológica, defendida pelas ciências, é ainda mais aberrativa e desnaturada do que a concepção mitológica. Surgida no século XIX, com Darwin, é conhecida como teoria da evolução. Ela nega a criação. Ora, o que não foi criado, simplesmente não pode evoluir. Como reconhece Huberto ROHDEN (*Agostinho*, p. 199), "seria ilógico admitir evolução sem criação, como ilógico seria admitir criação sem evolução. (...) À luz da mais rigorosa matemática, o início da evolução é a criação, e a continuação da criação é a evolução".

A visão zoológica prega a origem do homem a partir de um tronco animal, isto é, pretende derivar o homem do macaco, quando seria muito mais sensato se o macaco derivasse do homem. De qualquer modo, é uma tese simiesca que, a rigor, só por macacos poderia ser defendida! Essa hipótese, conforme Huberto ROHDEN (*O homem*, p. 57), "peca por ilogismo flagrantemente antimatemático, admitindo que do homem-zero possa ter vindo o homem-um, que o não-homen possa ter causado o homem".

Ikbal TAIMNI, por sua vez (*O homem, Deus e o universo*, p. 111), com muita propriedade, assevera:

> É realmente patético como o intelectual moderno insiste em que o homem descende de símios, baseado na evidência vacilante de fósseis e ignorando a evidência de todos os grandes místicos, ocultistas e instrutores espirituais que proclamam enfática e inequivocadamente sua origem divina. Ele não somente insiste nisso como possibilidade científica, mas também tem orgulho de sua origem simiesca. Não admira, portanto, que vejamos na civilização moderna, baseada nesta filosofia materialista, tanta glorificação das tendências animais.

A verdade, porém, é que o homem primitivo já era homem, essencialmente homem, ainda que, por fora, existencialmente, fosse revestido por um corpo animal. E ainda o é, mesmo hoje, embora esse corpo atual seja muito mais evoluído e aperfeiçoado.

O homem, como tudo o que existe, foi criado por Deus, de Deus, e vem evoluindo incessantemente. O que não é criado, não existe, e o que não existe não pode evoluir.

4. A teoria cosmológica

É filosoficamente inconcebível que o homem advenha de um tronco animal ou de qualquer outro finito. Se isto ocorresse, haveria um resíduo sem causa, o que é lógica, e matematicamente impossível. Portanto, o ser humano não veio do macaco. A questão central, axial, é que o maior jamais pode vir do menor.

Mas, os fatos não demonstram exatamente o contrário? Uma árvore, por exemplo, não surge de uma semente e uma árvore não é muito maior e mais importante do que a semente? Uma galinha, por sua vez, não provém de um ovo? Não. Em verdade, não.

A semente não é causa da árvore, é apenas condição. Não existe nenhuma árvore em miniatura dentro de uma semente. O que há é tão-somente uma potencialidade, criada pela Potência Cósmica do Infinito, pelo Uno do Universo, por Deus. O que há é uma vocação ínsita na semente para se atualizar em árvore, em havendo outras condições menores, como elementos de nutrição, calor e umidade suficientes. Exatamente o mesmo acontece com um ovo em relação à galinha. Assim sendo, árvore, semente, galinha e ovo, bem como tudo o mais na natureza tem sua fonte exclusiva, tem sua origem no Infinito, na Causa Única Incausada e Causante de tudo quanto existe, inclusive o homem, naturalmente.

Por isso, o ser humano não veio do macaco ou de qualquer outro animal. Nada impede, porém, que tenha vindo através do macaco... ou de outro corpo aparentado ou semelhante, cujas características e formas são estabelecidas pelas exigências da natureza circundante. O macaco não é nem pode ser a causa do homem, podendo perfeitamente, no entanto, ser canal ou condição, por meio do qual o homem tenha fluído em sua longa e difícil jornada ascensional evolutiva.

A Potência, a Causa Única, da qual derivam todas potencialidades, é rigorosamente uma só, infinita, eterna e inesgotável. A transição da Potência para a potencialidade, da Causa Única para os efeitos causados, do Uno para o verso, do Infinito para os finitos, é o que se denomina criação, ao passo que a transição de todas as criaturas para uma perfeição maior, é o que chamamos de evolução.

Assevera Huberto ROHDEN (*O homem*, p. 60) que "a origem do homem não é mitológica nem zoológica. (...) O homem histórico eclodiu, depois de uma longa incubação em sua forma pré-hominal – e o homem atual fluirá por muitos canais, até chegar às alturas do homem integral". Segundo ele, um gráfico (p. 65) pode ilustrar o processo de evolução, da seguinte forma:

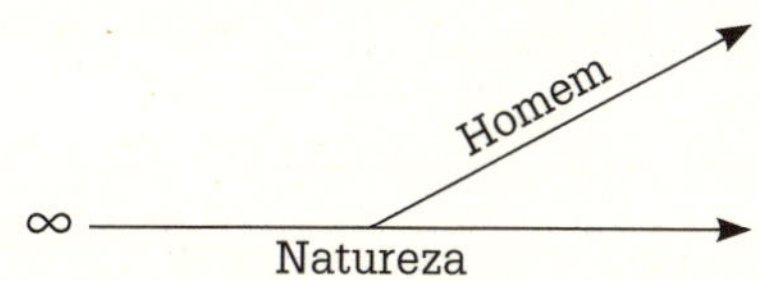

Como o desenho sugere, inicialmente tudo está no Infinito, no Todo, na Potência. Através do tempo e no espaço, o Todo se manifesta em incontáveis finitos, que vão evoluindo em minerais, vegetais e animais, mecanicamente.

Em dado momento, porém, o homem adquire inteligência, e, ao se dotar de livre arbítrio, passa a comandar sua própria evolução, de acordo com sua natureza divina, de acordo com a sua vocação, de acordo com o seu destino.

Capítulo III: O homem e a Filosofia

• A Filosofia • A Filosofia e o homem • A Filosofia e a Realidade Absoluta • A Filosofia e a Verdade

1. A Filosofia

Os doutrinadores acadêmicos geralmente nos dizem que a Filosofia nasceu na Grécia. Não é verdade. Cerca de 2.400 anos antes que o primeiro filósofo ocidental pudesse despertar, já havia filosofia na Índia, com Krishna. No Egito, o Toth ou Hermes Trismegistus também já filosofava, com grande e rara maestria, antecipando-se aos gregos em aproximadamente 16 séculos.

Desse modo, a famosa expressão *ex-oriente lux*, isto é, do oriente vem a luz, é literalmente verdadeira, seja em termos físicos ou metafísicos.

Quanto ao filosofar que, por sinal, não se confunde com a Filosofia, é muito mais antigo, pois inicia-se com o despontar da inteligência humana neste planeta. É que, ao emergir das trevas dos sentidos para a penumbra da inteligência, o homem já o fez, filosofando. Sob esse aspecto, todo homem não deixa de ser filósofo, mesmo que não tenha atualizado plenamente sua potencialidade filosófica ainda latente ou adormecida.

Mas, que significa ser filósofo? Conforme Huberto ROHDEN (*O pensamento filosófico da antiguidade*, p. 19):

> ... ser filósofo não significa decorar uma série de sistemas de pensamento humano horizontalmente

> alinhados e analiticamente justapostos; esse erro e método fastidioso têm afastado muitos homens da verdadeira filosofia. Ser filósofo quer dizer descobrir as linhas mestras através da desconcertante e, por vezes, caótica multiplicidade de sistemas e correntes, enxergar essas linhas como torrentes convergentes do mesmo pensamento; ver o simbolizado através dos símbolos, a unidade através da multiplicidade; penetrar os invólucros opacos da letra e descobrir por detrás, ou antes, dentro dessas paredes opacas, feitas transparentes, a luz do espírito; ver a luz branca ou incolor como causa única de todas as cores do prisma solar. Ser filósofo genuíno e integral quer dizer, antes de tudo, tomar a verdade eterna, absoluta e única, como norma de sua vida, individual e social.

Os gregos não criaram a Filosofia, sistematizaram-na.

A palavra filosofia, esta sim, é de origem grega, composta de *philos*, cujo significado é amor, amizade; e *sophia*, que quer dizer sabedoria. O filósofo, pela sua atitude e pela sua postura, é, acima de tudo, um amigo da sabedoria. Devemos o vocábulo à modéstia do homem grego. De acordo com o célebre orador e escritor romano, Marco Túlio Cícero, e o historiador grego, Diógenes Laércio, Pitágoras, certa vez ao ser chamado de sábio (*sophòs*), recusou delicadamente este pomposo e grandiloquente título, dizendo-se ser apenas *philosophos*, ou seja, amante da sabedoria. Sócrates cultivou e manteve a mesma modéstia, pois, conforme Platão, ele considera o nome *sophòs* por demais sublime, a ser aplicado somente à Divindade, enquanto *philosophos* seria mais adequado e mais justo.

Mas, que vem a ser a Filosofia?

A Filosofia é extremamente complexa, tão complexa quanto a mente humana. Ela pode ser enfocada sob inúmeros aspectos, a partir de vários critérios, como busca do saber (critério nominal), cosmovisão (critério global), crítica das ciências (critério dos postulados), conhecimento das primeiras causas e dos supremos princípios da existência (critério causal), e como estimativa ou crítica da vida (critério axiológico).

Contudo, nenhum desses critérios, visto de maneira isolada, é suficiente ou satisfatório para iluminar e dar sentido à Filosofia. Mas, todos eles, unidos e entrelaçados em um conjunto simultâneo e dinâmico, é que realmente podem caracterizá-la.

O que estuda a Filosofia?

As investigações filosóficas geralmente tomam por base o mundo, o homem e Deus. Conforme esse direcionamento específico, a Filosofia pode ser naturalista ou cosmocêntrica, humana ou antropocêntrica ou, então, espiritualista ou teocêntrica. A nós nos interessa, sobretudo, a Filosofia antropocêntrica. Entretanto, seja qual for o enfoque que se dê à Filosofia, seu objetivo máximo é a Verdade.

Considerando-se que o materialismo, como visão de mundo, finalmente acabou, por absoluta falta de matéria, já que tudo é vibração, nada mais que vibração, vibração mínima da "matéria", vibração média da energia, vibração máxima da luz branca ou incolor e invisível e vibração absoluta da Luz Metafísica Divina, podemos dizer que a grande preocupação da Filosofia é com o homem, com a Realidade Absoluta, e com a Verdade.

Nesse contexto, o homem é o caminhante; a Realidade Absoluta é a origem, a meta e o seu destino; e a Verdade é o roteiro, é a senda, é o caminho a ser percorrido.

2. A Filosofia e o homem

Aqui neste mundo somente o homem é capaz de filosofar, filosofar sobre algum objeto ou, antes de tudo, a respeito de si mesmo. A Filosofia é realmente antropocêntrica, é humana por excelência, pois deve cuidar prioritariamente do sujeito e o sujeito é o homem.

Que é o homem? Donde veio? Que deve fazer? Aonde ou para onde vai?

Tais indagações são eminentemente filosóficas, como é filosófica a invencível perplexidade que elas nos provocam. Este é o núcleo central, vital e básico, em torno e em função do qual gira ou deve girar a Filosofia. Na tentativa de dar respostas a questões tão especificamente humanas como estas, o filósofo se sente, no processo do conhecimento, como sujeito e objeto ao mesmo tempo.

Mas, e o homem como filósofo? Quem é ele?

O filósofo, afirma Karl JASPERS (*Iniciação filosófica*, p. 123-124),

> é independente, primeiro, porque não tem necessidades, libertou-se do mundo da posse e do império dos instintos, vive asceticamente; segundo, porque não tem medo, reconheceu a falsidade das imagens aterrorizantes das religiões; terceiro, porque não participa na vida pública e política e vive retirado em sossego, sem compromisso, como cidadão do mundo.

Isto, no entanto, quase sempre tem um preço que, na visão de Huberto ROHDEN (*Agostinho*, p. 89) é o seguinte:

> Quem uma vez se apaixonou pelo saber, chega, não raro, a sacrificar por ele o próprio bem-estar físico. O filósofo vive, muitas vezes, fora do mundo, alheio às palpáveis realidades da vida, absorto na própria realidade; é, geralmente péssimo homem da sociedade, verdadeira negação para salões elegantes e reuniões sociais. Não somente descura o seu trajo e aspecto externo, mas é também deplorável "cavalheiro" e conversador. Não sabe dizer ocas banalidades sobre o estado do tempo, como exigem as visitas e relações sociais. Não é capaz de falar uma ou duas horas sem dizer nada. Não o interessam as intrigas políticas. Não sabe servir blandiciosas mentiras às damas e aos amigos, mentiras sem as quais não subsiste a sociedade – numa palavra, o verdadeiro pensador e filósofo é, geralmente, um ser que vive a sua própria vida e, por isso mesmo, é um corpo estranho no meio daqueles que vivem apenas a vida alheia.

O preço, porém, compensa. Se, ao verdadeiro, genuíno e autêntico filósofo, muitas vezes lhe falta a maioria desses prazeres mundanos, prazeres quantitativos e mesquinhos do ego, por outro lado, no entanto, somente ele vive em paz e harmonia com Deus, com os homens e com as demais criaturas irmãs, enfim, somente ele é realmente feliz.

3. A Filosofia e a Realidade Absoluta

O Universo, como já vimos, é a Essência e a existência, o Infinito e os finitos, o Criador e as criaturas. É o Uno e o verso. O Universo é a Unidade Qualitativa da Essência derramada na pluralidade quantitativa da existência. É a Causa Única Incausada e Causante de tudo quanto existe e, bem assim, o conjunto de todos os efeitos causados.

Consequentemente, o Uno, o Criador, é a Realidade Absoluta ou, nas belas palavras de Georges GUSDORFF (*A agonia da nossa civilização*, p. 251), é a chave de cúpula do sentido, sem o qual o verso ou existência desaba na incoerência e a face humana se desintegra.

Se a Realidade Absoluta retirasse a Sua Amorosa Presença de qualquer finito por um segundo, por um segundo esse finito desapareceria, como se jamais tivesse existido. Logo, é o Infinito que produz todos os finitos. Somente o Infinito é real; todos os finitos não são reais nem irreais, são apenas parcial e temporariamente realizados, realizados pela Infinita, Eterna, Suprema e Absoluta Realidade. Em suma: É a Absoluta Realidade que realiza ou cria tudo quanto existe.

4. A Filosofia e a Verdade

Se a Realidade Absoluta é o ponto de partida e a meta de chegada, o alfa e o ômega do homem, da Filosofia e de tudo quanto existe, a Verdade é o caminho que nos conduz, é a ponte que nos leva ao objetivo almejado. A Verdade só pode ser entendida como sendo a conformidade, a harmonia, a sintonia do Espírito humano com a Realidade Absoluta. Se o homem se harmoniza com o Infinito, entra no reino da Verdade; se não, naufraga na inverdade ou no erro. Não há meio-termo, pois a ignorância é apenas um estado negativo da consciência. No âmbito da natureza inconsciente, por exemplo, não há verdade nem erro, mas somente ignorância. Por isso é que nenhum animal, despido de inteligência humana, pode responder pelos seus atos.

Segundo Ikbal TAIMNI (*O homem Deus e o universo*, p. 97),

> a filosofia acadêmica continua a brincar com ideias porque se distanciou do verdadeiro ideal da Filosofia, que deveria ser a procura da Verdade. A filosofia moderna está cada vez mais enredada num atoleiro de elaboração fútil e artificial de conceitos filosóficos, e a única maneira de se redimir é colocar a busca da Verdade como seu ideal e objetivo.

"Conhecereis a verdade e a verdade vos libertará" (Jo 8,32). Nesta frase, aparentemente tão simples, o Cristo em Jesus proclama peremptoriamente que a Verdade é real, que a Verdade é cognoscível, e que a Verdade é libertadora para aquele que a conhece.

A Verdade é real: A sintonia ou conformidade do espírito humano com a Realidade Absoluta é qualidade, é eterna, é imortal, una e única em todas as dimensões evolutivas do Universo. A Verdade Libertadora é uma só.

A Verdade é cognoscível: A Verdade Libertadora é cognoscível, mas, por ser sempre vertical e metafísica, somente pode ser conhecida através da introvisão racional ou crística. No âmbito horizontal da existência física, em que opera ou funciona a mente intelectiva do homem, a Verdade Libertadora é simplesmente impossível. Em quaisquer tipos de relações concebidas pela mente, sejam no campo do conhecimento vulgar, do conhecimento científico ou, até mesmo, do conhecimento filosófico, o máximo que se consegue alcançar é uma verdade relativa, isto é, aspectos parciais da Verdade. Mas, a Verdade não é a soma total de todos os seus aspectos. Por isso, a Verdade não pode ser conhecida pelo ego mental do homem, porém, somente pelo Eu racional, pelo Lógos, pelo Cristo Interno, quando devidamente conscientizado.

É função da filosofia abrir caminhos, mas somente a Sofia, a própria sabedoria, é que nos conduz à Verdade. É, por exemplo, como diz Ikbal TAIMNI (*ob. cit.*, p. 160):

> Não há sistema filosófico ou religião que possa conter a própria Verdade. Na melhor das hipóteses eles são capazes de apresentar certos aspectos da Verdade sob um determinado ponto de vista. Algumas dessas apresentações estão mais em harmo-

nia com a Verdade do que outras, são mais úteis do que outras, mas todas são imperfeitas e relativas. A Verdade transcende-as todas e pode ser compreendida somente pela experiência direta, em diferentes graus, nas profundezas de nossas consciências.

A Verdade é libertadora: Que é o nosso convívio social, senão um oceano fantástico de mentiras? E, no entanto, a sabedoria nos exige uma veracidade radical em todos os nossos pensamentos, sentimentos, intenções, palavras e atos. Somente a Verdade é que nos pode libertar, a nós e a qualquer outra criatura dotada de livre arbítrio, encarnada ou desencarnada, aqui e em qualquer outra dimensão do Universo. A Verdade nos liberta completamente da pior de todas as ilusões, a ilusão separatista que, quase sempre mantemos em relação à Realidade Absoluta e, consequentemente, em relação ao próximo e à natureza.

Todavia, que ninguém se engane: o conhecimento da Verdade nos é muito difícil, dificílimo, pois, o ser humano, propriamente, não pode achar a Verdade, a Verdade é que acha o homem, se o homem se tornar achável, se lhe abrir os canais de receptividade, se se transformar numa poderosa antena de captação do Infinito e de retransmissão desinteressada para todos os finitos.

Capítulo IV: O homem e as ciências

• Filosofia e ciência • Ciência em sentido estrito • Ciência em sentido amplo • O homem e as ciências

1. Filosofia e ciência

A Filosofia tem sempre, como objeto o englobante, a totalidade. Já a ciência, pela sua própria natureza, estuda apenas uma faceta de um determinado objeto.

Enquanto a Filosofia – a mais elevada expressão do saber intelectivo – investiga a Essência e a finalidade do englobante, buscando as últimas causas e os supremos princípios de todas as coisas e fenômenos, a ciência, do latim *scientia*, palavra originária de *scire* = saber, estuda apenas e tão-somente o quê e o como de um objeto. A Filosofia se universaliza enquanto a ciência se particulariza. Quanto a isso, partindo-se do princípio incontestável de que todo e qualquer conhecimento mental ou intelectivo é bipolar, analítico, quantitativo, relativo e parcial, portanto, finito, podemos afirmar que cientista é o homem que sabe quase tudo a respeito de quase nada, e, inversamente, filósofo é aquele que sabe quase nada acerca de quase tudo.

Cabe ainda à Filosofia criticar, unificar e universalizar os dispersos conhecimentos proporcionados pelas ciências particulares, dando-lhes um sentido, um propósito e uma finalidade.

2. Ciência em sentido estrito

Tomando a palavra ciência em sentido amplo, podemos classificá-las, quanto à finalidade de cada uma delas, em dois grupos distintos, as ciências enunciativas ou instrumentais e as ciências normativas ou fundamentais.

Em sentido estrito, ciências são apenas as enunciativas, ou seja, aquelas que se limitam a enunciar fatos, constatar fenômenos e descobrir as leis gerais que os regem. São ciências que operam com juízos quantitativos de existência. Dividem-se em ciências enunciativas exatas e ciências enunciativas tendenciais.

Entendemos por ciências enunciadas exatas as que se baseiam em princípios de certeza, isto é, que, ao constatar fatos e descobrir leis, oferecem ao cientista, resultados de rigor, aptos a serem provados e comprovados, seja em termos físico-experimentais, em laboratórios, seja em níveis lógico-aritméticos, na linguagem dos computadores. No primeiro caso, temos as ciências físicas, químicas e biológicas; no segundo, as ciências lógicas e matemáticas.

Todas as ciências enunciativas exatas, o são dentro de uma relatividade existencial determinada. Na existência, tudo é relativo, sem nenhuma exceção. Se, por exemplo, dissermos que todos os homens morrem, estaremos afirmando um juízo enunciativo exato, no campo da biologia, exato, porém, não absoluto. Como tudo o que é relativo, essa lei admite exceção. A Bíblia, o mais importante livro sagrado do Ocidente, às vezes se refere a homens que não morreram, a exemplo de Henoc (Gn 5,24; Hb 11,5), Melquisedec (Gn 14,18; Sl 110,4) e Elias (2 R12), homens que não sofreram o fenômeno da morte, que não entregaram o corpo físico ao repasto dos vermes, mas o transformaram em energia radiante, transportando-o para dimensões superiores evolutivas do Universo. No Oriente, principalmente na Índia, o fenômeno é relativamente comum (Cf. Yogananda. *Autobiografia de um iogue*, p. 379-395).

Se as ciências enunciativas exatas podem proporcionar resultados passíveis de serem comprovados, o mesmo já não ocorre com as ciências enunciativas tendenciais. Estas, fundamentando-se em princípios de probabilidades estatísticas, só podem oferecer ao pesquisador resultados aproximados, conforme curvas estatísticas de rendimento. Nem mais nem menos. É o que se dá com as ciências sociológicas, econômicas, históricas, psicológicas e técnico-artísticas.

Todas as ciências enunciativas, quer exatas, quer tendenciais, embora diferindo nos resultados a que se propõem, têm a mesma natureza e são igualmente cegas para o mundo dos valores, para qualquer ideal superior. Elas têm como finalidade, com maior ou menor objetividade, descobrir leis do mundo fático-fenomênico-quantitativo-existencial, e permitir à técnica, no âmbito funcional do fazer, em determinados níveis de eficiência, a utilização prática dessas leis, seja para o bem ou seja para o mal. Por isso, consideramo-las ciências meramente instrumentais.

3. Ciência em sentido amplo

Ciência, em sentido amplo, é todo e qualquer conhecimento conceitual, apto a ser transmitido e assimilado metodicamente, resultando daí um sistema lógico e harmonioso. Neste sentido, até mesmo a Filosofia é ciência.

Portanto, não há nenhum motivo para reduzirmos o conhecimento científico ao mundo das ciências enunciativas ou instrumentais. Pelo contrário, mais importantes ainda são as ciências normativas ou fundamentais, que são as ciências religiosas e éticas, cuja função ou finalidade não é a constatação de leis ou a descoberta de coisas, fatos ou fenômenos, porém, a canalização e o direcionamento de tudo isso para o conhecimento e a realização do Bem como categoria axiológica universal.

A Religião e a Ética, sendo como são, ciências normativas ou dos valores, têm evidentemente a mesma natureza e a mesma finalidade: proporcionar ao homem o autoconhecimento, a autolibertação e a autorrealização de si mesmo. Mas, são diferentes entre si, quanto à perspectiva e ao mecanismo de funcionamento. A Religião atua ou funciona na perspectiva vertical, em termos de fé ou fidelidade, ao passo que a Ética trata horizontalmente da ação humana enquanto humana. Através da Religião, o ser humano entra em contato com a vertical do Infinito e vive a consciência da Paternidade Única de Deus, experiência que se derrama automática, espontânea e necessariamente na horizontalidade dos finitos, em forma de Ética, que é simplesmente a consciência vivida da fraternidade cósmica de todas as criaturas irmãs... Como, se vê, somente a Religião pode fundamentar e sustentar a Ética.

As ciências normativas, que focalizam o homem em si mesmo, seja em relação com outros homens e com a natureza (ciências éticas), seja como criatura em busca do seu Criador (ciências religiosas), estão mesmo no centro do mundo científico. Em torno desse núcleo é que devem girar, do centro para a periferia, as ciências enunciativas tendenciais e as ciências enunciativas exatas, respectivamente.

4. O homem e as ciências

Há muito tempo, para ser mais preciso, há quatro séculos, a Filosofia rebelou-se contra a teologia... E, depois disso, as ciências particulares, ciências enunciativas, revoltaram-se contra a Filosofia, que lhes deu origem.

Segundo GARCIA MORENTE (*Fundamentos de filosofia*, p. 29), "a partir do século XVII, o campo imenso da filosofia começou a partir-se, começaram a sair do seio da filosofia as ciências particulares, não somente porque essas ciências particulares vão-se constituindo com seu objeto próprio, seus métodos próprios e seus progressos próprios, como também porque, pouco a pouco, os cultivadores vão igualmente se especializando".

A crescente especialização das ciências enunciativas, sobretudo as exatas continua em ritmo crescente, não tem limites e, atualmente, já chega às raias do exagero. Há centenas e centenas de ciências médicas, dezenas e dezenas de ciências odontológicas, isto, se nos restringirmos apenas ao campo da biologia. E assim por diante.

E como cada cientista tende a ver as coisas, o homem e o mundo conforme a ótica monocromática de sua especialização, as consequências que daí resultam são muito sérias e preocupantes. Um geneticista, por exemplo, unilateralmente comprometido com o objeto de suas pesquisas, como veria o homem? Provavelmente como sendo um aglomerado de células e genes. E, no âmbito da física-nuclear, para um astrônomo? – Um fragmento de poeira cósmica...

No âmbito das ciências tendenciais, a coisa também não é diferente. Um economista dirá, muito naturalmente, que o homem é tão-somente um agente social de produção, ao passo que, para o psicólogo, não passa de um conjunto de fatos psíquicos, um simples epifenômeno da matéria.

Incomoda-nos ainda o mito da chamada neutralidade científica. A ciência, principalmente a ciência enunciativa, não é neutra, primeiro, porque se tornou escrava da técnica, e, depois, porque não há ciência sem cientistas, e os cientistas jamais podem ser neutros. Quando um cientista afirma a tese da neutralidade científica, queira ou não queira, saiba ou não saiba, está usando o mito como escudo, para escusar-se da própria responsabilidade, no que tange às consequências de suas descobertas e invenções. E que consequências! Como afirma Bertrand RUSSEL (*O impacto da ciência na sociedade*, p. 86), "é possível que estejamos vivendo a última idade do homem, e, se assim for, será à ciência que o homem deve a sua extinção".

O cientista, antes de sê-lo, é um homem. E como homem, e não como cientista, é que deve pensar e agir. Do contrário, perderemos o controle dos nossos problemas, se é que já não o perdemos. Erich FROMM (*Psicanálise da sociedade contemporânea*, p. 94) não nos deixa dúvidas quanto a isso. Diz ele:

> Por muitas razões, os problemas e a organização da ciência, na atualidade, são tais que o cientista não escolhe os seus problemas; os problemas se impõem ao cientista. Ele resolve um problema e daí não resulta que ele se sinta mais seguro ou mais certo, mas o surgimento de outros dez problemas novos em lugar do primeiro já resolvido. O cientista tem de prosseguir em passo cada vez mais acelerado. O mesmo se pode dizer das técnicas industriais. O ritmo da ciência força o ritmo da técnica. A Física teórica nos impõe os problemas da energia atômica; o êxito na produção da bomba atômica nos obriga a fabricar a bomba de hidrogênio. Nós

> não escolhemos os nossos problemas; somos empurrados. Que força nos impele? Um sistema que não tem nenhuma finalidade nem meta fora de si mesmo e que converte o homem em seu apêndice.

O homem, no Ocidente, muito mais do que agente consciente do Renascimento Europeu, tem sofrido inconscientemente o seu imenso e poderoso impacto. Como sabemos, a ciência e a técnica renascentistas fundamentaram-se na inteligência, indevida e tragicamente confundida com a Razão.

Desde então, fazemos coisas gradativamente inteligentes e cada vez mais irracionais. Exemplo é a bomba atômica, na qual os homens de poder, os dominadores e os senhores da guerra acreditam cegamente. Afirma Bertrand RUSSEL (*ob. cit.*, p. 23): "Foi nos dito que a fé podia remover montanhas, mas ninguém acreditava nisso; é nos dito agora que a bomba atômica pode remover montanhas, e todos acreditam nisso."

E além de produzirmos tecnicamente artefatos de destruição em massa, aprofundamos antinomias e ambiguidades, tornando-as praticamente insolúveis. Adolpho CRIPPA (*O problema da universidade*, p. 69-70) pinta-nos, em preto e branco, um quadro em que nos revela algumas dessas ambiguidades e suas consequências:

> O homem ocidental, sempre pronto em traduzir em ação as teorias, entregou-se febrilmente à reconstrução científica do mundo. Mas o mundo tornou-se cada vez mais anti-universal. Surgiu a técnica, e a indústria foi rapidamente organizada, realizando-se a mais profunda revolução operada na história. A fisionomia do mundo mudou em função do pragmatismo imediatista da luta para a sobrevivência, do momento inseguro e transitório. Nas mais famosas Universidades e centros de pesquisas do mundo, cientistas e investigadores trabalham intensamente para conhecer e investigar os fenômenos e as forças desconhecidas da natureza. Tais pesquisas servem de base às experiências dos laboratórios das grandes empresas industriais. Usinas monstruosas, nas quais os homens trabalham mais ou menos perdidos, fabricam os novos produtos, logo

distribuídos em todos os lugares do mundo, onde a propaganda cria as necessidades dos consumidores. Este o ciclo terrível da vida moderna, descrito em pinceladas forçosamente incompletas. E é nas rodas deste ciclo infernal que se pretendem construir o novo humanismo. Humanismo anti-humano, que não consegue ir além de suas próprias incertezas fundamentais.

Um outro grave problema, que já ameaça a própria sobrevivência humana neste planeta, problema agravado pela ciência e pela técnica com seus efeitos colaterais, é a gigantesca poluição do ambiente, em todas as suas formas.

Ao observarmos a ciência e a técnica, e o modo como elas funcionam, não há como negar: a ciência saiu a campo e pôs-se a investigar o universo em todas as direções, exceto uma – o próprio cientista. É o que nos diz Paul BRUNTON em *A crise espiritual do homem*, p. 37.

E o pior de tudo, é que já existe uma opinião formada entre os cientistas materialistas de vanguarda, segundo a qual a ciência está acima da Ética! Não há como aceitar tamanho absurdo. A Ética está infinitamente acima desse tipo de ciência. Mesmo porque, nenhum homem é obrigado a ser cientista, mas todos os homens, sejam cientistas ou não, estão obrigados à Ética, pelo simples fato de serem homens!

Os especialistas e estudiosos das ciências, os epistemólogos da atualidade, muitas vezes por serem de formação puramente tecnicista ou de visão materialista, somente consideram como ciências certos saberes do tipo lógico-matemático e empírico-positivo, os baseados, portanto, em princípios de certeza, ou em leis exatas. Numa palavra: só aceitam como científicos os conhecimentos proporcionados pelas ciências enunciativas exatas. Alguns mais liberais admitem, no fechado mundo das ciências, aqueles conhecimentos que se fundamentam em princípios de probabilidades, isto é, proporcionados pelas ciências enunciativas tendenciais. Quase todos, porém, são praticamente unânimes em não considerar como científicos os conhecimentos baseados em valores, que é o caso das ciências normativas. Eis o que afirma Hilton JAPIAS-

SU (*Introdução ao pensamento epistemológico*, p. 44): "Por definição, a ciência ignora os valores. Portanto, não pode conhecê-los." A ciência enunciativa até pode ignorar os valores, o cientista, porém, não pode. Se isto acontece, as consequências são catastróficas para o homem.

Algumas ciências enunciativas, sobretudo, tendenciais, como as econômicas, sociológicas e psicológicas, já pretendem ditar normas de comportamento para o ser humano, como se fatos quantitativos da existência pudessem gerar ou disciplinar valores qualitativos da Essência. Dentro desse quadro deprimente, é possível inviabilizar qualquer teoria axiológica em defesa do humano: basta tachá-la de anticientífica!

De qualquer modo, todas essas posições são falsas. Como reconheceu Karl JASPERS (*Psicopatologia geral*, V. 1, p. 12), a ciência, em sentido amplo, apenas "requer um pensamento conceitual que seja sistemático e possa ser comunicado".

Não há nenhum motivo para afirmar que esse conhecimento seja exclusivo das ciências enunciativas, principalmente das exatas, cujos resultados podem ser provados. Mesmo porque o que pode ser provado é apenas provável e jamais é certo ou evidente por si mesmo. O que é evidente não precisa de provas.

A pureza objetiva das ciências enunciativas, exatas e tendenciais, não passa de um sofisma, assim como também o mito da neutralidade científica, ambos a servirem, às vezes, como escudos para os cientistas, quando estes, rejeitando os princípios éticos, usam a ciência e a técnica, dentro de um baixo nível de moralidade.

Por tudo isso e ainda mais é que destacamos as ciências normativas ou dos valores, que têm características fundamentalmente filosóficas, mas, nem por isso, deixam de ser ciências, por sinal, as mais importantes de todas as ciências. A Filosofia não é a razão formal de nenhuma ciência, mas é a base necessária de todas. As ciências normativas são as que mais se aproximam da Filosofia e, consequentemente, são as que mais se aproximam do homem.

Capítulo V: O homem e o conhecimento

• O conhecimento • Graus do conhecimento • A nossa posição quanto ao conhecimento

1. O conhecimento

A sede de saber é algo inato ao homem. Brota da própria condição humana. Todos e cada qual, ontem e hoje, aqui e alhures, inevitavelmente desejam saber. Mas, por quê?

No século IV, antes de nossa era, o genial Platão dizia que o homem é o único ser que tem problemas. De fato, nem Deus nem os animais os têm. O animal é naturalmente limitado, é ignorante, não sabe, porém, não sabe que não sabe e, por isso mesmo não sente nenhuma necessidade de saber. Deus tudo sabe; nEle o conhecimento, o conhecedor e o conhecido são exatamente o mesmo, e isto significa simplesmente saber infinito, eterno, perfeito e acabado. O homem, no entanto, não sabe, sabe que não sabe, e sabe que precisa saber aquilo que não sabe, ou seja, o homem é realmente o único ser que tem consciência de sua própria ignorância e, portanto, da urgente e inevitável necessidade de preenchê-la por meio do saber ou através do conhecimento.

Que é o saber? Que é conhecimento? Como é que o ser humano conhece?

O conhecimento é a relação do sujeito cognoscente com o objeto cognoscível, a representação do objeto dentro do sujeito. É apreensão. É o ato pelo qual o sujeito cognoscente captura o objeto cognoscível.

Mas, quem é o sujeito cognoscente e que é objeto cognoscível?

Por sujeito cognoscente entende-se o homem enquanto conhece, enquanto é capaz de conhecer, ao passo que objeto cognoscível é o objeto apto a ser conhecido.

Há toda uma parte especial da Filosofia que cuida do conhecimento. Trata-se da Gnoseologia, do grego *gnosis* = conhecimento, e *logia* = doutrina, que significa, portanto, Teoria do Conhecimento. "Nem a Psicologia nem a Lógica nem a Ontologia podem resolver o problema do conhecimento" – assevera Johannes HESSEN (*Tratado do conhecimento*, p. 32). Cabe à gnoseologia resolvê-lo.

Ao contrário do que ocorre com muitos autores, não devemos confundir Gnoseologia com Epistemologia. A Epistemologia, palavra oriunda de *epistème* = ciência, a rigor só trata do conhecimento científico, enquanto a Gnoseologia investiga todo e qualquer tipo de saber. Assim, a Gnoseologia deve ser considerada como gênero em que se encaixa a Epistemologia como espécie.

Não cabe às ciências o estudo de si mesmas, cabe indubitavelmente à Epistemologia. É o que nos mostra Evandro AGAZZI (*A ciência e os valores*, p. 36): ... "o discurso epistemológico é da alçada da filosofia e não da ciência. Não se proíbe aos cientistas fazê-lo, mas no sentido de que esta tarefa não pertence à ciência deles e, basicamente, nem mesmo é necessária no interior da mesma, de tal modo que o cientista que o empreender fará, ocasionalmente, filosofia."

A Gnoseologia, como parte da Filosofia, estuda o conhecimento, envolvendo sua natureza, sua origem, seus graus e seu alcance. Interessam-nos aqui os graus do conhecimento.

2. Graus do conhecimento

O saber ou conhecimento admite certos graus de perfeição, isto é, está sujeito a determinados níveis de profundidade. Tais graus do saber ou camadas de profundidade do conhecimento, tradicionalmente reconhecidos pela Gnoseologia, são o vulgar, o científico e o filosófico.

O saber vulgar, denominado por muitos doutrinadores, um tanto impropriamente, de empírico, é aquele ingênuo e superficial que nos é dado espontaneamente pelos sentidos e interpretado pela inteligência. Como disse Abelardo TORRÉ (*Introducción al Derecho*, p. 41), esse tipo de conhecimento é sempre incerto, superficial e desordenado. É o conhecimento geral da massa, da opinião pública, da *vox populi*, e que, muito ao contrário do que o próprio povo diz, não é a voz de Deus, mas a voz da mediocridade coletiva, da vulgaridade social. Conforme René COSTE (*Moral para uma sociedade que se transforma*, p. 79), "a massa é uma interconexão de robôs, de autômatos", teleguiados em direção a algum objeto do interesse de quem os comanda. Para Recaséns SICHES (*Tratado de sociologia*, V. 2, p. 499), "as grandes massas só podem ser movidas e dirigidas por ideias simples, pois o que é comum a muitos, há de ser acessível aos espíritos mais primitivos". Tem toda a razão. Pouco se pode dizer a muitos, porém, muito só se pode a poucos.

O saber científico, ao contrário do saber vulgar, é certo e ordenado, porque estabelecido em razão de causas e consequências que formam um sistema lógico e harmonioso, que pode ser transmitido e assimilado metodicamente, e, por isso mesmo, aspira a uma validade universal no espaço e no tempo. O conhecimento científico tem as seguintes características: é conhecimento de segundo grau, causal, metódico, sistemático e parcialmente unificado.

Já o saber filosófico, "a mais elevada expressão da necessidade de saber", segundo Regis JOLIVET (*Tratado de filosofia*, V.1, p. 14), tem por função, antes de tudo, a busca das últimas causas e dos supremos princípios de todas as coisas, fatos e fenômenos existenciais do Universo, proporcionar ao ser humano uma correta visão de homem numa adequada visão de mundo, e, em segundo plano, a crítica, a unificação e a universalização do próprio conhecimento científico.

O conhecimento filosófico é de terceiro grau, metódico, sistemático e totalmente unificado.

3. A nossa posição quanto ao conhecimento

A filosofia intelectiva dualista ocidental geralmente ignora, não, porém, a Filosofia Monista oriental, que, além do conhecimento vulgar casual, captado através de imagens, e acima também dos saberes científico e filosófico, fundamentados em ideias, há um conhecimento superior, ideal, perfeito, absolutamente unificado, a ser adquirido, não mais por esforço mental, mas, por meio de uma idoneidade receptiva, de uma religação consciencial vivida entre o homem e a Realidade Absoluta. Este conhecimento, que podemos e devemos chamar de conhecimento sófico, é o único saber verdadeiro e libertador, que ninguém e nada jamais podem nos tirar, nem mesmo a morte.

É o *sapere*, o tomar o sabor, é o saber que o ser humano sabe ou saboreia por si mesmo, que adquire por experiência vivida, sem nenhum intermediário, que o ser humano revela de dentro para fora, e não de fora para dentro, como acontece com as demais formas de conhecimento.

Em sua longuíssima jornada evolutiva, o sr humano já viveu, remotamente, no império dos sentidos, quando nem sequer sabia de sua própria existência. Era o *homo sentiens*. Um dia, contudo, uma vez pronto e preparado, emergiu das trevas dos sentidos para a penumbra da inteligência. Em linguagem filosófica, diríamos que se tornou um habitante da Caverna de Platão, em simbologia bíblica, que comeu do fruto da árvore do conhecimento do bem e do mal (Gn 3,1-7). Com a transição do *homo sentiens* para o *homo intelligens*, no entanto, sentiu-se a criatura humana, como paradoxo do conhecimento intelectivo e da liberdade, recém-adquirida, sufocada por ambiguidades e dilemas terríveis. A nova faculdade conquistada, o livre-arbítrio, oscilava entre a bênção e a maldição. O ser humano se deixou embalar no jogo do bem e do mal, dessa bipolaridade do bem, que almeja quase sempre sem sucesso, e do mal, que só muito rara e dificilmente consegue evitar. E ainda passou a sofrer a angústia metafísica da finitude, a dor, a insuficiência, a impotência e todas as outras limitações próprias da individualidade isolada e incompleta.

Daí é que surgiu mais uma vertente da queda, o mito do

pecado original de Adão, uma espécie de tara que, segundo nossas teologias medievais, se transmite a todos os descendentes adâmicos, a toda a humanidade. Ora, ora... pecado se faz, pecado se comete, pecado não se transmite! Todo e qualquer pecado só pode ser um *peccatum personae*; *peccatum originalis*, transmissível por via genético-hereditária, é um absurdo, uma impossibilidade, nos termos das leis cósmicas que regem o Universo.

Mas... quem é esse Adão? Adão não é nenhum indivíduo, é o *homo intelligens*, apenas um símbolo, que as traduções bíblicas incorretas e as falsas interpretações transformaram numa figura caricata e sem sentido. A palavra "Adão" provém de um antiquíssimo vocábulo sânscrito, formado de *Ady*, que significa *primeiro*, e *ahan*, que quer dizer ego. É, portanto, o primeiro ego, ou seja, o primeiro homem icônico ou emblemático, que teve consciência de sua própria existência individual egóica, ao tornar-se inteligente, atualizando, assim, sua potencialidade intelectiva, dormente havia milhares de anos. Não houve, desse modo, qualquer espécie de caída ou queda do homem. Pelo contrário, com o despertamento de sua potencialidade intelectiva, houve, sim, um grande salto, não esse salto mortal para as trevas, porém, um salto vital para a luz. Se não percebemos tal coisa é porque as aparências nos enganam, o processo ainda não se completou, permanece em aberto, rumo às alturas. Completar-se-á um dia, quando o *homo intelligens* de hoje transformar-se no *homo rationalis*, no *homo sapiens* de amanhã, ao atualizar sua potencialidade racional ou intuitiva. Então, o velho homem adâmico do ego cederá, finalmente, seu lugar ao novo homem crístico do Eu. Alguns exemplares mais avançados de nossa espécie já o conseguiram, já ingressaram na luminosa Logosfera, enquanto o grosso da humanidade continua marcando passo no crepúsculo da noosfera, nos domínios intelectivos da mente, que quase sempre mente despudoradamente...

De nada nos adianta adquirir conhecimentos de fora para dentro, por meio do intelecto, ainda que transmitidos e assimilados metódica e sistematicamente, acumulando-os cada vez mais, se tais conhecimentos, pela sua própria natureza bipolar, são sempre analíticos, horizontais, quantitativos, finitos, fragmentados, parciais, mutacionistas, transitórios e impermanentes. Uma astronômica e gigantesca soma de quantidades finitas, mesmo que multiplicada sucessivamente por toda a eternidade, jamais deixaria de ser finita e quantitativa. A Verdade, a que demanda o sábio, é pura qualidade e não a soma total de todos os seus aspectos parciais, da mesma forma que o Infinito não é a soma total de todos os finitos, e a eternidade não é uma sucessão de tempos que jamais terminam.

É nossa vocação natural comer do fruto da árvore da sabedoria (Gn 2,9), é nossa herança e nosso destino ultrapassar, por intermédio da metanoia, da transmentalização, o crepúsculo da inteligência e culminar na pleniluz da Razão, do *Atman*, do Logos, do Verbo, do Cristo que se faz carne e habita em nós (*en hemin, in nobis*) e, não entre nós, como se traduziu erradamente, de boa ou de má fé, pouco importa, o testemunho de João, em 1,14.

Enfim, se viemos a este mundo e adotamos um corpo físico, é para buscarmos o autoconhecimento, a autolibertação e a autorrealização de nós mesmos.

Capítulo VI: O homem e a Razão

• Inteligência e Razão • A inteligência contra a Razão • A redenção do intelecto pela Razão • O homem libertado pela Razão

1. Inteligência e Razão

Segundo o Gênesis, como já vimos, o *Ady aban*, Adão, comeu do fruto da árvore do conhecimento e abandonou o Éden de sua primitiva inocência. Em sua longa jornada evolutiva, ele acabava de ingressar na zona da inteligência, tornando-se egopensante, despertando-se-lhe a serpente, o intelecto.

Ao adquirir a consciência egoica, pareceu-lhe estar separado da Causa Universal, do grande Todo, separado de Deus. Começou, então, a lutar contra tudo e contra todos a fim de garantir sua autonomia e independência pessoal. A luta intensificou-se ao longo da História e o homem se fez cada vez mais egoísta, ainda que tente disfarçar esse contundente egoísmo com um verniz de civilização.

Antes do advento do intelecto, o egoísmo humano não representava sérios perigos, porque era impossível ao homem cair na ilusão separatista em relação a Deus, aos seus semelhantes e à natureza, como acontece ainda com os minerais, os vegetais e os animais inferiores.

A inteligência serpentina nos mantém presos à ilusão separatista, proclamando uma falsa individualidade, mesmo por que individualidade quer dizer indiviso, não-dividido, não-separado.

A nossa individualidade só tem sentido, quando integrada, quando unida ao Todo. Mas, isto só saberemos quando comermos do fruto da árvore da sabedoria, quando o Lógos, a Razão, o Cristo Interno destruir nossa ilusão intelectiva. Veremos, assim, que a nossa salvação não depende de sacramentos, não depende da providência e da ação de terceiros, como se pensa no Ocidente. Também não consiste na perda de nossa individualidade, como sugerem alguns setores da religião oriental, que pregam a fusão do homem no Infinito. A verdadeira salvação decorre da integração do nosso ego na Realidade Absoluta, por intermédio da Razão.

A inteligência, por ser bipolar e relativa, não sabe nem pode saber que Eu e o Pai somos um, que Eu Estou no Pai e o Pai está em mim (Jo 14,11.20), que jamais posso me separar de Deus. Se eu pudesse me separar de Deus por um segundo, por um segundo eu desapareceria como se jamais tivesse existido.

2. A inteligência contra a Razão

Pelos sentidos e pela inteligência, todo ser é naturalmente egoísta. O egoísmo do animal, por ser apenas sensitivo, instintivo, subconsciente, é quase inofensivo e não nos preocupa. Porém, o egoísmo do ser humano, multiplicado pelo poder da inteligência, pode atingir proporções dantescas e terrivelmente destrutivas, se não for devidamente eliminado ou, pelo menos, disciplinado e controlado pela Razão. Huberto ROHDEN (*Por um ideal*, V. 1, p. 31), nos diz que:

> A Inteligência, quando divorciada do Espírito, é uma porta aberta para um universo de maldade. O "Poder das Trevas", de que Jesus fala, não é outra coisa senão a Inteligência desespiritualizada, autônoma, independente – a inteligência que se deificou a si mesma. "Se comerdes do fruto da árvore do conhecimento, dizia a tal serpente, sereis iguais a Deus." É esta a eterna ilusão de Satã: a conquista da deidade pelo poder do "conhecimento", pela força do Intelecto. As últimas guerras mundiais, como aliás todas as grandes calamidades do gênero humano, são frutos da "árvore do conhecimento", a Inteligência sem o Espírito.

É egoísmo extremamente perigoso, como nos mostram essas guerras e os genocídios cada vez mais tecnologicamente devastadores e desumanos. Os episódios de Nagasaki e Hiroshima nos revelam que o homem, pelo poder da inteligência, é capaz de, com um simples apertar de botão, matar mais de uma centena de milhares de pessoas, de uma só vez, cientificamente. E isto foi apenas o primeiro ensaio! De quem é a culpa? Do estadista que deu a ordem para a matança? Dos cientistas e técnicos construtores de bombas?

Emílio MIRA Y LÓPEZ (*Quatro gigantes da alma*, p. 75-76) escreveu o seguinte:

> Aí estão os mais eminentes cérebros humanos de nossa época, orgulhosos e satisfeitos de haver criado a bomba atômica, isto é, de haver tornado possível a morte de cem mil semelhantes em um primeiro ensaio! A esses homens não se chama criminosos nem se lhes injuria ou critica por seu trabalho; ao contrário, exaltamo-los e consideramos como salvadores da humanidade. De que humanidade? Da que contribuíram para destruir? Da outra? Mas, então, há várias humanidades ou somente uma? Quem pode garantir que entre as vítimas dessas duas bombas atômicas não se achavam futuros salvadores dos mais belos ideais humanos? Quem pode afirmar que a consciência de quem comprimiu o botão dessas bombas estava mais limpa do que a de qualquer um daqueles que receberam seus efeitos?

Por falar em delinquentes, os maiores criminosos da humanidade sempre foram e são os de Q.I. mais elevados. Concebem um crime, uma fraude, planejam-nos e os executam com a mais rara eficiência e brilhantismo, alguns tão perfeitos, do ponto de vista lógico, que jamais serão descobertos, pelo menos nesta dimensão em que vivemos.

A inteligência é indiferente em relação à Ética, não leva em consideração a bondade ou a maldade humana. Desvinculada de uma orientação superior da Razão Crística, quase sempre ela torna o homem na fera mais predatória, destrutiva e cruel de toda a criação, que agride os semelhantes, maltrata os irmãos menores na escala evolutiva e violenta a própria natureza. É a inteligência contra Razão.

3. A redenção do intelecto pela Razão

A missão e a função do intelecto consistem em criar e manter a consciência da individualidade, a consciência do ego pessoal.

Os problemas tipicamente humanos começam com o surgimento da consciência individual, quando o ser humano adquiriu a faculdade intelectiva, a faculdade da inteligência. Tais problemas são os espinhos e abrolhos, conforme a linguagem do Gênesis (3,17-19), ou seja, a imensa gama de sofrimento e dores de cada dia, causados, em sua maioria, pelas adversidades da natureza e pela perversidade de nossos semelhantes.

Ocorre, entretanto, que todas essas dificuldades, todas essas dores, todos esses sofrimentos, além de outros, são necessários e indispensáveis para a evolução do homem rumo ao seu glorioso destino, para a integração de sua individualidade na universalidade do Cristo. Os sofrimentos do ser humano decorrem da ilusão separatista que ele mantém em relação a Deus, ao próximo e às demais criaturas, todas igualmente filhas da Paternidade Única de Deus e, consequentemente, irmãs na mesma fraternidade cósmica do Universo. Somente quando o intelecto individual conseguir sua integração na Razão Universal, quando o Cristo Cósmico tornar-se o Cristo Interno em cada ser humano, é que as tentações, sofrimentos e dores haverão de desaparecer, por falta de necessidade.

O intelecto só é inimigo do Eu, quando deixa de ser meio para, egoisticamente, transformar-se num fim em si mesmo. Como meio que é ele pode e deve servir ao Eu, à Razão, ao Cristo, ao Cristo em si mesmo e em todos os seus semelhantes; como meio, sua posição é na retaguarda para servir, e não na vanguarda, para ser servido.

Como nos mostra Huberto ROHDEN (*Lúcifer e Lógos*, p. 108-109):

> A razão não mata o intelecto; pelo contrário, é precisamente na luz meridiana da razão que a inteligência adquire o seu maior potencial de lucidez e

> de força. Nunca existiu sobre a face da terra homem mais inteligente do que Jesus de Nazaré, ele, que tinha atingido a plenitude da razão. Recear que com a vitória final da razão possam as grandes conquistas da inteligência sofrer desdouro, é entregar-se a receios absurdos, imaginários e ignorar a relação íntima que vigora entre a inteligência e a razão.

O individual não inclui o Universal, mas o Universal inclui o individual, levando-o ao Infinito e à Eternidade. Mas, é evidente que o homem deve buscar, através de um gigantesco esforço voluntário, sua integração no Cristo Universal. Egos moloides, moluscoides, frouxos e desfibrados, não conseguem desenvolver a necessária determinação no sentido de sua integração na universalidade qualitativa, racional e crística do Eu. Para tanto, é preciso fazer um compromisso de mudança radical do velho homem adâmico do ego para o surgimento do novo homem crístico do Eu, desenvolvendo a mais completa e total fidelidade a esse compromisso. É necessário que o ser humano abra seus canais de receptividade para as magníficas e libertadoras vibrações emanadas do Infinito, praticando frequentemente a oração e a meditação, bem como as boas obras, sem esperar nenhuma retribuição ou recompensa. Somente, então, quando se entregar ao Amor Incondicional, é que o homem deixará de sofrer e gozará da felicidade real, sólida e permanente, como prenúncio do que lhe aguarda no Infinito e na Eternidade.

4. O homem libertado pela Razão

O homem intelectivo precisa urgentemente ser libertado pela Razão. Mas, porquê? perguntariam os mais céticos. A eles, responde Huberto ROHDEN (*Ob. cit.*, p. 119-120) com argumentos incontestáveis:

> Fecharmos os olhos, por uns momentos, à triste realidade do homem que conhecemos – fraco, enfermo, egoísta – e visualizemos um homem forte, belo, glorioso. Imaginemos um homem que não conheça doenças físicas nem moléstias mentais nem misérias morais; um homem perfeito conhecedor dos profundos e fascinantes mistérios da natureza,

física, química, nuclear, orgânica, psíquica, espiritual; um homem que não seja tirano e explorador, mas amigo e aliado da natureza e trabalha de mãos dadas com ela pelo bem da humanidade.

Imaginemos um homem que não esteja sujeito à lei da gravidade e da dimensão, que possa espontaneamente elevar-se aos ares e transportar-se a grandes distâncias sem aparelho algum; que possa materializar instantaneamente o seu corpo, tornando-o visível e invisível a bel-prazer.

Imaginemos um homem que conheça não apenas em teoria, como os nossos cientistas, a estupenda unidade do universo, mas saiba praticamente que por detrás desses 92 elementos da química, de que os corpos constam, existe uma única substância ou força cósmica – chamemos-lhe energia radiante, ou luz – energia universal e onipresente, na terra, na água, no ar, no éter, por toda parte; um homem que possa, a qualquer momento, apelar para esse elemento universal e único e dele produzir pão, vinho, carne, peixe e outro alimento qualquer, mesmo em pleno deserto, a fim de atender às necessidades de seus semelhantes.

Imaginemos que esse homem cósmico e integral possa andar tanto em terra firme como sobre a água, como também flutuar nos ares por quanto tempo queira. Um homem que perceba intuitivamente o jogo íntimo dos átomos dos minerais, das células das plantas e dos animais, e possa até ver os pensamentos de outros seres conscientes.

Imaginemos um homem que, acima de tudo, seja tão intensa e sinceramente bom que queira para toda a humanidade e cada um de seus membros todo o bem que quer para si mesmo; que ama todos os homens, mesmo os chamados inimigos, como a si mesmo.

Esse homem seria, evidentemente, a síntese e a quintessência de todo o poder, de toda a sabedoria, de todo o amor e de toda a felicidade de que é capaz um ser humano.

Eis o homem libertado pela Razão.

Mas, isto é possível neste mundo tão primitivo, nesta terra onde os homens choram suas misérias físicas, emocionais, mentais e morais? Sim, é possível, como nos mostram Krishna, Jesus, Buda, Sai Baba, entre outros.

E por que e para que esses autoiluminados vêm a este nosso planeta tão sofrido, tão primitivo e tão tenebroso?

> Por que descem eles à vida nos mundos inferiores, eivada de tantos inconvenientes? – pergunta e responde Ikbal TAIMNI (*Shiva-Sutra*, p. 16) – Simplesmente para ajudar os seus companheiros humanos que ainda estão presos aos sofrimentos e ilusões de tais mundos, e neles estão confinados padecendo com suas misérias sem esperança de redenção. Os seres liberados descem aos mundos inferiores para ensinar aos homens que eles verdadeiramente são divinos em sua natureza essencial e para mostrar-lhes a Senda que os tornará livres pelo conhecimento da própria Divindade.

Porém, como se pode alcançar essas culminâncias do novo homem em Cristo? Ora, por meio da Razão, do Amor Incondicional, quando plenamente realizado.

A fórmula, segundo Jesus, é muito simples: "Amarás o Senhor teu Deus, com todas as tuas forças, de todo o teu coração, de toda a tua mente, de toda a tua alma, e amarás o teu próximo como a ti mesmo." (Mt 22,37-40; Mc 12,30-31; Lc 10,27.)

Então, se é tão fácil compreender que o Amor Incondicional é a própria chave para o autoconhecimento, a autolibertação e a autorrealização do ser humano, por que os autoiluminados ainda são tão poucos em nosso planeta?

Simplesmente porque a compreensão humana geralmente não vai além da periferia intelectiva do ego, não ousa alcançar a centralidade qualitativa e crística do Eu. Assim, o ser humano não tem sabedoria nem forças suficientes para despertar e libertar o novo homem crístico, preso e amordaçado pelos impulsos e desejos do homem adâmico do ego. Esse homem diz e repete à saciedade que ama a Deus e ao próximo, mas são palavras, nada mais que palavras, palavras vazias oriundas de pensamentos e sentimentos igualmente vazios. Tudo o que esse homem diz com a boca e faz com as mãos, ele desmancha com os pés!...

Capítulo VII: O homem e a Verdade

• O homem e o dever da veracidade • A Verdade e o juramento • A Verdade Libertadora

1. O homem e o dever da veracidade

A Verdade, fruto da mais genuína e autêntica comunhão com Deus, exige um perfeito ajuste, uma completa e total justeza entre aquilo que o homem diz e o que, de fato, acontece.

O falar, o dizer, o escrever, tudo isso é produto de uma atitude interna. A boca só fala daquilo que o coração está cheio. Por isso, o ser humano precisa meditar em suas palavras, antes de proferir seu pensamento. Deve saber, por antecipação, o que vai dizer. Há muitas maneiras de se dizer algo a alguém, cada uma com uma consequência diferente. Os termos a serem empregados requerem muito cuidado e devem ser compatíveis com a franqueza, a calma, a certeza, e, sobretudo, com a bondade, mas, sempre tendo a Verdade como objetivo supremo, do qual, em hipótese alguma, se pode arredar um milímetro. É de se lembrar, entretanto, que sempre assiste ao homem o sagrado direito do silêncio! Em muitos casos, o melhor mesmo é não dizer nada... Mas, se o ser humano abrir a boca, a Verdade terá de se impor soberanamente, sejam quais forem as consequências.

A retitude de palavra é um dos oito caminhos escolhidos pelo Buda para que a criatura humana possa ter pleno sucesso na difícil arte do autoconhecimento, da autolibertação e da autorrealização de si mesma, nesta jornada existencial planetária. Afirma ele, no 4° mandamento de seu Decálogo: "Não mintam. Digam discretamente a verdade, com suavidade e prudência, de maneira a não ofender." (KHARISHNANDA, Yogi. *O Evangelho de Buda*, p. 107.)

Jesus, nosso grande Mestre, é ainda mais enfático, ao dizer: "Seja o vosso modo de falar um simples sim, um simples não, o que passa daí vem do mal." (Mt 5,37.) No original grego desta perícope ou passagem do *Sermão da Montanha*, acha-se textual e expressamente escrito: "Seja o vosso sim, sim, e o vosso não, não." A repetição não se dá por acaso. É uma consequência natural do dever da veracidade, como também da proibição do juramento ou de qualquer outro reforço da palavra dada ou empenhada. Desse modo, se os lábios dizem sim ou dizem não, isto deve corresponder perfeitamente a algo que vem ou brota da mais profunda profundeza do próprio coração místico. É, por si só, verdadeiro e autossuficiente. Esta é a única garantia, não havendo necessidade de nenhuma outra, pois é a garantia do próprio Deus em nós, de nossa consciência crística, do nosso Cristo Interno. Por isso, nada pode desmenti-lo, nada pode pô-lo em dúvida.

Por que mentem os homens?

Geralmente os homens mentem pelos seguintes motivos:

1°) – Porque desejam adquirir ou conservar alguma vantagem ilícita ou imoral;

2°) – Porque tentam livrar-se das consequências de maus atos que praticaram;

3°) – Porque são comodistas, ou mais do que isso, são moloides, lesmoides ou moluscoides; e

4°) – Porque sofrem de um estranho vício, uma certa incontinência bucal ou comichões incontroláveis da língua, cuja origem é uma mente muito leviana e patológica, uma mente demente, que mente despudoradamente.

Pelo visto, os homens mentem ou porque são malvados, ou porque são covardes, ou porque são doentes. Todavia, no fundo, todos mentem só porque são espiritualmente ignorantes. A ignorância espiritual é a primeira e a última causa de todas as mentiras.

Mas, quem é que mente? *Omnis homo mendax*, todo homem mente – diz a Bíblia (Sl 116,11). Na verdade, porém, mentem todos os seres humanos não-cristificados, uns mais, outros menos. Mentem os enganadores, os hipócritas, os mexeriqueiros e os bajuladores. Mente quem calunia, difama, injuria ou critica maldosamente o seu semelhante. Mente ainda aquele que comete evidentes exageros, até mesmo ao elogiar alguém... ou algo. A publicidade comercial, por exemplo, veiculada pela mídia, é fundamentalmente mentirosa.

É tamanha e tão escandalosa a falsidade a imperar nas relações humanas, que a sociedade só não entra em colapso nem se desintegra, porque as suas engrenagens, desde aquelas que se dão no interior de uma família, até as que ocorrem na complexidade do Estado e da nação, são, praticamente, todas elas lubrificadas pela mendacidade, pela mentira, pela hipocrisia. Assim, por exemplo, como mentem os políticos!...

Em meio a esse fantástico oceano de mentiras, aparecem os grandes mestres do homem e da humanidade e nos impõem uma veracidade completa e uma transparência total em todos os nossos pensamentos, sentimentos, intenções, palavras e atos. Mas... por quê?

Ora, porque somente a Verdade nos pode libertar de todos os nossos carmas, dores, sofrimentos e misérias; somente a Verdade nos pode proporcionar a integração do ego no Eu; somente a Verdade nos pode dar a eterna e imorredoura felicidade.

2. A Verdade e o juramento

Em Israel, conforme a Lei de Moisés e os ensinamentos rabínicos, era costume religioso invocar a Deus como testemunha de qualquer afirmação verdadeira e importante. Aos judeus era proibido o falso juramento, ao mesmo tempo que se lhes encorajava a jurar sempre que a afirmação fosse verdadeira. Portanto, a Lei Antiga, o Antigo Testamento condenava o perjúrio, mas, por outro lado, tornava o juramento quase obrigatório nos demais casos. Jurava-se não somente em nome de Deus, como também de coisas sagradas, a exemplo dos céus, da terra, de Jerusalém e assim por diante.

Por que juram os homens? Em primeiro lugar, geralmente os homens juram para garantir que aquilo que dizem é verdadeiro, isto é, que corresponde à realidade. Em segundo lugar, eles juram como penhor ou garantia de realização ou cumprimento de uma promessa, ou de algo que deve ser feito em tempo futuro, próximo ou distante.

Em todos os casos, no entanto, o fato é que o juramento, além de inconsistente e insatisfatório, não garante coisa alguma e ainda não passa de um insulto à dignidade espiritual e humana. Por isso, todos os videntes, profetas e emissários de Deus no mundo o proíbem terminantemente.

Buda, por exemplo, registra textualmente em seu Decálogo, 6° mandamento: "Não jurem nem blasfemem. Falem com decência e dignidade." (KHARISHNANDA, Yogi, *ob. cit.*, p. 107). Jesus, por sua vez, derroga a Lei Mosaica, ou seja, revoga-a parcialmente, em sua letra, e amplia imensamente o seu espírito, aperfeiçoando-a como sempre, ao dizer: "Além disso, ouviste o que foi dito: Não jurarás falso" e: cumprirás o que o que juraste ao Senhor! Eu, porém, vos digo que não jureis de forma alguma." (Mt 5,33-34)

Para Jesus, portanto, e, igualmente, para qualquer outro homem cristificado, o juramento não é válido nem se justifica em hipótese alguma, sob nenhum motivo, pretexto ou circunstância. Nunca, jamais é necessário, pois não garante coisa alguma. Antes de mais nada, não testifica a Verdade, porque quem é capaz de jurar, pela mesma razão é capaz de mentir. E por fazer do juramento um hábito rotineiro e sem sentido, inclina-se ao perjúrio e à blasfêmia, com muita frequência. Eis que o juramento nem sequer consegue diminuir a desconfiança que os homens sempre mantiveram e mantém, uns em relação aos outros. Muito pelo contrário. A História, em toda a sua crueza, não nos deixa nenhum resquício de dúvida quanto a isso.

Por outro lado, é um erro realmente crasso comprometernos com qualquer tipo de desejo, a ser realizado ou praticado no futuro, principalmente se o onerarmos com algum juramento. "Basta-nos a cada dia a sua lida" (Mt 6,34) – afirma sabiamente o nosso bem-amado Mestre Jesus. Bastam-nos os problemas, as dificuldades e as aflições de cada dia. Confessemos com toda a sinceridade: Não sabemos o que nos é necessário hoje. Como saberemos então o que nos convém amanhã? Ou no futuro próximo ou remoto? Deixemos assim que a Sabedoria do Infinito nos provenha de tudo aquilo que nos é necessário, abrindo-nos à inspiração, à orientação, às magníficas vibrações do Criador. Precisamos apenas desobstruir nossos canais de receptividade. É assim que o ser humano, na bela linguagem de Emmet FOX (*O Sermão da Montanha*, p. 74), pode morrer diariamente, para renascer maior, mais sábio e melhor, no dia seguinte.

3. A Verdade Libertadora

Deus é a Causa Única Incausada e Causante de tudo quanto existe de positivo, belo e bom no concerto do Universo. Porém, tudo quanto há de negativo, feio e ruim, tem sua origem no livre arbítrio das criaturas, ao conservarem uma ilusão separatista em relação a Deus. Deus é o ponto de partida e a meta de chegada de todos os seus filhos; é o alfa e o ômega da existência. Deus é a Realidade Eterna, a Essência Infinita e Absoluta. Tudo o mais não passa de fenômenos realizados, existenciais, temporários, finitos e relativos.

Por tudo isso, a Verdade Libertadora só pode ser entendida como sendo a conformidade, a harmonia ou a sintonia do espírito humano com a Realidade Absoluta, do homem com Deus, do filho com o Pai. Se o homem se harmoniza com Deus, entra no reino da Verdade e se liberta; do contrário, naufraga na inverdade, no erro, e se escraviza. E não há meio-termo, pois a ignorância é apenas o estado negativo da consciência.

No âmbito da natureza inconsciente, por exemplo, não há verdade nem erro e, consequentemente, não há nem pode haver qualquer espécie de responsabilidade. Daí porque nenhum animal irracional pode responder eticamente pelos seus atos. É por isso também que a responsabilidade do homem é sempre limitada, tendo em vista o seu nível de evolução, o seu grau de liberdade já alcançado.

A Verdade Libertadora é vertical, qualitativa e metafísica, só podendo ser conhecida através da intuição racional ou crística. No campo horizontal e quantitativo da natureza física, onde opera ou funciona a mente intelectiva do homem, a Verdade é simplesmente impossível. Em todas as modalidades de relações concebidas pela mente, vale dizer, em todos os domínios do conhecimento intelectivo, tanto vulgar, como científico e filosófico, o máximo que se pode alcançar são aspectos parciais da Verdade. Isto, como já tivemos a oportunidade de ver, deve-se à própria natureza bipolar, relativa e quantitativa da inteligência. A Verdade Libertadora, no entanto, sendo pura qualidade, não pode ser a soma total de todos os seus aspectos, do mesmo modo que o Infinito não é a soma total de todos os finitos, que o Criador não é o conjunto de toda a criação. Por isso, jamais alcançaremos a Verdade por intermédio da mente, do intelecto, da inteligência. A função da inteligência consiste em permitir-nos a construção e a sobrevivência de nossa individualidade egoica, de nossa identidade, neste ambiente pesado, tenebroso e competitivo da matéria, submetido à dualidade de tempo e espaço, além de outras polaridades e ilusões, todas causadoras de diferenças, tensões, tentações e limitações.

Enquanto a noosfera ou esfera da mente é uma arena de lutas e combates sem trégua, por meio dos quais arquitetamos a nossa identidade individual egoica, a Logosfera ou esfera do Lógos, da Razão, do Verbo, do Eu, do Cristo, sendo a esfera da sabedoria, da santidade e da paz, proporciona-nos a integração do ego no Eu, universalizando-nos, santificando--nos e libertando-nos para sempre.

Somente poderemos ter acesso à Verdade Libertadora por meios ou processos opostos a tudo o que é intelectivo ou mental. Só a meditação, o silêncio, a concentração, a conversão, a metanoia, a transmentalização, devidamente acompanhadas com a renúncia às coisas mundanas, é que nos podem abrir caminho para o Cristo Interno, o Cristo dentro de nós. Quando ultrapassarmos os limites da inteligência e culminarmos na pleniluz da Razão, do Lógos, do Cristo, conheceremos então a Verdade e, finalmente, a Verdade nos libertará de todas as ilusões e equívocos sobre o mundo e sobre nós mesmos, de todos os desejos, limitações e fraquezas do nosso ego. Sim, a Verdade nos libertará. É o que dizem todos os autoiluminados, todos os videntes, entre os quais, Jesus de Nazaré, nosso irmão maior e nosso mestre, que afirma peremptoriamente: "Conhecereis a verdade e a verdade vos libertará." (Jo 8,32.) Tal afirmação é plenamente válida não somente para os companheiros de Jesus, seus apóstolos e discípulos, como igualmente para nós e também para todas as demais criaturas dotadas de livre arbítrio, encarnadas e desencarnadas, em quaisquer dimensões evolutivas do Universo. A Verdade libertará o homem; libertá-lo-á não somente da mendacidade em que se acha mergulhado, mas, também da própria ignorância, que produz todas as mentiras e toda a hipocrisia; liberta-lo-á completamente de toda e qualquer ilusão, da ilusão que cultiva em relação a Deus, da ilusão concernente ao mundo e, sobretudo, da ilusão que ainda sustenta sobre si mesmo.

O ser humano que a Verdade libertou, nunca mais pode ser o mesmo, nunca mais pode ser escravo de coisa alguma, nunca mais pode ser escravo dos grilhões do mundo, nunca mais pode ser escravo de suas próprias paixões. É livre, agora e sempre, livre para mergulhar na eternidade e no Infinito e viajar eternamente por oceanos de luz, ao sopro benéfico das auras de Deus.

Capítulo VIII: O homem e o livre arbítrio

• A sagrada faculdade do livre arbítrio • Os Evangelhos e o livre arbítrio

1. A sagrada faculdade do livre arbítrio

O livre arbítrio é a base em que se assenta toda a responsabilidade do ser humano. Mas, existe realmente o livre arbítrio?

Há filósofos e falsos educadores que o negam. São os deterministas, para os quais o livre arbítrio não passa de uma ilusão, já que a existência inteira se rege pela lei da causalidade necessária, ou seja, a cada causa correspondente um efeito. É só isso. Assim, na opinião deles, se uma pedra pudesse filosofar, diria, muito naturalmente, que sempre demanda o centro da terra, que sempre cai, por sua livre e espontânea vontade.

Enganam-se. Existe, sim, o livre arbítrio. É o poder que o homem tem e atualizou, de ser causa própria de seus atos, pelos quais se responsabiliza, nos limites da própria liberdade que já conseguiu alcançar. É a autodeterminação. Essa autodeterminação, por um lado, não destrói a lei da causalidade universal, mas, por outro lado, também não invalida a responsabilidade ético-religiosa do ser humano. O homem só possui autodeterminação relativa, é relativamente livre, livre à medida que desenvolve sua relativa consciência dessa liberdade. O ser humano é inteira e completamente livre em sua origem, em sua Essência, em seu ser, em seu Eu, porém é relativamente livre em sua existência, em seu ego, em seu fazer, e tanto mais livre é quanto quanto mais se aproxima de sua Essência... e vice-versa.

Quanto mais livre é um homem, tanto mais é responsável pelos seus atos. Liberdade absoluta significaria responsabilidade ilimitada. Dado, porém, que o ser humano é relativamente livre, sua responsabilidade é e só pode ser sempre limitada. Por isso é que o homem jamais se identifica com Deus. Mas, por outro lado, nunca, em hipótese alguma, pode separar-se definitivamente do Criador. Assim sendo, se certos homens e determinadas igrejas não admitissem, de forma errada e, às vezes, inconscientemente, uma liberdade absoluta para o homem, nunca cairiam no mais grosseiro dos equívocos, o de aceitar a possibilidade de uma criatura humana se perder, afastando-se eternamente de Deus. Se uma alma humana fosse absolutamente livre e, no exercício dessa liberdade, se afastasse de Deus para sempre, Deus, então, teria perdido sua jurisdição sobre essa criatura e a Soberania Divina não mais seria absoluta. Impossível! Se tal coisa pudesse acontecer, desabaria o cosmos e Deus deixaria de ser Deus!

Por conseguinte, o homem é responsável pelos seus atos, não em termos absolutos, mas relativamente. Eis porque sua responsabilidade aumenta na razão direta de sua conscientização, à medida que evolui, que marcha e se aproxima da Liberdade Absoluta.

O livre arbítrio é a mais sagrada, porém, a mais incompreendida de todas as faculdades do ser humano. Jesus, mais do que ninguém, tinha perfeito conhecimento da natureza humana. Por isso, fez a apologia da liberdade em todo o seu Evangelho. Algumas de suas parábolas são específicas nesse sentido.

2. Os Evangelhos e o livre arbítrio

Como disse, os Evangelhos de Jesus de Nazaré são muito incisivos quanto ao respeito que se deve manter em relação ao livre arbítrio humano. No que tange à inviolabilidade do livre arbítrio, pelo menos seis de suas magníficas e insuperáveis parábolas podem e devem ser destacadas: Caprichos pueris (Mt 11,16-19; Lc 7,31-35); o joio no meio do trigo (Mt 13,24-30. 36-43); a rede e seu conteúdo (Mt 13,47-51); os talentos e as minas (Mt 25,14-30; Lc 19,11-27); o filho pródigo (Lc 15,11-32); e a construção da torre e a empresa bélica (Lc 14,28-33).

Vejamos uma dessas parábolas, a do joio no meio do trigo (Mt 13,24-30. 36-43):

> O reino dos céus é semelhante a um homem que semeou boa semente no seu campo. Mas quando a gente dormia, veio seu inimigo e semeou joio no meio do trigo, e foi-se embora.
> Quando, pois, cresceu o trigo e começou a espigar, apareceu também o joio. Chegaram-se então os servos ao dono da casa e lhe perguntaram: Senhor, não semeaste boa semente no teu campo? Donde lhe vem, pois, o joio?
> Foi o inimigo que fez isto – respondeu-lhe ele. Perguntaram-lhe os servos: Queres que vamos e o colhemos? Não – respondeu-lhe ele – para, colhendo o joio, não arranqueis com ele também o trigo. Deixai crescer um e outro até a colheita; e no tempo da colheira, direi aos ceifadores: Colhei primeiro o joio e atai-o em molhos para queimar; o trigo, porém, recolhei-o ao meu celeiro... (...)
> Em seguida, despediu o povo e foi para casa. Então, se chegaram a ele seus discípulos com este pedido: "Explica-nos a parábola do joio no campo." Respondeu-lhes Jesus: "Quem semeia a boa semente é o Filho do homem. O campo é o mundo; a boa semente são os filhos do reino; o joio são os filhos do maligno, o inimigo que o semeou é o diabo; a colheita é o fim do mundo; os ceifadores são os anjos. Do mesmo modo que o joio se recolhe e se queima no fogo, assim também acontecerá no fim do mundo. O Filho do homem enviará seus anjos, que reunirão do seu reino todos os obstáculos e autores de ilegalidade, lançando-os à fornalha de fogo; aí haverá choro e ranger de dentes.
> Então, os justos resplandecerão como o sol no reino de seu Pai.
> Quem tem ouvidos, ouça!"

A parábola do joio no meio do trigo, mais do que qualquer outra, é uma verdadeira apoteose do livre arbítrio do ser humano, de sua liberdade. Ela condena inapelavelmente toda e qualquer interferência externa na condução dos destinos humanos.

Existe uma ignorância monumental a respeito da natureza humana. Muitos de nós, inclusive teólogos e filósofos, têm cavado um abismo intransponível entre a liberdade e o destino. Os advogados da liberdade, muitas vezes, não aceitam o destino, enquanto os deterministas não crêem na liberdade. Ocorre, porém, que liberdade e destino se entrelaçam, se completam e ambos se alimentam mutuamente. Liberdade e destino não são termos excludentes, mas complementares.

O homem é realmente livre... para semear, mas não é livre para deixar de colher! Na semeadura está a gloriosa liberdade, ao passo que, na colheita, reside a fatalidade do destino. O ser humano é sempre a causa e a consequência de seus próprios atos.

A maioria esmagadora, dos homens desconhece as leis que regem a existência, as leis cósmicas do Universo. Por isso é que, lamentavelmente, muitos e muitos, inclusive alguns de boa vontade, promovem cruzadas, inquisições e guerras contra aqueles que eles julgam e condenam como malvados. Não percebem que o que fazem também é um mal; não sabem que um mal, de qualquer natureza, jamais pode ser combatido e, muito menos, invalidado com a prática de um mal semelhante ou equivalente.

Combater o egoísmo dos outros, além de ridículo e contraditório, é ainda um completo e total desrespeito à sagrada potência do livre arbítrio humano, que é de foro íntimo, cuja chave só abre de dentro para fora.

É devido a essa estupidez, que alguém é capaz de chegar ao despropósito de pregar, por exemplo, a pena de morte para criminosos considerados irrecuperáveis e pecadores impenitentes. Que querem, afinal? Matar os malvados e encher o mundo de bons matadores? É assim que desejam mudar o mundo? Se é assim, todas as possíveis mudanças serão sempre para pior... tornando o nosso Planeta cada vez mais explosivo, violento, sofrido e tenebroso.

Não nos admira, portanto, que Jesus, bem como outros homens cristificados, a exemplo de Mahatma Gandhi, tenham mostrado, com veemência, a insanidade tremenda que se acha contida neste gênero de proposta, nesta modalidade de conduta.

Os homens maus, segundo Jesus, aqui representados pelo joio, *lolium*, em latim, e os bons, simbolizados pelo trigo, todos eles, bons e maus, têm todo o sacrossanto direito de continuar no plano físico da existência, convivendo, lado a lado, uns e outros, até o término do presente ciclo evolutivo. Isto, bem entendido, para a evolução e o benefício de todos.

Somente depois, no final do mundo, é que haverá a separação entre bons e maus. Como afirma o Mestre Jesus, sairão os anjos e separarão os maus do meio dos justos, lançando-os à fornalha de fogo; aí haverá choro e ranger de dentes. No fim do mundo, isto é, ao término do atual ciclo evolutivo, os homens bons, aqueles que se cristificarem, pelo autoconhecimento, a autolibertação e a autorrealização de si mesmos, confirmarão o ingresso no reino de Deus, enquanto os homens maus vão submeter-se a um novo ciclo de trabalho e experiências, de sofrimentos, expiações e provas, preparando-se, a exemplo das virgens tolas (Mt 25,1-13), para um futuro e oportuno ingresso no reino dos céus, no reino da Verdade Libertadora.

Mas, agora vem a pergunta: quem e quais são os homens bons?

Engana-se, caindo na autoilusão (Cf. Mt 7,21-23; Lc 6,46.13, 26-27) aquele que pensa que, simplesmente por ser cristão e cumprir, ao pé da letra, os mandamentos e ritos externos de sua igreja visível, institucional e organizada é, só por isso, um homem bom. Não. É preciso mais do que isso, é necessário vencer e transcender o mundo. E, para tanto, não basta fazer o bem desvinculadamente do ser bom. Fazer o bem por motivos egoístas, em busca de algum prêmio, seja um prêmio terrestre, a exemplo de riquezas ou de aprovação e aplauso dos homens, seja um prêmio celeste, como a condição para salvar a própria alma, é apenas melhor do que fazer o mal. Isto não significa ser bom, pois é coisa de um ego virtuoso. Ora, o ego, seja virtuoso, seja vicioso, continua sendo o mesmo Velho ego egoísta, que sempre foi e sempre será, enquanto não se integrar no Eu. Alguém poderá livrar-vos dos vossos vícios – disse Friedrich Nietzsche – mas quem vos livrará das vossas virtudes? (Cf. Huberto ROHDEN. *Filosofia Cósmica do Evangelho*, p. 170.)

Assim, portanto, é necessário que o ser humano se transmentalize e, desse modo, possa substituir, dentro de si mesmo, o velho homem adâmico do ego pelo novo homem crístico do Eu. É imperativo que se transforme em alguém incondicionalmente bom, indefectivelmente bom, tão intensamente bom, que o fazer o bem lhe seja uma fonte borbulhante e perene de felicidade e não um rosário de sacrifícios. Somente então é que o ser humano passa a ser capaz de fazer o bem, como consequência natural e espontânea do ser bom; somente então poderá fazer o bem de modo desinteressado a parentes, amigos e, até mesmo, a inimigos, sem esperar qualquer retribuição ou recompensa.

Mas... é possível isso? É possível um homem mau tornar-se um homem bom? É possível a transformação do joio em trigo?

O que não é possível no determinismo da botânica, ou seja, a conversão do joio, a transformação do *lolium temutentum* em trigo, no âmbito da liberdade humana, flexível pela sua própria natureza, tal metamorfose não somente é possível, como é natural e fundamentalmente necessária, mesmo que, para alguns retardatários, o processo possa durar milhares de anos!...

O que poderá ocorrer, porém, se alguém chegar ao fim do presente ciclo evolutivo, sem que consiga converter-se de joio em trigo? Reencarnar-se-á certamente em algum planeta primitivo, ainda mais primitivo do que o nosso. Assim terá de ser, pois, a Terra estará reservada somente para o trigo!...

Aí, então, os malvados, entre choro e ranger de dentes, possivelmente disputando carniça com os chacais, terão de reiniciar a longa e difícil jornada de volta, e, fechar, dessa maneira, a imensa parábola de retorno ao Infinito celeste, que é a sua origem e, por consequência, o seu irresistível, o seu inevitável destino!...

Para os bons, que venha então a nova civilização do terceiro milênio, desta vez, baseada no Primado do Espírito e não mais nas ilusões da matéria. O processo já começou!...

Capítulo IX: O homem e a Luz do Mundo

• A Luz do Mundo • O brilho da Luz • O Fogo e a Luz do Cristo

1. A Luz do Mundo

No primeiro *yom*, um período cósmico que abrange bilhões de anos, os *Elohim* (pural de *El*, que significa Deus), portanto, os deuses criaram a luz, luz incolor, invisível, indestrutível e imortal, anterior e, por isso mesmo, posterior à luz colorida das próprias nebulosas primitivas. Esta, que é a luz visível, a luz temporal e transitória das estrelas, somente foi criada no quarto *yom* ou quarto período. É o que Moisés nos diz no texto original hebraico do Gênesis (Gn 1,3.14-19), escrito há, aproximadamente, quinze séculos antes de nossa era, hoje um tanto deturpado pelas más traduções e falsas interpretações.

As visões intuitivas de Moisés, confirmadas por outras muito mais recentes, mas igualmente intuitivas, como as de Einstein, e que Jesus conhecia como ninguém, começam a ser comprovadas experimentalmente nos laboratórios de física quântica-nuclear de nossos dias. Graças a isso, sabemos hoje que toda e qualquer forma de matéria não passa de energia congelada, e que a energia é apenas luz condensada. Então, tudo é luz. É luz como luz, dotada da máxima vibração possível; luz como energia, de média vibração; e luz como matéria, cuja vibração é mínima.

Desse modo, os 92 elementos da química, desde o (H)hidrogênio até o (U)rânio, são filhos da luz incolor e invisível, que cria a energia que, por sua vez, produz a matéria.

A verdade é que, tudo quanto existe, o Absoluto ou Luz Metafísica Divina arranca de sua própria Essência, na forma da luz incolor e invisível, que ainda não passou pelo prisma e não se diversificou na iridescência das sete cores fundamentais. A partir daí, a luz física criada, emanada da Luz Metafísica Incriada, produz todas as galáxias e tudo quando as galáxias contêm.

Por tudo isso, a matéria, ao contrário do que parece, é justamente aquilo que tem o máximo de ilusão e o mínimo de realidade, o mínimo de luz e o máximo de trevas, o mínimo de Presença e o máximo de ausência, de tudo quanto possa existir. A matéria é quantidade sem qualidade, ao passo que a luz é qualidade sem quantidade. As coisas, portanto, são tanto mais reais e tanto mais indestrutíveis, à medida que, na cadeia evolutiva, estejam mais próximas de sua origem, mais perto da luz. Inversamente, são tanto mais ilusórias, no negro abismo da involução, quanto mais distantes se achem de seu foco luminoso originário.

Desse modo, de um lado está a luz incolor, literalmente indestrutível, com o máximo de realidade possível. No meio, ocupando uma posição intermediária entre a luz criadora e as coisas criadas, temos as diferentes formas de energia ou semiluz ou penumbra, com um nível médio de realidade, na horizontalidade quantitativa e existencial do mundo. Por isso, coisas energéticas que, embora regidas pelo tempo, não ocupam posição no espaço, como o pensamento e o sentimento, são muito mais luminosas, muito mais reais do que qualquer coisa material, a exemplo de uma pedra, de uma árvore ou de um planeta.

Disse o nosso amado Mestre Jesus, segundo o testemunho de Mateus 5,14-15: "Vós sois a luz do mundo. Não pode permanecer oculta uma cidade situada num monte. Nem se acende uma luz e se põe debaixo do velador, mas, sim sobre o candelabro para alumiar a todos os que estão na casa."

A comparação que Jesus faz do homem com a luz, ao contrário de outras, não é uma analogia, mas é a verdade mesma, autêntica e cristalina.

O homem, quando realmente se cristifica, a exemplo de Jesus, torna-se Luz Metafísica imortal, ou seja, transforma-se naquilo que ele realmente é, atualizando, assim, a sua potencialidade crística. O Cristo é a luz divina dentro do homem, é o homem mesmo em sua Essência, ainda que não saiba disso. Contudo, ainda saberá!...

E, quando finalmente souber, quando tomar esse sabor, quando souber por experiência própria, sua luz crística deixará de ser meramente potencial ou escondida debaixo do velador e, fazendo-se atualizada, por-se-á então no alto do candelabro e iluminará necessariamente a todos os que estão na casa, pois ela é a plenitude divina, da qual todos podem receber graças e mais graças, se forem suficientemente idôneos e receptivos.

É neste sentido, que a cidade da consciência divina, uma vez situada no monte da consciência crística, nunca mais pode permanecer oculta.

2. O brilho da Luz

Jesus disse ainda: "Assim brilhe diante dos homens a vossa luz, para que vejam as vossas boas obras e glorifiquem o vosso Pai celeste." (Mt 5,16.)

Brilhar é uma função própria da luz, muito natural, certamente mais natural do que o nadar para o peixe e o voar para o pássaro. É impossível que a luz não brilhe, seja no campo quantitativo da física, seja, sobretudo, no reino qualitativo da Metafísica. Tanto em baixo como em cima, a luz é presença, tudo o mais, sem nenhuma exceção, é ausência, ausência de luz. À meia-noite, por exemplo, tudo se faz escuro. Porém, quando amanhece, a luz espanca a escuridão do mundo. Para onde foram as trevas? Esconderam-se nalgum buraquinho misterioso que nós não conhecemos? Nada disso, desvaneceram-se simplesmente, pois, em face da luz é inconcebível que haja trevas.

Podemos tomar os conceitos de treva e luz, de ausência e presença, e aplicá-los às especificidades do ser humano e de sua conduta. Feito isto, encontraremos três categorias básicas de homem: os homens-matéria, os homens-energia e os homens-luz.

Os homens-matéria são homens-lama, homens-minhoca, homens-treva, homens-ausência. Eles se dedicam quase que exclusivamente aos prazeres dos sentidos, prazeres físicos, prazeres do corpo. Sensitivos ou profanos de má vontade, esses homens gostam mesmo é de viver impuramente no meio das impurezas.

Os homens-energia, por sua vez, são homens-água, homens-penumbra, homens semiausência. Eles se inclinam geralmente para os prazeres da mente. Intelectivos ou profanos de boa-vontade, semipuros como são, tais homens conseguem, às vezes, amar a pureza, mas, só se conservam puros, quando estão e permanecem longe das imundices, bastando um pequeno contato físico e, até mesmo psicológico, para que automaticamente se tornem impuros.

Já os homens-luz ou homens-presença, uma vez que são luz, somente buscam a felicidade, independentemente de qualquer prazer. Intuitivos, racionais, místicos, videntes ou iniciados, eles se conservam puros em meio a todas as impurezas, pois, a luz, em qualquer dimensão e em qualquer situação, é realmente *incontaminável*. Por isso, um homem-luz é sempre um sábio e um santo, ainda que numa sociedade de bandidos, até mesmo dentro de um prostíbulo.

Todavia, para que isto se dê, é preciso que a luz divina do Cristo Interno possa brilhar, que ela venha fluindo de dentro para fora, lucificando o homem em seu todo, em todo o seu ego: etérico, tornando-o puro, transparente e sem máculas; emocional, elevando seus sentimentos e enobrecendo-os; mental, retificando todas as tortuosidades de sua vida; e físico, lucificando-lhe cada molécula, cada célula e cada átomo.

Esse é o homem crístico, cuja luz é um convite aberto a todos os outros homens, para que cada um possa cristificar-se a si mesmo. Ao descobrir e atualizar em si próprio a eterna "luz que ilumina a todo homem que vem ao mundo" (Jo 1,9), queira ou não queira, já é um modelo para os seus semelhantes. Afinal, ele cumpriu sua verdadeira missão no mundo, a do autoconhecimento, da autolibertação e da autorrealização de si mesmo. Tudo o mais são ilusões, que se dissipam à Luz do Cristo, da mesma forma que as trevas se desvanecem à luz da aurora...

3. O Fogo e a Luz do Cristo

Disse-nos o Cristo, pela boca de Jesus, conforme Lucas 12,49: "Eu vim para lançar fogo à terra – e quisera que já ardesse!"

O Cristo é o fogo, o Cristo é a luz. O fogo devora e purifica, a luz constrói e ilumina.

Enquanto fogo, o Cristo destrói as ilusões que o ego humano, sensório e intelectivo, ainda conserva em relação a Deus, ao mundo, aos irmãos e a si mesmo. Purifica-o de suas escórias existenciais involutivas, limpa-o de seu carma negativo.

Como luz, o Cristo unge ou permeia o homem no seu todo, lucificando-o e imortalizando-o para sempre, para a vida eterna.

Sendo fogo, o Cristo é calor e energia; sendo luz, é sabedoria e compreensão espiritual, é santidade.

O Cristo, como fogo e como luz, foi bem compreendido por Huberto ROHDEN (*Filosofia Cósmica do Evangelho*, p. 142-143). Diz ele:

> O culto do fogo e da luz é antiquíssimo. Se há uma ideologia desculpável, é esta a mais desculpável de todas: a adoração do sol, e, em geral, do fogo e da luz. Em todos os tempos, o homem sentiu ou adivinhou obscuramente o que os cientistas da Era Atômica acabam de provar: que a luz é a base de todas as coisas do mundo físico. Hoje em dia, sabemos que os 92 elementos do sistema periódico da química não são outras tantas realidades distintas, senão apenas 92 manifestações várias de uma e a mesma realidade fundamental, que Einstein e outros entendidos em física nuclear chamam "luz", confirmando cientificamente o que o autor do Gênesis já sabia intutivamente quando escrevia: "No primeiro dia Deus criou a luz. E desta luz, segundo Moisés e Einstein, nasceram todas as outras coisas, energias e matérias do universo físico. A luz é a mãe de todas as coisas. Todas as coisas são lucigênitas, filhas da luz. A matéria é "energia congelada", e as energias são "luz condensada". Quanto mais condensada é uma coisa, tanto mais material. A luz possui condensação mínima, e, por isto, expansão

> máxima, isto é, presença; a luz possui onipresença no plano do universo material; ela é imanente em todas as coisas, e todas as coisas são feitas de luz, lucigênitas. A luz é a mais imaterial de todas as coisas materiais e, por isto mesmo, o mais perfeito símbolo da Divindade. Em todos os livros sacros da humanidade Deus é comparado à luz. "Deus é luz, e nele não há trevas." "Eu sou a luz do mundo, quem me segue não anda em trevas."

O Cristo é Luz, porém, é Luz Metafísica, infinitamente acima de todas as luzes.

O Fogo e a Luz do Cristo estão eternamente presentes em todo e cada ser humano. Mas, se o homem não se conscientiza dessa presença e, por isso mesmo, não lhe guarda a mais ampla e total fidelidade, o fogo não arde e a luz não brilha. Abafado o fogo e escondida a luz, é como se não existissem. Não basta, por conseguinte, que o Cristo seja a própria Essência de todo ser humano. É preciso, antes de tudo, que o ser humano desperte para a Realidade Suprema do seu Cristo Interno. Porém, quando isto se dá, quando, finalmente, o fogo arde e a luz brilha em algum filho de Adão, seja ele Krishna, Pitágoras, Buda, Jesus, Francisco de Assis, Mahatma Gandhi, Albert Schweitzer, Sai Baba, ou qualquer outro, transformando-o em Filho do homem, o mundo então assiste a obras poderosas, a estupendas maravilhas.

Além disso, quem já possui idoneidade espiritual, ou seja, uma vida ética impoluta e irrepreensível, uma vez estando na presença de um homem cristificado, facilmente se incendeia, cristificando-se também. É que o Fogo e a Luz do Cristo, entidades verticais, sublimes e metafísicas, da mesma forma que o fogo e a luz da física, também se propaga em cadeia, bastando para tanto que haja homens potencialmente incendiáveis e lucificáveis, homens em adiantado estado de gestação crística.

"Eu vim para lançar fogo à terra – e quisera que já ardesse." Realmente, o fogo foi lançado, mas ainda não ardeu, a não ser em pouquíssimos exemplares mais avançados de nossa espécie.

Capítulo X: O homem e a paz

• A paz • A mansuetude e a paz • A paz e os pacificadores

1. A paz

A paz é o oposto da guerra e da violência. Somente haverá paz no mundo quando houver paz no íntimo da maioria dos indivíduos que compõem a coletividade, seja na família, no ambiente profissional, na escola, na igreja, nas ruas, nas nações.

Da paz nasce a felicidade, mas só para quem possa ser inteira e totalmente fiel ao "Príncipe da Paz", que é o Cristo Interno, residente no coração místico de cada ser humano.

2. A mansuetude e a paz

Só a mansuetude pode criar e manter a paz, e somente o homem manso pode ser feliz. É o que nos garante o Cristo, ao se expressar pela boca inspirada de Jesus: "Bem-aventurados os mansos, porque possuirão a terra" (Mt 5,4).

O homem manso, além da paz e da felicidade em que vive, é também aquele que verdadeiramente pode possuir o que quiser, sem ser possuído por coisa alguma. É o que vamos ver agora.

Mansos, no original grego, é *praeis*, plural de *prais*, cujo significado é pobre e humilde, ou seja, aquele que se livrou não somente do apego às coisas exteriores, como também do apego ao próprio ego.

A mansidão ou mansuetude aqui retratada pressupõe o conhecimento de que toda e qualquer forma de violência é sempre demonstração de fraqueza e, ao mesmo tempo, de ignorância das leis cósmicas que regem o Universo. De fato, somente as criaturas fracas é que apelam para o espírito da força. Mas, quais são elas? Ora, os animais inferiores, que vivem em guerra contínua, uns contra os outros, e o homem-ego principalmente, porque consegue ampliar sua violência animal, multiplicando-a pelo poder destrutivo da inteligência, quando essa inteligência, em vez de servir, só quer ou deseja ser servida.

Os homens sem paz, os homens violentos, só possuem a própria violência, ou melhor, por ela são possuídos ou possessos. Toda e qualquer forma de violência é necessariamente reflexa, vai e retorna ao ponto de partida. Pelas leis que regem a vida, mais cedo ou mais tarde, a violência se volta contra o homem violento, que é a sua origem e, por isso mesmo, a sua meta de chegada. Esse homem profano, na melhor das hipóteses, agride quando é agredido e mata para não morrer, pois, equivocadamente parte, de forma consciente ou inconsciente, do princípio de que morrer é desintegrar-se. O iniciado, todavia, o homem de paz, o homem manso, o homem sábio, aceita ser agredido sem reagir e, sempre que necessário, morre para não matar, porque sabe que morrer desse modo é viver uma vida muito mais elevada e muito mais abundante.

"Os mansos possuirão a terra" – afirma Jesus... Mas, quando? Quando o joio for expurgado e os homens-trigo souberem que a posse autêntica e verdadeira pressupõe o consentimento do objeto a ser possuído. O desapego é o único modo verdadeiro de possuir. "As coisas do mundo – assevera Huberto ROHDEN (*Sabedoria das parábolas*, p. 184) – só podem realmente ser possuídas assim como o Deus do mundo as possui: com suavidade e ternura, assim como a luz possui as flores, como a alma possui o corpo, como a vida possui o organismo." E, por isso, o mundo nada pode esperar de alguém que ainda espera alguma coisa do mundo, mas, pelo contrário, tudo o mundo pode esperar daquele que nada mais espera do mundo.

Atualmente, parece que tudo aquilo que a terra tem para nos dar pertence a homens violentos. Nada escapa à ganância, à corrupção, ao roubo, ao furto, ao assalto! Parece que possuem tudo. Porém, as aparências enganam. Homens violentos, em verdade, não possuem coisa alguma. Primeiramente, porque, ao invés de possuidores, são mesmo é possuídos de tudo aquilo que julgam possuir. O terrível apego que eles têm pelos objetos torna-os miseravelmente escravos de seus baixos desejos e das coisas do mundo. Em segundo lugar, porque, como acabamos de ver, a posse real e genuína supõe uma relação de amor entre o sujeito e o objeto, ambos criaturas ou filhos de Deus, tendo, portanto, fundamentalmente, a mesma natureza.

Aqui é que está o ponto mais delicado da questão. A mente desequilibrada e egoísta do homem violento não lhe permite enxergar essa fraternidade universal e necessária de todas as criaturas. Por isso, as relações que ele entretece com os demais seres da criação, inclusive com seus semelhantes, não são relações de amor e de paz, mas, pelo contrário, são relações de competição, de enfrentamento e agressão, razão porque ele só possui, se é que possui, o corpo e não a alma da criatura ou do objeto. Ora, qualquer corpo sem alma não passa de um cadáver!...

É mesmo uma deplorável ilusão da mente, com a cumplicidade geral dos sentidos, pensar que um objeto, ainda que inanimado, é coisa morta e absolutamente inconsciente. Não é. O sábio sabe que tudo é vivo. Até uma pedra é dotada de um mínimo de energia vital e de alguma espécie de consciência infra-atômica, que a individualizam, a identificam e impedem que ela seja confundida com qualquer outra pedra que lhe seja semelhante. O mesmo se pode dizer de uma simples folha na floresta, uma vez que é impossível haver duas folhas iguais numa árvore.

De todo modo, somente um homem sábio pode ser crístico, e só um homem crístico pode ser manso, e só um homem manso pode ter paz, e só um homem de paz pode ser realmente feliz ou bem-aventurado.

3. A paz e os pacificadores

Disse Jesus (Mt 5,9): "Bem-aventurados os pacificadores, porque serão chamados filhos de Deus."

Algumas traduções desta passagem proclamam felizes ou bem-aventurados os pacíficos. E um erro. No original grego está escrito *eirenepoiuntes*, vocábulo formado de *eirene* = paz, e *poiein* = fazer, portanto, aqueles que fazem a paz ou, numa palavra, pacificadores. Na versão da Vulgata Latina, dá-se o mesmo. O termo é *pacifici*, de *pax* = paz, e *facere* = fazer: aqueles que fazem ou promovem a paz. Assim, seja em grego, seja em latim, felizes ou bem-aventurados, conforme Jesus, são os pacificadores, não necessariamente os pacíficos que, muitas vezes, podem ser omissos ou tolerantes com a libertinagem, a maldade, a violência e a guerra.

Amar os libertinos, os violentos, os malvados, é uma coisa, mas, ser omisso, ser cúmplice da libertinagem, da violência e da maldade é outra coisa muito diferente. Einstein, por exemplo, não era omisso, nada tolerante nesse sentido. Por isso, ele afirma em seu livro "Como vejo o mundo" (Cf. Huberto ROHDEN (*Einstein - o enigma da matemática*, p. 219-220):

> Isto (a ideia do rebanho humano) me leva a falar da pior excrescência do espírito de rebanho: o militarismo, que eu detesto. Se alguém é capaz de marchar em fila com prazer, ao som duma banda, basta para merecer o meu desprezo. Esse homem recebeu um cérebro volumoso por mero engano – a espinha dorsal seria perfeitamente suficiente para ele. Esta infâmia da nossa civilização devia ser erradicada o quanto antes. Com que ardor eu detesto esse heroísmo a toque de caixa! essa insensata violência e essa abominação conhecida como patriotismo. Que coisa infame e detestável é a guerra! Eu preferiria deixar-me despedaçar a participar em coisa tão abominável. Mas tenho da raça humana opinião tão favorável que acredito que essa vergonha, desde já muito, teria sido extinta se o bom senso das nações não fosse corrompido sistematicamente, através da escola e da imprensa, por aqueles que têm interesses políticos e financeiros na guerra.

Mas quem e quais são os pacificadores?

Engana-se quem pensa que são os políticos e estadistas quando, em tempos de crise, organizam ruidosas conferências sobre o tema da paz. Ilude-se igualmente aquele que acredita em teólogos e chefes eclesiásticos que, de maneira semelhante, promovem encontros *pro-pace*, no âmbito de suas igrejas. Tudo isso, na melhor das hipóteses, só consegue atingir a periferia da questão. Falar de paz ou em favor da paz é uma ilusão. Mesmo porque, aqueles que costumeiramente falam de paz são sempre os senhores da guerra!...

Os homens, pelo menos os melhores, sempre sonharam com a paz, mas nunca o mundo se livrou da guerra. Somente nesta parte do globo, conhecido como Ocidente, Pitirin A. SOKOKIN assinalou 967 guerras travadas entre os anos 500 a.C. a 1952 de nossa era, em média uma guerra a cada dois anos e meio de História. Há alguma razão para supormos que, ultimamente, o mundo tenha mudado? Nenhuma! Coreia, Índia, Paquistão, Vietnan, Sérvia, Croácia, Afeganistão, Estados Unidos, Israel, Líbano, Palestina, Iraque, Inglaterra e países africanos – eis alguns exemplos que nos mostram o quanto de violência e de guerra ainda imperam em nossos tempos. Isto, para não entrarmos no candente e famigerado problema do terrorismo, que já atinge proporções alarmantes!...

Neste nosso mundo primitivo, a sociedade mesma é agressiva, constituída basicamente de homens beligerantes, que se excitam com as grandes catástrofes da mais diversa natureza, que se divertem com lutas de animais, de homens e animais e, até mesmo, com combates entre seres humanos e com filmes de extrema violência. O circo romano ainda continua, apenas mais suavizado. A própria linguagem comum demonstra esse malfadado estado de espírito. Assim, por exemplo, se uma mulher, ao enfrentar dificuldades, consegue sucesso nalgum empreendimento, logo diz a massa ignara: "é uma guerreira!"

Por tudo isso, este nosso planeta tenebroso jamais conheceu a paz, pois o máximo que já alcançamos é o armistício, ou seja, um breve período de pseudo paz entre duas ou mais guerras. Aqui, os homens sempre guerreiam, uns contra os outros, e todos contra a natureza!... Mas... por quê?

Porque a paz só é possível se cada homem conseguir pacificar-se a si mesmo. A paz não é uma causa, é uma consequência. Enquanto não houver paz dentro do homem, esta serenidade imperturbável da alma, será impossível eliminar qualquer espécie de conflito, seja na família, na empresa, na escola, na igreja, nas nações, no mundo. Um homem de paz, um homem de verdadeira paz, a exemplo de Jesus ou de Mahatma Gandhi, vale mais para a pacificação dos seres humanos e do mundo do que todos os demagogos e autoiludidos juntos, sejam eles, eventualmente, políticos ou teólogos.

"Deixo-vos a paz, dou-vos a minha paz; mas não vo-la dou como a dá o mundo" (Jo 14,27). Jesus nos disse isto, sabendo que poucas horas depois iria morrer, e, de morte horrível, morte na cruz.

Por que o Cristo em Jesus não nos dá a paz do mundo? Justamente porque o mundo nada sabe de paz. O mundo ainda jaz no maligno, e seu príncipe é o poder das trevas. Por isso, a linguagem do mundo é a astúcia, é a força, é a violência, é a guerra. Jesus não nos dá a paz do mundo, ele nos dá a paz do Cristo, mas somente para quem já desenvolveu a consciência da Paternidade Única de Deus, pois a ninguém é dado entrar indevidamente, isto é, de contrabando, no Reino da Verdade Libertadora, no Reino dos Céus, no Reino do Cristo Interno.

Um outro homem realmente de paz e pacificador por excelência, como já sabemos, foi Mahatma Gandhi: "O amor plenificado de um único homem neutraliza o ódio de muitos milhões" – disse ele. O grande sábio sabe o que diz, porque o amor é presença, enquanto o ódio é ausência. A vida do Mahatma, enquanto esteve entre nós, foi toda ela uma confirmação prática dessa verdade. Gandhi provou, não somente com palavras, mas, sobretudo, com a sua própria vida, que o amor é realmente presença, presença de Deus no mundo, ao passo que o ódio não passa de ausência, ausência de amor no homem. Uma migalha de verdadeira presença é capaz de calcinar um vasto oceano de ausência. O amor-presença é um amor tríplice, que envolve o amor incondicional a Deus, o amor ao próximo sem esperar nenhuma recompensa, e o amor desinteressado à natureza.

A verdadeira paz só pode nascer de um coração amoroso,

puro, limpo e crístico. A paz somente pode ter origem na mansidão ou mansuetude de quem já conscientizou a Paternidade Única de Deus e, exatamente por isso, sabe por experiência própria, com aquele saber que nada e ninguém lhe podem tirar, nem mesmo a morte, que todos somos realmente irmãos na mesma e única fraternidade universal.

Esta é a única possibilidade para que o mundo inteiro se una, entrelaçando-se na globalização do amor, da paz e da esperança, ou, então, caminharemos rapidamente e sem retorno para o apocalipse, que será um conjunto de catástrofes de enormes proporções, no qual os homens, em sua grande maioria, tornase-ão, ao mesmo tempo, atores e espectadores do maior e mais dramático de todos os espetáculos: a sua própria tragédia!...

Vamos concluir com um poema de Yogananda (*Paz interior*, p. XIII), que é o seguinte:

PAZ

A paz flui por meu coração e, como um zéfiro, sopra sobre mim.

A paz, como fragrância, me permeia.

A paz me trespassa como raios de luz.

A paz apunhala o coração do ruído e da inquietude.

A paz reduz a cinzas minha inquietação.

A paz se expande como um globo de fogo e preenche minha onipresença.

A paz, como o oceano, invade todo o espaço.

A paz, como sangue rubro, vitaliza as veias de meus pensamentos.

A paz, como auréola ilimitada, envolve meu corpo infinito.

A paz se lança, como chamas, dos poros de minha carne e do espaço inteiro.

O perfume da paz circula sobre os jardins floridos.

A paz é um vinho que flui perpetuamente do lagar de todos os corações.

A paz é o alento das pedras, das estrelas e dos sábios.

A paz é a ambrosia, é o vinho do Espírito, que flui do frasco do silêncio.

E que sorvo com as bocas inumeráveis de meus átomos.

Capítulo XI: O homem e os valores

• Conceito de valor • Propriedades dos valores • Diferenças entre coisas e valores • Validade dos valores • Inversão de valores

1. Conceito de valor

Existe um ramo especial da Filosofia que estuda especificamente os valores. Trata-se da *Axiologia*, palavra de origem grega, formada de *axía* = valioso, precioso, e *logia* = estudo, doutrina, significando, assim, *teoria dos valores*, teoria metódica e sistemática dos valores.

Podemos conceituar os valores, porém, não podemos defini-los. Os valores não são susceptíveis de definição, mas somente podem ser compreendidos.

É possível, no entanto, definir valoração. Que é valorar? Valorar consiste em reconhecer ou aceitar uma coisa como valiosa, positiva ou negativamente. E coisa, passível de valoração, é tudo quanto existe ou pode existir no mundo quantitativo dos fenômenos existenciais, sejam coisas concretas, abstratas ou imaginárias.

Valorar é uma condição da própria natureza humana. Todos nós valoramos e jamais deixamos de valorar, e cada um valora de acordo com o seu próprio nível de evolução espiritual. Por isso, quanto à valoração, uma mesma coisa pode ter valor para alguém e desvalor para outrem.

Mas, por que valoramos? Porque todos nós somos carentes, querentes, sofrentes, carregados de desejos e necessidades. Tudo começa com nossas necessidades elementares ou primárias, como, por exemplo, abrigar-nos das intempéries, vestir-nos, alimentar-nos. Daí porque reconhecemos, como suportes ou portadores de valores, a moradia, o vestuário e os alimentos.

Aqui, já se pode dizer, de acordo com Johannes HESSEN (*Filosofia dos valores*, p. 41), que valor é um certo *quid* que satisfaz uma necessidade. O valor, então, é um algo que satisfaz uma necessidade humana.

Além de nossas necessidades elementares ou primárias, temos outras carências ou querências muito mais profundas, dramáticas ou gritantes, como necessidades lógicas, estéticas, éticas e religiosas. A cada uma dessas exigências corresponde um valor, e o valor será tanto mais importante quanto mais profunda for a carência que tivermos de seu objeto ou suporte. Um valor estético, por exemplo, é tudo aquilo que preenche as nossas necessidades de graciosidade, de sublimidade. O mesmo se aplica, como é evidente, às nossas necessidades lógicas, éticas e religiosas. É "esta fome generalizada que, na opinião de Pierre FURTER (*Educação e reflexão*, p. 45), leva sempre o homem em frente, para a frente e à frente e demonstra, paradoxalmente, que ele é um ser de carência. Ao homem falta sempre algo. É profundamento imperfeito, mas, também, tem sempre algo para aperfeiçoar".

2. Propriedades dos valores

Os valores possuem características próprias e inconfundíveis, entre as quais podemos destacar a referência a um sujeito, a bipolaridade e a preferibilidade.

Referência a um sujeito. A referência a um sujeito é uma propriedade essencial, inserindo-se automaticamente no próprio conceito de valor. Valor só é valor para um sujeito, sem o qual também não existe. Devemos dizer, no entanto, que a referência a um sujeito, como propriedade essencial dos valores, não nos leva a nenhum subjetivismo e, muito menos, ao relativismo. Isto porque, quando se pensa em sujeito, em se tratando dos valores, não se quer apontar apenas um determinado indivíduo que sentiu, captou e realizou um certo valor, porém, o gênero humano do qual o indivíduo faz parte. O valor, enquanto categoria axiológica universal, tanto é valor para aquele indivíduo como para os seus semelhantes, ainda que alguns não demonstrem em relação ao valor, a menor sensibilidade, sendo ainda incapaz de conhecê-lo. Os valores existem em si e por si e não dependem para ser ou existir, que nós os conheçamos ou ignoremos. O nosso conhecimento dos valores é relativo, mas os valores são absolutos. Enfim, o sujeito dos valores é a humanidade, pelo menos potencialmente.

Bipolaridade. É outra propriedade essencial dos valores, segundo a Axiologia. A bipolaridade indica que todo valor, sem nenhuma exceção, tem o seu contrário, a sua antítese. A todo valor se contrapõe um desvalor ou antivalor, como, por exemplo, verdade e mentira, bondade e maldade, justiça e injustiça. Diz Max SCHELER (*apud* GARCIA MÀYNEZ, Ética, p. 245) que "nenhum valor pode ser, simultaneamente, positivo e negativo; todo valor não negativo é um valor positivo, todo valor não positivo é um valor negativo. (...) É impossível considerar um valor como positivo e negativo ao mesmo tempo".

É lógico que o desvalor também pertence à ordem dos valores, uma vez que, se o valor tem dois polos, um positivo e outro negativo, o desvalor é precisamente o polo negativo.

Assim sendo, a bipolaridade, conforme a Axiologia, consiste na oposição entre valor e antivalor, ou, mais precisamente, entre valores positivos e valores negativos.

Todavia, aqui existe um erro. Na realidade, os valores não são bipolares. Os valores são presença e os antivalores são ausência. Como temos visto, por diversas vezes, bipolar é a nossa pobre inteligência, que requer, pelo menos dois pontos de referência, a exemplo de tese e antítese, para chegar a qualquer espécie de conclusão. Por si mesma, ela é sempre incapaz de captar valores em sua pureza originária, independentemente de algum objeto que lhe possa servir de sustentáculo ou suporte. Pela sua própria natureza, a inteligência somente nos dá acesso a algum valor quando esse valor se encarna num determinado objeto.

Um autoiluminado, no entanto, um homem cristificado, pode captar e realizar valores em Essência, em sua pureza originária, sem a bipolaridade, na ausência de objeto, de suporte, de sustentáculo existencial.

Preferibilidade. É outra propriedade dos valores, porém, secundária. É certo que o valor envolve uma preferência. Prefere-se normalmente o belo ao feio, o justo ao injusto, o ato moral ao imoral, e assim por diante. Em suma, preferimos os valores positivos aos valores negativos, de acordo com a evolução espiritual de cada um.

3. Diferenças entre coisas e valores

Valor e coisa, valor e fato, valor e fenômeno não se confundem entre si. São entidades diferentes, havendo uma nítida distinção entre elas, sendo a esfera axiológica autônoma em face da esfera fenomenológica.

Os fatos, as coisas, os objetos, os fenômenos, que se apresentam como suportes de valores, apenas existem e situam-se na ordem temporal como algo efêmero e transitório, sujeitando-se a contínuas mudanças no espaço e no tempo, até desaparecerem como se jamais tivessem existido. Isto não acontece com os valores. Eles são eternos e jamais mudam. Se, por exemplo, um quadro, sustentáculo de valor estético, é destruído, desaparece o quadro, com suas características particulares de beleza, desaparece o suporte do valor estético, nunca o valor em si mesmo. Ainda que todos os objetos de arte do mundo fossem destruídos, mesmo assim o valor estético do belo não sofreria nenhuma alteração. Tanto é verdade que, admitindo-se que ainda houvesse artistas, no momento mesmo em que o último objeto de arte desaparecesse, tais artistas poderiam imediatamente iniciar a produção de novos objetos artísticos, o que não seria possível se a modificação dos objetos importasse em qualquer alteração dos valores. Se, por outro lado, um homem que era bom se torna mau ou um amigo nosso o deixa de ser, sejam quais forem os motivos, nem por isso os valores éticos da bondade e da amizade sofrerão a mínima transformação.

Não há qualquer dúvida, os valores jamais se alteram com a alteração dos objetos em que se manifestam, sejam objetos concretos, abstratos ou imaginários. Os valores não mudam.

Mudam as coisas, mudam as valorações, variando de época para época, de classe para classe, de indivíduo para indivíduo, porém, os valores são imutáveis.

4. Validade dos valores

Como o sujeito valora segundo o seu modo e a sua capacidade, das coisas carregadas de valor algumas parecem valer somente para indivíduos submetidos a determinadas condições, e não para outros. Os valores que correspondem a tais coisas podem ser denominados de sensíveis individuais. E que coisas são essas? Uma dentadura postiça, por exemplo, para quem perdeu os dentes naturais, uma coleção de borboletas raras para um apaixonado colecionador, uma coleção de selos incomuns... para um filatelista, e outras, desse mesmo gênero.

Em oposição a esses valores sensíveis individuais, existem outros que não valem apenas para algumas pessoas, mas, indiscutivelmente valem para toda a humanidade e, por isso mesmo, os chamaremos de valores sensíveis gerais. Enquadram-se nesse grupo os valores hedônicos, os valores vitais e os valores econômicos.

Valores hedônicos. Os valores hedônicos são os valores do prazer, prazer buscado como fim e não como meio. "Se o prazer fosse em qualquer sentido o objetivo último da vida – afirma Lewis MUNFORD (*A condição de homem*, p. 307) – o suicídio por inalação de gás hilariante, seguido de uma final exalação de monóxido de carbono, poderia ser a última palavra em matéria de beatitude humana." Importa reconhecer que a realização de valores hedônicos, além de causar muita infelicidade para o ser humano, é também, quase sempre, um desastre para os valores mais elevados, sobretudo para os valores éticos.

Valores vitais. São os valores referentes à vida, considerando-se a palavra vida em sentido natural ou biológico. Estão nesta categoria, por exemplo, a saúde, o vigor-vitalidade e a força física.

Valores econômicos. Tais valores correspondem aos nossos teres e haveres de qualquer natureza, como bens e serviços. Os instrumentos utilizados para a produção de bens e riquezas são também portadores de valores econômicos.

Todos os valores sensíveis, tanto os individuais como os gerais, dizem respeito ao homem enquanto ser animal, natural ou existencial.

Existe, porém, uma classe de valores superiores, cuja validade é de caráter absoluto. São os valores mais altos, os valores espirituais, que todo homem deverá reconhecer necessariamente, mais cedo ou mais tarde.

Como ser espiritual que é, o homem traz, dentro de si mesmo, a Essência Divina, aspira a perfeição de si próprio e procura a satisfação de seus mais altos desígnios. Por isso, afirma Johannes HESEN (*ob. cit.*, p. 101-102) que o ser humano

> esforça-se por se elevar da sombra para a luz, do vale para as cumeeiras de sua natureza. E os marcos que lhe indicam este caminho para as culminâncias da "hominidade" são os valores espirituais. Orientando-se por eles, adotando-os como norma para o seu querer e agir, o homem realiza a sua essência. Mas, como a sua natureza espiritual é a mesma em todos os indivíduos humanos, daí a identidade dos mesmos valores para todos. E daí ainda – dessa referencialidade dos valores à natureza espiritual do homem – a explicação do fato de eles assumirem uma validade transindividual e rigorosamente universal.

Eis, portanto, a validade absoluta dos valores espirituais. Isto não significa, entretanto, que os valores sensíveis, individuais e gerais, sejam relativos. Relativas são as valorações, bem como as coisas. O valor é sempre uno e idêntico a si mesmo, independentemente de tempo e espaço. Mas, os valores espirituais são mais elevados do que os valores sensíveis, não somente em virtude da imaterialidade de seu objeto e, consequentemente, da perdurabilidade, como também de sua absoluta validade. Pertencem à categoria dos valores espirituais os valores lógicos, os valores estéticos, os valores éticos e os valores religiosos.

Valores lógicos. Os valores lógicos proporcionam ao homem a posse de aspectos parciais da verdade, bem como o esforço nessa busca constante. São eles, por exemplo, que dão às ciências enunciativas e à técnica todo o poder e progresso, seja para o ser humano construir o mundo, seja para a destruição de ambos. Tais valores se referem à Lógica. Porém, que é a Lógica? Em termos teóricos e especulativos, é a ciência do intelecto e, do ponto de vista técnico, é a arte da eficiência. Seja como for, quer como ciência, quer como técnica, a Lógica fornece ao homem um poder extraordinário e inconfundível. Consequentemente, os valores lógicos, enquanto puramente lógicos, são meramente instrumentais, inteiramente meios. Isto significa que não se acham voltados, em si mesmos, nem para o bem nem para o mal. Tudo quanto o ser humano pensa ou realiza só pode ser eficiente se for lógico, seja qual for a atividade humana: social, econômica, técnico-científica, estética, ética ou religiosa. Não importa, para os valores lógicos, que seja boa ou má, desde que seja eficiente. Torna-se compreensível, desse modo, que os valores lógicos dêem tão-somente a medida quantitativa das ações humanas. Qualitativamente, os atos do homem, tanto para o bem quanto para o mal, só podem ser carregados por valores e antivalores ético-religiosos. Em síntese, podemos afirmar que nem tudo o que é lógico é bom, a não ser que guarde estrita e total conformidade com os valores positivos, éticos e religiosos.

Valores estéticos. São os valores da graciosidade, de tudo o que é belo e sublime; daquilo que emocional e espiritualmente nos conforta, através da estética, ou satisfaz nossas necessidades de expressão criadora ou artística. Como tudo que é espiritual, a arte, em nosso tempo, padece de uma crise imensa, encontra-se na mais profunda agonia. Tornou-se uma aberração, uma monstruosidade!...

Valores éticos. Em toda ação humana, enquanto humana, seja no campo político, econômico ou em qualquer outro, em que se observam as verdadeiras posições que os valores ocupam na escala de sua hierarquia, há, sem dúvida, a efetivação dos valores éticos. É uma questão de atitude. Mas, qual seria essa atitude ética? Bernhard HAERING (*Medicina e manipulação*, p. 71) no-lo responde nos seguintes termos: "O moralista medita principalmente sobre a liberdade interior, sobre a capacidade que o homem possui para desejar o conhecimento sempre crescente daquilo que é bom e verdadeiro, para amar o bem e praticá-lo."

Os valores éticos tem caráter de exigência absoluta e se identificam com aquilo que Kant (*Crítica da razão prática*, p. 39) chamou de imperativo categórico. Em face dos valores éticos, o ser humano deve ter uma conduta irrepreensível, compatível com a verdade, com a dignidade humana e com a harmonia da sociedade em que este ser humano vive e evolui.

Valores religiosos. Segundo D. Von HILDEBRAND (Cf. Johannes HESSEN, *ob. cit.*, p. 119-120):

> Todo o autêntico valor culmina numa relação com a Divindade – conceito supremo que preside ao mundo de todos os valores. (...) Em toda verdadeira beleza, em toda a boa ação moral, em todo o autêntico espírito de comunidade e amor ao próximo, na linguagem do direito e do justo, na majestosa sublimidade do verdadeiro conhecimento, com que o Espírito reconstrói para si uma parcela da realidade, sempre, em tudo isso se manifesta a relação dum outro mundo mais alto, colocado sobre nós como uma abóbada do Espírito donde irradia a absoluta majestade de Deus.

Então, de um modo ou de outro, todos os valores autênticos desembocam nesses valores divinos e eternos. Somente os valores espirituais é que sustentam toda a escala axiológica.

5. Inversão de valores

A rigor, não existe inversão de valores. Na realidade, o que há é inversão de valoração.

É pouco provável que alguém, em sã consciência, possa preferir um valor negativo a um valor positivo, um valor a um desvalor ou antivalor. Porém, como cada um só pode valorar segundo o seu modo e a sua capacidade, muitos são os que preferem um valor mais baixo a um valor mais alto, isto é, valoram excessivamente determinadas coisas em detrimento ou prejuízo de outras muito mais importantes ou mais elevadas. Inácio LARRAÑAGA (*As forças da decadência*, p. 197) mostra-nos um exemplo dramático dessa falsa valoração, valoração equivocada, aberrativa, desnaturada e desumana:

> No tórrido verão de 2003, morreram na França 11 mil anciãos, a maior parte deles esquecidos e abandonados por seus familiares. Antes de tudo, tratase de um sinal alarmante, o estridente despertar. Em segundo lugar, quanto mais rica e opulenta é a sociedade, mais selvagemente egoísta se torna. Obviamente, os anciãos, inúteis por definição, foram integralmente marginalizados por seus próprios filhos. Aterroriza pensar que a maior parte dos familiares estava se bronzeando nas praias do Mediterrâneo, enquanto seus velhos pais se assavam de calor e morriam asfixiados. Uma sociedade desumana. Uma vergonha para humanidade.

Uma vergonha para a humanidade? Seria, se a humanidade tivesse vergonha!...

Ante essa troca das posições que os valores realmente ocupam na escala de sua hierarquia, é que se pode falar numa inversão de valores. É somente neste sentido de falsa valoração, que ela existe.

Capítulo XII: O homem e a Religião

• A Religião e as religiões • O pluralismo politeísta • O panteísmo totalista • O monoteísmo dualista • O panenteísmo monista

1. A Religião e as religiões

Enquanto valor ou puro ideal, só existe uma única Religião em todas as dimensões evolutivas do Universo. É a religação consciencial vivida entre a criatura e o seu Criador. O homem, na qualidade de filho direto e dileto do Pai Celeste, nem precisa de intermediário para regressar ao reino dos Céus, ao Infinito que lhe deu origem. É sua vocação natural, é seu destino.

Quando afirmamos que o ser humano se religa a Deus, pressupõe-se que houve desligamento temporário entre o filho e o Pai. Mas, esse desligamento é meramente subjetivo. Objetivamente Deus está sempre e eternamento presente no homem, embora o homem, por ignorância, possa estar temporária e subjetivamente ausente de Deus.

Não podemos nem devemos confundir a Religião com as religiões. Krishna, Buda, Pitágoras, Sócrates e Jesus, bem como outros homens cristificados de todos os tempos e lugares, não davam grande importância à religião no sentido de organização humana, de igreja visível. Mas, nem por isso deixaram de ser homens religiosos, os exemplares mais avançados de nossa espécie. Eles não possuíam uma religião, eles viviam a Religião.

A Religião é um valor e, como tal, eterna, absoluta e imutável. Só há uma única Religião em todas as dimensões evolutivas do Universo. Que ninguém se engane: dogmas e ritos externos de uma igreja visível não nos podem levar ao paraíso. Nenhum homem pode retornar à Casa Paterna nas costas de um padre, de um pastor ou de um profeta, nem mesmo na garupa de Jesus de Nazaré... Ninguém pode ascensionar de contrabando, por mercê de terceiros, sem mérito evolutivo!...

Todas as centenas e centenas de religiões presentes neste planeta, como Hinduísmo, Brahmanismo, Budismo, Taoísmo, Xintoísmo, Judaísmo, Cristianismo e Islamismo, com as respectivas igrejas que as representam e com todas as seitas, que as fazem funcionar, não passam de valoração, de métodos, de meios. Elas se destinam a possibilitar a Religião como valor, como meta, como fim.

Uma vez que as religiões são valorações ou partidos religiosos, é evidente que nenhuma delas mantém ou pode manter, ao contrário do que algumas pretendem, o monopólio da Verdade Libertadora. É como nos diz Ikbal TAIMNI (*O homem Deus e o Universo*, p. 160):

> Cumpre-nos, entretanto, não esquecer as limitações do intelecto. Não há sistema filosófico ou religião que possa conter a própria Verdade. Na melhor das hipóteses eles são capazes de apresentar certos aspectos da Verdade sob um determinado ponto de vista. Algumas dessas interpretações estão mais em harmonia com a Verdade do que outras, são mais úteis do que outras, mas todas são imperfeitas e relativas. A verdade transcende-as todas e pode ser compreendida somente pela experiência direta, em diferentes graus, nas profundezas de nossas consciências.

Sempre houve e há santos em todas as religiões. Porém, para cada santo, quantos milhões de homens viciosos, desorientados, ignorantes e de má vontade?

As religiões são métodos e não a meta, são caminhos e não o caminhar. De que adianta ao homem o melhor caminho, se ele não caminha? Todos os caminhos podem levar-nos a Deus.

Isto não depende do caminho, só depende do caminhante!...

Devemos amar as religiões e todas as igrejas, pelo ideal que elas representam, desde que não nos tornemos escravos de nenhuma delas. Como já foi dito, toda igreja não passa de método e, como tal, pode e contém muitas falhas e equívocos. Às vezes, em determinada época, tais equívocos chegam ao absurdo, como nos revela Edward Mc Nall BURNS (*História da civilização ocidental*, p. 453):

> De acordo com Erasmo, as Igrejas da Europa possuíam pedaços de madeira da verdadeira cruz em quantidade suficiente para construir um navio. Nada menos de cinco tíbias do jumento montado por Jesus quando entrou em Jerusalém eram exibidas em diferentes lugares, para não falar em doze cabeças de João Batista. Martinho Lutero afirmou num libelo dirigido ao seu inimigo, o Arcebispo de Magúncia, que este dizia possuir uma libra inteira do vento que soprou para Elias na Caverna do Monte Horeb, além de duas penas e um ovo do Espírito Santo.

Ora, se isto pode acontecer com coisas visíveis, imaginem o que pode ocorrer em relação às ideias, que são impalpáveis e invisíveis?

Aqui, no Ocidente, a maioria esmagadora das pessoas orgulha-se de ser cristã. Mas, ressalvadas raríssimas exceções, tais cristãos são completamente infiéis ao Espírito do Cristo. Ser cristão, porventura, não significa apenas participar de uma massa sociológica, quantitativa, horizontal e mundana? Não é por acaso que os cristãos fizeram as cruzadas; a santa Inquisição; escravizaram os negros africanos; mataram os Incas, no Peru; destruíram os astecas, maias, toltecas, e zapotecas no México e na América Central; envenenaram a China, com ópio; oprimiram a Índia, e desintegraram literalmente Hiroshima e Nagazaki, no Japão, praticando, assim, o genocídio mais rápido, eficiente, científico e técnico já visto, até o momento, além de outras indizíveis atrocidades, tudo em nome do Cristo, com uma espada cortando à frente e uma cruz benzendo atrás!...

As religiões, as igrejas e as seitas são evidentemente necessárias, mas como setas na encruzilhada, para indicar o reto caminho, a direção segura a ser seguida.

Pelo que já vimos, fica muito claro que não é suficiente ao ser humano obedecer os dogmas e ritos externos de uma religião organizada, seja qual for. Entre nós, por exemplo, não basta ser cristão, é preciso ser crístico! É necessário ser realmente crístico, assim como foi Mahatma Gandhi que, por sinal, nem era cristão. Instado muitas vezes a se converter ao cristianismo, ele costumava responder: "Aceito o Cristo e o seu Evangelho, não, porém, o vosso cristianismo". De outra feita, quando, certa vez, convidado por partidários do hinduísmo, à passar o resto de seus dias nalguma caverna secreta, a fim de salvar sua alma, esse homem de Deus, assim falou: "Não preciso refugiar-me numa caverna, porque já trago a minha caverna dentro de mim." Isto é religião, o resto são religiões.

A propósito, se Jesus viesse ao mundo nos dias atuais, certamente não seria cristão! Não seguiria nenhuma de nossas religiões, agiria do mesmo modo que agiu aqui em seu tempo, quando não adotou a religião oficial de Israel, sendo este um dos motivos de sua crucificação. A única Religião de Jesus era a consciência da Paternidade Única de Deus e, consequentemente, do Amor Incondicional ao Pai.

A nosso ver, todas as religiões institucionalizadas existentes podem ser enquadradas em quatro grupos distintos: Politeísmo, panteísmo, monoteísmo e panenteísmo.

2. O pluralismo politeísta

Politeísmo é um vocábulo formado por termos gregos (*polys* = muitos; *theòs* = deus, e *ismos* = doutrina). Politeísmo, portanto, é a doutrina segundo a qual a Realidade Absoluta se divide em muitos deuses. Havia, por exemplo, sete deuses principais na Babilônia; nove, no Egito; e doze, na civilização greco-romana.

Trata-se de uma concepção muito primitiva e muito presente nas civilizações mais antigas, embora se faça ainda presente nas culturas atuais em indivíduos e grupos humanos menos evoluídos, não necessariamente do ponto de vista acadêmico filosófico, mas, espiritual.

O politeísmo tem por base um erro crasso. Não é possível haver mais de um Deus, porque o Infinito é e só pode ser a Potência Única que, em Essência, é absolutamente indivisível!...

3. O panteísmo totalista

O panteísmo, formado de *pan* = todo ou tudo; *theòs* = deus; e *ismos* = doutrina, é a teoria filosófico-religiosa que confunde a soma total dos finitos com o próprio Infinito. Parte de um falso princípio e de uma condição enganosa, conforme os quais a quantidade da existência equivale à qualidade da Essência. É uma atitude predominante na Índia, não na elite aristocrática do Espírito, porém, nas massas populares ignorantes.

O panteísta identifica Deus com o mundo, confundindo o Uno com o verso do Universo. Sobre isso, Huberto ROHDEN (*A experiência cósmica*, p. 108) nos esclarece:

> Ele professa uma identidade entre Deus e o mundo; põe o sinal de igualdade entre os efeitos (mundo) e a Causa Infinita (Deus); para o panteísta radical, a soma total dos finitos é igual ao Infinito, porque ele só pensa em termos de quantidades dimensionais, mecanicamente justapostas, e nada sabe da qualidade indimensional organicamente interpenetrante. O panteísta, tem uma mentalidade infantil, que só conhece coisas concretas, e está convencido de que a soma total desses concretos individuais seja o Absoluto Universal. Não aprendeu a andar 'sobre o fio da navalha', a pensar com rigorosa lógica e precisão matemática. Para ele, o Infinito é a soma total do espaço, e o eterno é a síntese de todos os tempos. Interpreta às avessas o Universo, pensando que o Uno seja o resultado de todos os Diversos. O panteísta pode ser um bom físico – mas é um péssimo metafísico. É forte como egopensante, é fraco como cosmopensado.

Não há dúvida. O panteísta se engana redondamente quando identifica a Realidade Absoluta, que tudo realiza, com os mundos assim realizados, quando confunde o Uno com o verso do Universo. O panteísta conhece apenas a imanência de Deus nas criaturas, ele ignora completamente a transcendência de Deus em relação ao mundo.

4. O monoteísmo dualista

O monoteísmo (de *monòs* = um só; *theòs* = deus; e *ismòs* = doutrina), significa a crença e o culto a um Deus somente. Nasceu com Abraão, na cidade de Ur, na Caldeia, e foi transmitido inicialmente ao Mundo Antigo pelas *doze* tribos de Israel, que fugiram da escravidão egípcia e depois se estabeleceram nas terras de Canaã, no Oriente Médio. Conhecemos razoavelmente sua origem histórica.

A codificação mais antiga do monoteísmo, atribuída a Moisés, é o Pentateuco, vocábulo grego constituído de *penta* = cinco, e *theukos* = rolo, que é o conjunto dos cinco livros ou rolos que compõem o Antigo Testamento hebraico: Gênesis, Êxodo, Números, Levítico e Deuteronômio.

O monoteísmo, que tomou conta do Ocidente, por oposição ao panteísmo, professado pelas massas populares do Oriente, representa-se, em nossos dias, pelo Judaísmo, pelo Catolicismo Romano, como também pela Igreja Ortodoxa, pelo Islamismo e pelo Protestantismo Evangélico, em todas as suas formas, igrejas e seitas.

As concepções monoteístas, baseadas no Antigo Testamento, são arbitrariamente dualistas, ao passo que o Novo Testamento derroga o Antigo, e é rigorosamente monista ou panenteísta, sobretudo, o Sermão da Montanha.

Conforme o monoteísmo dualista, Deus não criou os finitos, a partir de si mesmo, de sua própria Essência, da Luminosa Plenitude de si mesmo, mas fê-lo da tenebrosa vacuidade do nada, do nadíssimo nada. *Creatio ex-nihilo*, segundo Agostinho.

Ora, ora... Se a Realidade Absoluta, o Infinito, Deus é o sumo e supremo Bem, tese com a qual todos concordam, inclusive os monoteístas, então o mundo, o homem, as criaturas e tudo quanto existe, sendo filhos do nada, são e só podem ser um grande, um imenso mal. Daí, logicamente, por oposição, quem é amigo de Deus tem que ser necessariamente inimigo do mundo e de todas as criaturas. Em termos de crença e de culto, tais ideias só podem provocar no ser humano uma atitude psicológica de terror, transformando o homem num escravo que, ao invés de amar a Deus, somente é capaz de temê-lo! Para o monoteísmo dualista, que é a religião do temor, Deus não é Pai, é padrasto do ser humano. Para Huberto ROHDEN (*Cosmoterapia*, p. 45), "a concepção teológica dualista de que Deus seja uma entidade justaposta ao Universo, algo fora do cosmos, algum indivíduo, alguma pessoa, é certamente a mais primitiva e infantil de todas as ideologias da humanidade".

Por esta e outras razões, o monoteísmo não é realmente uma das visões religiosas mais elevadas. A sabedoria humana, que começa com a pluralidade, apenas progride com a dualidade, ou seja, dá mais um pequeno passo em direção ao seu magnífico e glorioso destino.

A falta de imanência divina no verso do Universo é que constitui, portanto, o grande equívoco do monoteísmo.

5. O panenteísmo monista

O panenteísmo, de *pan* = todo ou tudo; *en* = em; *theòs* = deus; e *ismos* = teoria, visão ou doutrina, significa Deus em tudo e tudo em Deus. É muito diferente do panteísmo, concepção segundo a qual tudo é Deus! Embora não seja a Religião, porquanto também é método e não a meta, o panenteísmo é, sem dúvida, a mais perfeita e avançada de todas as concepções filosófico-religiosas, isto porque, tanto a Filosofia quanto as religiões começam com a pluralidade, passam pela dualidade e sempre culminam na Unidade. Assim, em termos religiosos, o primeiro degrau da escada, por onde sobe o homem com destino à Casa Paterna, é representado pelo politeísmo; o segundo, pelo monoteísmo; o terceiro, pelo panteísmo; e o quarto e último, pelo panenteísmo, também chamado monismo!... É por isso também que todos os videntes de Deus, todos os místicos, todos os homens cristificados ou autoiluminados, bem como todos os verdadeiros e autênticos filósofos, de todos os tempos e lugares, são monistas ou panenteístas. São monistas, por exemplo: Krishna, Hermes, Babaji, Buda, Pitágoras, Patanjali, Lao-Tse, Sócrates, Platão, Philo, Maria, Jesus, Orígenes, Francisco de Assis, Thomas Morus, Inácio de

Loyola, Teresa de Jesus, João da Cruz, Spinosa, Allan Kardec, Léon Denis, Bezerra de Menezes, Mahatma Gandhi, Ramana Maharishi, Yogananda, Albert Schweitzer, Pietro Ubaldi, Huberto Rohden, Sai Baba e Inácio Larrañaga, além de outros.

O monoteísmo é parcialmente verdadeiro, porque aceita a Transcendência de Deus, mas é parcialmente falso, uma vez que nega a Sua Imanência. O panteísmo, por sua vez, é parcialmente falso porque ignora a Transcendência Divina e, ao mesmo tempo, parcialmente verdadeiro, porque afirma a Sua Imanência. Huberto Rohden (*Assim dizia o Mestre*, p. 62-63), grande autoridade, esclarece-nos a presente questão, dizendo o seguinte:

> Há para mim e para todos os homens, dois grandes perigos, nesse caminho de evolução rumo ao Cristo: 1) o dualismo; 2) o panteísmo. Quem, em virtude das diferenças existenciais, não crê na sua identidade essencial com Deus, não pode chegar à "plena madureza do Cristo", porque cortou a linha vital da fé; quem, por outro lado, em face da sua identidade essencial com Deus, perde de vista as suas diferenças existenciais, identificando-se simplesmente com Deus, esse não pode progredir rumo ao Cristo, porque já se julga temerariamente no fim da jornada.
>
> O dualista peca por deficiência de fé. O panteísta peca por excesso de crença. Mas tanto a deficiência de fé como o excesso de crença matam a verdadeira fé.

As nossas teologias do Ocidente, medievais como são, aceitaram apenas a Transcendência de Deus, de acordo com o pensamento mosaísta-aristotélico-agostiniano-tomista, baseada na *creatio ex-nihilo*, ou seja, na hipótese absurda de que Deus tenha criado a existência a partir do nada. As consequências desse monoteísmo emergem como dualismo, horizontalismo e pessimismo.

Por outro lado, entretanto, se adotássemos a tese inversa e oposta do panteísmo, isto é, a da Imanência de Deus em todas as criaturas, ignorando, porém, a Sua Infinita Transcendência, confundiríamos a soma quantitativa dos finitos com a Absoluta Qualidade do Infinito. O resultado seria a irresponsabilidade religiosa e ética do ser humano, bem como uma insípida e monótona camaradagem entre o homem e Deus.

O panenteísmo ou monismo, no entanto, acata e defende, de igual modo, a Transcendência e a Imanência de Deus em tudo, não como categorias disjuntivas, mas como um todo simultâneo e único.

Infelizmente, como temos visto, nossas igrejas cristãs do Ocidente descambaram para o dualismo transcendentalista e, desde então, divorciaram-se do Espírito do Cristo. É o que nos mostra, por exemplo, Huberto Rohden (*A grande libertação*, p. 70):

> O Nazareno, embora corporalmente descendente de israelitas, não encarna a mentalidade monoteísta-nacional da sinagoga da época, mas proclama um monismo universal absoluto, partindo do princípio de que o reino de Deus não vem com observâncias (ritualistas), mas está dentro do homem. Entretanto, esse remontado monismo universal e esse imanentismo do reino de Deus não foram compreendidos nem aceitos pelos teólogos do Cristianismo, que recaíram no dualismo monoteísta nacional da lei mosaica, elaborando, a partir do século 4°, um Cristianismo que abandonou os princípios básicos do Evangelho do Cristo, no tocante à natureza de Deus e do homem. E sendo que quase todos os componentes populares do Cristianismo primevo eram pessoas espiritualmente incultas, a teologia eclesiástica se adaptou a essas mentalidades primitivas, e o princípio dualista da sinagoga israelita prevaleceu no seio do Cristianismo, sendo, no século 13, magistralmente codificado pelo rei dos teólogos romanos, Tomás de Aquino, e, no século 16, oficialmente sancionado pelo Concílio de Trento.

Para o panenteísta ou monista, a Realidade Absoluta não é individual, não é nenhum finito. É universal, é o Infinito e não a soma total de todos os finitos. Sendo universal, a Realidade Absoluta jamais aumenta nem diminui. O Infinito não é indivíduo nem individualizável em Sua Essência, mas, na existência manifesta-se em incontáveis finitos.

Se Deus é Infinito, então Ele está presente em todos os finitos. Assim, Deus encontra-se presente num átomo, numa flor, numa molécula de perfume. Deus é imanente na natureza, em todos os finitos, sem nenhuma exceção. Contudo, se Deus é imanente em todas as coisas, transcende infinitamente, no entanto, a tudo quanto existe. A soma total de todos os finitos se nos afigura como astronômica e gigantescamente inconcebível, mas, ainda assim, continuará sempre quantitativa, sempre finita, ao passo que Deus, sendo puríssima qualidade, transcende mesmo e infinitamente a todos os finitos.

Uma vez admitido que todas as criaturas finitas vieram do Criador Infinito, todas elas, inclusive o homem, voltarão necessariamente ao seio amoroso e aconchegante de Deus. Desse modo, não há nem pode haver perdição eterna. Por mais que o homem seja livre, ele só é livre para livremente regressar à Casa do Pai, ainda que certos retardatários demorem alguns milhares de anos. Um dia, o último Filho Pródigo terá saudades de sua Pátria espiritual distante e, então, começará a fechar a imensa parábola de retorno ao Infinito Qualitativo, que lhe deu origem. Inferno eterno é uma hipótese inadmissível, a não ser no dualismo horizontalista e pessimista, no qual, Deus não é Pai, é padrasto do homem. O monista sabe, por experiência direta, que o sofrimento, qualquer que seja, é sempre um meio e nunca pode ser um fim em si mesmo.

Mas... como é que o homem pode encontrar Deus? Não pode! Nenhum finito pode achar o Infinito. Porém, o Infinito pode achar qualquer finito, desde que esse finito crie as condições para ser achado! O homem só precisa abrir seus canais de receptividade... Deus pode achar o homem, se o homem se tornar achável... E sempre acha!

Capítulo XIII: O homem e a Fé

• A crença e a Fé • A verdadeira Fé • O poder da Fé • Um exemplo de amor e de fé

1. A crença e a Fé

A confusão lamentável que se estabeleceu entre crença e fé tem levado muitos de nós, incluindo homens de boa vontade, a uma descrença nas coisas do Espírito e, principalmente, a uma completa infidelidade a Deus, nosso Pai.

Segundo Lucas, em seu Evangelho 17,5-6, os discípulos mais íntimos de Jesus pediram-lhe, certa vez: "Senhor, aumenta-nos a fé", ao que o Mestre lhes respondeu: "Se tiverdes fé, como um grão de mostarda e disserdes a esta amoreira: Desarraíga-te e transplanta-te para o mar – obedecer-vos-á."

Nesta pequenina parábola, o meigo Rabi da Galileia proclama a onipotência da fé sobre todas as forças da natureza e sobre todas as potências da mente humana. Torna-se bastante claro que uma fé autêntica e verdadeira, ainda que do tamanho de um grão de mostarda, é mais do que suficiente para deslocar montanhas e mudar árvores de lugar. É o que ele nos diz. Ora, Jesus não mente jamais.

Alguma coisa, portanto, está errada, muito errada. Conforme Huberto Rohden (*Filosofia Cósmica do Evangelho*, p. 45): "A nossa fé não representa 1% da força bruta do nosso "perceber", e por isto é inevitável que a concha da balança de nossa vida terrestre penda invariavelmente para o lado dos sentidos e do intelecto, e não para o lado do Espírito ou da razão."

É verdade. Entretanto, a presente constatação não é uma causa, é uma consequência.

Fé, em português, é uma palavrinha derivada do termo latino *fides*. Daí é que vem fidelidade, harmonia, sintonia. Ocorre, porém, que não existe em latim e, por conseguinte, em nenhuma língua neolatina, um verbo destinado a exteriorizar ou expressar a ação de ter fé. Substituíram-no então por um verbo que nada tem que ver com fé, o escorregadio, nebuloso, vago e indeciso *credere*, que deu crer em nosso idioma. Isto, por si só, já falsifica o Evangelho que, como sabemos, foi traduzido originariamente para o grego, no século I, e somente a partir de então é que passou a ser irradiado para todo o mundo. Exceção é o Evangelho de Lucas, que já foi escrito diretamente em grego. Em Lucas, fé é *pistis*, e ter fé é *pisteuein*.

Pelo que se vê, crer, é uma coisa, ao passo que ter fé é outra muito diferente. Uma migalha de fé, mesmo que seja como um grãozinho, uma sementinha de mostarda, pode mesmo mudar uma árvore de lugar, pode, como brevemente veremos, curar um homem à distância ou expulsar um espírito impuro, em verdade, pode tudo, pois o que realmente vale é a qualidade do Infinito e não um mundo inteiro de quantidades finitas. É por isso, justamente por isso, que todas as obras poderosas, chamadas ingenuamente de milagres pelo povo e pela teologia, são pura e simplesmente produtos da fé, dessa fé incondicional que o Mestre sempre mantinha em relação a Deus e ao Cristo, ao Cristo em si mesmo e em todos os seres humanos.

Realmente, tudo é possível a quem tem fé. Mas, por outro lado, nada é possível a quem somente crê. Enquanto um pouquinho de fé desloca uma montanha, nem todas as crenças dos homens, ainda que somadas e multiplicadas, conseguem movimentar um pequeno lápis na superfície de uma mesa. A conhecida sentença "quem crer será salvo", da qual tanto se usa e abusa, é de uma infantilidade comovente. A crença em si não salva ninguém de coisa alguma. Esta é uma prerrogativa ou uma função exclusiva da fé, ou seja, da fidelidade, da harmonia, da sintonia perfeita entre o homem e Deus, acima de qualquer crença ou descrença. De que adianta ao homem, por exemplo, a melhor crença que existe, se ele continua sendo o mesmo hipócrita infiel que sempre foi?

Uma outra diferença marcante que, nesta altura, já deve estar perfeitamente clara no espírito do leitor é que, enquanto a crença varia conforme as várias instituições religiosas existentes, a fé é rigorosamente universal e jamais muda, não sendo monopólio ou propriedade de nenhuma igreja, de qualquer organização humana visível, seja neste planeta, seja em qualquer outra morada do Pai, seja em qualquer outra dimensão evolutiva do Universo. Por isso, a fé está sempre aberta, como possibilidade, para todo e qualquer filho de Deus, em todos os tempos e lugares, até a consumação dos séculos. E é por isso também que nenhuma igreja, com suas crenças, pode realmente salvar o homem, pode apenas indicar-lhe o caminho... Caminhar, no entanto, só é possível através da Fé, conforme o livre arbítrio de cada um.

A Fé é o contato imediato, direto e vertical e fecundo com o Infinito, de onde todos os finitos emergem, sem exceção. É a harmonia ou a sintonia com a Fonte, com o Criador, com o nosso Pai. Eis porque a Fé é a onipotência do Espírito sobre todas as tiranias da matéria e sobre todas as ilusões que o ser humano ainda concebe em relação a Deus, ao mundo e a si mesmo.

Pela fé, o homem conhece a sua origem, a sua natureza e a sua posição no Universo. Pela fé, ele se torna fiel ao Pai e ao irmão em pensamentos, sentimentos, intenções, palavras e atos. Pela fé, deixa de ser um joguete ou escravo do mundo e das circunstâncias. Pela fé, revela-se como perfeito comandante de sua vida e completo senhor do seu destino. Enfim, é pela fé que o homem transcende o mundo e mergulha no Infinito e na eternidade.

Os Evangelhos de Jesus são por demais ricos e generosos em nos mostrar a Essência, a sublimidade e a importância da fé. Vejamos três significativos episódios: A verdadeira Fé, o poder da Fé, e um exemplo de Amor e de Fé.

2. A verdadeira Fé

Temos, no Evangelho de Mateus 8,5-13, um dos mais autênticos, cristalinos e verdadeiros exemplos de fé, de todo o Novo Testamento:

> Acabava Jesus de entrar em Cafarnaum, quando se lhe apresentou um centurião com esta súplica: "Senhor, tenho em casa um servo que está de cama com paralisia e sofre grandes tormentos." Respondeu-lhe Jesus: "Irei curá-lo." Tornou-lhe o centurião: "Senhor, eu não sou digno de que entres em minha casa; mas fala tão-somente ao Verbo, e meu servo será curado. Pois também eu sou homem sujeito a outrem, e tenho soldados às minhas ordens; e digo a um: Vai acolá! e ele vai; e a outro: vem cá! e ele vem; e a meu servo: faze isto! e ele faz."
> Ouvindo isto, admirou-se Jesus, e disse aos que o acompanhavam: "Em verdade vos digo que nem em Israel encontrei tão grande fé! Declaro-vos que muitos virão do Oriente e Ocidente, e sentar-se-ão à mesa, no reino dos céus, com Abraão, Isac e Jacó, ao passo que os filhos do reino serão lançados às trevas de fora; aí haverá choro e ranger de dentes."
> E disse Jesus ao centurião: "Vai-te, e faça-se contigo de acordo com tua fé."
> E na mesma hora o servo recuperou a saúde.

O memorável encontro de Jesus com o centurião romano é de uma grandeza épica, de uma sublimidade ímpar, de uma beleza rara. Maravilhou-se o Mestre com as palavras do centurião, de tal modo e com tamanha intensidade, que exclamara aos circunstantes não ter visto ainda em todo Israel nenhum homem portador de tão grande fé e que, em virtude disso, o gentio de Roma precederia aos Judeus, ingressando antes deles no Paraíso da Verdade Libertadora. Finalmente encontrara Jesus uma alma afim, um homem crístico.

Infelizmente, porém, tradutores insensíveis e incapazes de vibrar em tão elevada frequência crística, acabaram por adulterar o diálogo, falsificando-o e amesquinhando-lhe a natureza, o sentido e a profundidade. Segundo eles, o centurião romano teria dito: "Senhor, eu não sou digno de que entres em minha casa, mas dize uma só palavra e o meu servo será curado." Ora, uma demonstração de crença em Jesus, dessa natureza, não entusiasmaria ninguém, muito o Mestre de Nazaré. Não se trata de uma simples crença, mas é uma questão de Fé!.

O que está escrito no original grego é dize ao Lógos (*logô*, no caso dativo; e não *logon*, no acusativo). Da mesma forma, na versão da Vulgata Latina, lê-se a expressão *dic verbo* e não *verbum*, portanto fala ao Verbo. Daí se deduz que Lógos ou Verbo é um ser consciente e livre e não algo simplesmente inanimado e inconsciente. Lógos ou Verbo não é uma palavra! De modo algum! Assim sendo, o que o centurião romano pediu realmente a Jesus, causando-lhe tamanho entusiasmo, tanta alegria e tanta admiração, é que dissesse ao Lógos, que falasse ao Verbo, que pedisse ao Cristo para curar-lhe o servo, e este, com toda a certeza, seria curado à distância, independentemente da presença física do Nazareno.

Isto sim, é Fé genuína, autêntica e verdadeira, no Cristo, no Cristo em Jesus, no Cristo em si mesmo, e no Cristo presente em todos os homens.

3. O poder da Fé

Crer é uma coisa, e ter fé é outra muito diferente. Uma migalha de fé pode curar um homem à distância, como acabamos de ver, ao abordarmos o episódio do centurião romano. Pode igualmente expulsar um demônio ou espírito impuro, como vamos ver agora (Mt 17,14-21):

> Depois de terem chegado aonde estava o povo, aproximou-se de Jesus um homem e lançou-se de joelhos diante dele, suplicando: "Senhor, tem piedade de meu filho; é lunático e sofre terrivelmente, muitas vezes cai no fogo e na água; apresentei-o a teus discípulos, mas eles não foram capazes de curá-lo."
> Exclamou Jesus: "Ó raça incrédula e perversa! Até quando estarei convosco, até quando vos suportarei?... Trazei-mo cá!"
> Jesus repreendeu o espírito maligno, e este saiu do menino, de maneira que estava curado desde essa hora.
> Foram, então, os discípulos ter com Jesus e perguntaram em segredo: "Por que razão não conseguimos nós expulsá-lo?"
> Respondeu-lhes Jesus: "Porque a vossa fé é pou-

> ca. Em verdade vos digo, se tiverdes fé como um grãozinho de mostarda que seja, e disserdes a este monte: Passa daqui para acolá – há de passar. Nada vos será impossível! Mas esta espécie não se expulsa senão por meio da oração e de jejum!"

Quando os discípulos indagaram de Jesus, porque razão não conseguiram eles expulsar o espírito maligno que, havia muito tempo, atormentava o menino, o Mestre foi incisivo e categórico: pela vossa falta de Fé! E, em seguida, completou: "esta espécie não se expulsa, senão por meio da oração e de jejum."

A reza ou a prece é, sem dúvida, uma demonstração de crença, mas a oração meditativa e profunda, a que Jesus se refere, sobretudo quando aliada ao jejum, é uma verdadeira e genuína expressão de Fé, cujo poder é surpreendente.

Este poder da oração reside exatamente na Fé. Mais uma vez Jesus afirma textualmente que um pouquinho de fé pode remover montanhas, que pode tudo, que nada é impossível a quem tem Fé. Neste sentido, ele nos diz também que tudo aquilo que pedirmos com fé ao nosso Pai Celeste, nos será dado. Sem dúvida, a oração carregada de Fé alarga os nossos canais de receptividade e, por isso, quanto mais o homem pede, tanto mais recebe, quanto mais ele abre sua vacuidade humana, mais é preenchido pela Luminosa Plenitude de Deus.

4. Um exemplo de amor e de Fé

Um magnífico exemplo de Fé, de humildade e de amor incondicional, foi-nos presenteado por uma mulher, segundo o testemunho de Mateus, nos seguintes termos (Mt 15,21-28):

> Partiu Jesus daí e se retirou para as regiões de Tiro e Sidon. E eis que veio uma mulher daquelas terras e se pôs a clamar: "Senhor, filho de Davi, tem piedade de minha filha, que está muito atormentada dum espírito maligno!" Jesus, porém, não lhe respondeu palavra. Chegaram-se a ele seus discípulos e lhe pediram: "Despacha-a, porque vem gritando atrás de nós."
> Respondeu ele: "Não fui enviado senão às ovelhas

> que se perderam na casa de Israel."
> Aproximou-se ela e prostrou-se-lhe aos pés, dizendo: "Ajuda-me, Senhor!"
> Tornou Jesus: "Não convém tirar o pão aos filhos e lançá-lo aos cachorrinhos."
> "De certo, Senhor – revidou ela – mas também os cachorrinhos comem das migalhas que caem da mesa de seus donos."
> Então disse Jesus: "Ó mulher, grande é a tua fé; seja feito conforme o teu desejo!"
> E a partir desta hora estava de saúde sua filha.

Expulso de Nazaré, na Galileia, e com os inimigos na Judeia querendo matá-lo, Jesus resolveu viajar por alguns dias, em direção às terras da Síria e da Fenícia. Não ia em missão pública, pois ainda não era chegado o tempo de pregar a Boa Nova aos estrangeiros. Ainda assim, uma mulher daquelas redondezas, ao saber da passagem do Mestre, corre-lhe no encalço, a implorar, aos gritos: "Senhor, filho de Davi, tem piedade de minha filha, que está muito atormentada dum espírito maligno!" Jesus, porém, parece alheio e distante; nem sequer volveu-lhe a face.

E a criatura continuava clamando... e Jesus nada!... Já os discípulos, cada vez mais impacientes e cada vez menos sensíveis e compassivos, sugeriram a Jesus: "Despacha-a, porque vem gritando atrás de nós", ao que ouviram, em resposta: "Não fui enviado senão às ovelhas que se perderam de Israel."

Entretanto, a mulher se aproximou de vez... e, tendo chegado, prostrou-se aos pés do Nazareno... e lançou-lhe de novo o comovente pedido que, mais do que nunca, vinha-lhe do fundo da alma angustiada: "Ajuda-me, Senhor!"

A resposta de Jesus, no entanto, foi uma autêntica chicotada verbal no rosto da pobre e desditosa mulher, mulher e mãe, e mãe desesperada: "Não convém tirar o pão aos filhos e lançá-lo aos cachorrinhos." Cachorrinhos?... Ela e a sua filha?... Contudo, em vez de se ofender, ela, por amor à filha e por fidelidade ao Cristo, até concorda com Jesus: "De certo, Senhor, mas também os cachorrinhos comem das migalhas que caem da mesa de seus dons."

E agora?

Diante de uma humildade tão extrema, diante de uma Fé tão inquebrantável e, sobretudo, em face de uma lógica tão retilínea e irretorquível, que só mesmo o Eu crístico poderia contrapor, o Mestre, sem dúvida comovido e admirado, deu-se finalmente por vencido: "Ó mulher, grande é a tua fé; seja feito conforme o teu desejo." E, naquele instante, sua filhinha ficou curada.

A Fé verdadeiramente tudo pode! Ainda mais quando alimentada por um amor de mãe, amor tão sublime, tão sacrificial e tão elevado!...

Capítulo XIV: O homem e a oração

• A oração • Como se deve orar • Uma oração perfeita

1. A oração

A oração é o meio pelo qual o ser humano pode e deve revelar o que há de melhor dentro de si mesmo.

Há, teórica e praticamente, diversas espécies de oração, como, por exemplo, as de louvor ou adoração, as de agradecimento, as de súplica, as de confiança, as de ação de graças, as solidárias, as de penitência ou arrependimento e as fúnebres. Podem ainda ser individuais e comunitárias.

Todos os homens autoiluminados ou cristificados são homens de oração, a exemplo de Jesus de Nazaré, o nosso mais completo e perfeito modelo de ser humano e de Mestre. Ele orava continuamente, de dia e de noite e de madrugada. Às vezes passava a noite inteira em oração. Orava em locais públicos, como nas sinagogas, orava em montes e montanhas; sob as árvores; na beira do lago; orava sozinho em lugares desertos; orava de pé, de joelhos ou postrado com o rosto em terra; orava também com os olhos fitos nos céus. Orava por si mesmo e pelos outros, principalmente pelos seus discípulos.

Uma oração completa, segundo Evaristo MARTÍN NIETO (*Pai Nosso*, p. 17), compõe-se de cinco passos: *Lectio*, *meditatio*, *oratio*, *contemplatio* e *actio*, ou seja, leitura inteligente, reflexão; oração propriamente dita, contemplação e ação.

Dá-se a contemplação quando o orante, em completa e

total quietude, em silêncio físico, emocional e mental, se deixa invadir pela graça de Deus; e ocorre a ação, quando essa graça divina flui, através das mãos e dos pés, para a prática das boas obras, para a realização do bem, em favor de nossos semelhantes e de nossos irmãos menores na escala evolutiva.

2. Como se deve orar

Segundo Mateus (6,5-8), Jesus de Nazaré, nos disse o seguinte a respeito da oração:

> Quando orardes, não procedais como os hipócritas que gostam de se exibir nas sinagogas e nas esquinas das ruas, orando a fim de serem vistos pela gente. Em verdade, vos digo, que já receberam sua recompensa. Tu, porém, quando orares, entra no teu aposento, fecha a porta e ora a teu Pai às ocultas; e teu Pai, que vê o que é oculto, te há de recompensar. Nem faleis muito quando orais, como fazem os que cuidam ser atendidos por causa do muito palavreado.
> Não os imiteis! Porque vosso Pai sabe o que haveis mister, antes mesmo de lho pedirdes.

A oração é a alma de todas as religiões, o denominador comum que as une, sem qualquer exceção. Neste sentido, não há nenhuma divergência entre elas. Realmente, a oração é a alma, o resto é corpo... e o que é qualquer corpo sem alma, senão um cadáver?...

Que significa orar? Orar não é rezar. Quanto a isso, não há dúvida. A perícope do Sermão da Montanha, que acabamos de ver, é muito clara quanto à diferença entre orar e rezar.

Os, *Oris*, em latim, radical da palavra oração, quer dizer abrir a boca, estar de boca aberta ou boquiaberto, de queixo caído... Orar, portanto, é estar receptivo às magníficas vibrações constantemente irradiadas pelo Infinito. Todo alimento de que o filho de Deus necessita tem sua origem na Fonte Infinita, e dela emana contínua e eternamente, sem cessar. Contudo, para satisfazer a fome e a sede desse alimento essencial, deve o ser humano desenvolver ou adquirir a necessária idoneidade receptiva correspondente. Para tanto, rezar não basta, não é suficiente. Afinal, que significa rezar? Não é recitar algumas fórmulas já conhecidas, às vezes mecanicamente, fórmulas desgastadas pelo tempo, não é recitá-las em determinados momentos e em certos lugares, como, por exemplo, aos domingos e dias santificados, em uma igreja? Procedimentos dessa natureza só teriam validade se fossem fórmulas mágicas. E, como evidentemente não o são!...

Rezas não passam de ritos externos e, por isso, impotentes e incapazes de modificar para melhor o interior do homem. Em verdade, não podem torná-lo melhor nem pior do que já era. Normalmente, quem reza só deseja pedir favores a Deus, em tempos críticos de angústia, aflição ou desespero. Também não se lembra de Deus, a não ser no sofrimento, nem lhe agradece os momentos de alegria, de vitória ou de realização pessoal.

A verdadeira oração, no entanto, é muito diferente. Orar é "andar na presença de Deus", é comungar com Ele, é submergir-se no oceano da Divindade. Se "Deus não está em nenhum outro lugar, a não ser em todo lugar", como corretamente afirma Jean-Yves LELOUP (*Deus não existe... Eu rezo para ele todos os dias*, p. 25), orar então significa tomar consciência dessa onipresença divina, mantendo-lhe a mais incondicional e perfeita fidelidade. É o que dizem todos os emissários de Deus no mundo, Inácio LARRAÑAGA, por exemplo (*Itnerário rumo a Deus*, p. 70): "Os verdadeiros adoradores adorarão o Pai no silêncio da interioridade, estejam onde estiverem, seja na desembocadura de um rio, no horizonte onde desperta a aurora, ou na gruta onde dormem os ventos; estejam onde estiverem, adorarão em espírito e verdade."

Pelo visto, a genuína e autêntica oração não é peticionária, não é egocêntrica, não é centrada nas limitações do ego. Ela é afirmativa, centrada no Eu, essencialmente teocêntrica, centralizada em Deus. Sob esse aspecto, qualquer pedido seria absurdo, talvez com uma exceção: "Pai, seja feita a vossa vontade...", isto é, que a nossa vontade coincida com a vontade de Deus.

Então, como se deve orar?

Os discípulos de Jesus, acostumados a rezar desde a infância, pelo menos duas vezes por dia, às 09.00 e às 13.00

horas, conforme as tradições e os ensinamentos da Antiga Lei, pediram-lhe, certa vez: "Senhor, ensina-nos a orar como também João ensinou aos seus discípulos." (Lc 11,1.) Em resposta, Jesus mostrou-lhes, não somente com palavras, mas também com os seus atos e a própria vida, que a oração é uma atitude permanente do homem em relação a Deus, uma contínua ligação entre o filho e o Pai. É preciso orar sempre e numa deixar de orar. A oração é para o espírito o mesmo que a respiração é para o corpo, isto é, mais do que necessária ou imprescindível, é inevitável!

Porém, o homem deve aprender a orar corretamente. Para isso, terá de recolher-se a um ambiente adequado, onde, de portas fechadas para as más vibrações do mundo e em completo silêncio, silêncio físico, emocional e mental, possa ficar completamente a sós com Deus, abrindo-lhe toda a intimidade da alma, todos os possíveis segredos do coração. É preciso ainda que se desapegue de todos os finitos, que abandone por inteiro qualquer divagação poligâmica horizontal, que renuncie aos falsos amores, carências e querências próprias do ego. Esta oração, a ser feita ou praticada todos os dias, pelo menos durante meia-hora de intensa focalização em Deus, de amor verticalizado e concentrado, sem nenhum desvio, mais cedo ou mais tarde, transforma-se numa atitude permanente do ser, independentemente de tudo aquilo que o homem faça ou deixe de fazer.

É lógico que existem ainda outros métodos ou modalidades de oração. Podemos orar até mesmo com o nosso corpo. Inácio LARRAÑAGA (*Adorar em Espírito e Verdade*, p. 129), grande mestre na arte de orar, nos diz que:

> Para orar, é preciso contar com o corpo. Uma posição corporal adequada pode solucionar um estado de aridez. Uma respiração feita com lentidão e profundidade, pode acabar com a ansiedade. Uma posição correta pode afugentar as distrações. Quando, por diversas razões, é impossível orar, o cristão pode adotar corporalmente posições que signifiquem adoração, por exemplo, prostrando-se por terra, e permanecer assim, adorando, sem ex-

pressar nada nem mental nem vocalmente. Poderia ser uma excelente oração, para um determinado momento. Quando o cristão estiver sumamente dolorido e enfermo, na cama, não pretende rezar nem sentir nada, não diga nada. Estenda simplesmente os braços como Jesus na cruz, entregue-se como oferenda. Será a adoração de seu corpo sofredor.

Seja como for, frisemos mais uma vez, é preciso orar a Deus em silêncio. Diz Jean-Yves LELOUP (*ob. cit.*, p. 41) que o silêncio é a única língua verdadeiramente sagrada que existe. Todas as outras possíveis, em qualquer dimensão do Universo, não passam de ruídos ou ecos, traduções na melhor das hipóteses.

3. Uma oração perfeita

Como vimos, os discípulos de Jesus pediram-lhe que os ensinasse a orar. O Nazareno atendeu a esse pedido de seus discípulos mais íntimos. Em seguida, passou a condensar, em pouquíssimas palavras, o mais perfeito modelo de prece jamais conhecido por uma inteligência humana. É o Cristo que nos fala pela boca do Nazareno.

O *Pater Noster* é mesmo a oração por excelência, segundo a opinião de todos os iniciados, como João da Cruz. Afirma ele: nas sete petições do Pai Nosso "estão incluídas todas as nossas necessidades espirituais e temporais. (...) Nessas petições encerra-se tudo quanto é vontade de Deus e tudo quando nos convém". (Cf. Evaristo MARTÍN NIETO. *Pai Nosso*, p. 29.)

O Pai Nosso (Mt 6,9-13), à semelhança do magnífico poema das beatitudes, é o que há de mais belo, profundo e valioso em todo o Sermão da Montanha. Se o Evangelho é o coração do Novo Testamento e o Sermão da Montanha é o coração do Evangelho, o Pai Nosso, por sua vez, é a alma do Sermão da Montanha. Tão compacto como é, consegue entretanto abranger, de forma inacreditável, todos os deveres do homem para consigo mesmo, para com o próximo e para com Deus, ao mesmo tempo que nos revela a verdadeira natureza do Universo. Parece até que pode conter toda a mensagem dos Evangelhos. TERTULIANO, que viveu no século II de nossa era, já havia dito que o *Pater Noster* era o *breviarum totius Evangelii*, quer dizer, a súmula ou resumo de todo o Evangelho.

Para ser entendido em sua totalidade, o Pai Nosso deve ser formalmente interpretado sistematicamente, ou seja, levando-se em consideração o Espírito do Sermão da Montanha, bem como do próprio Evangelho no seu todo. É de se notar, por exemplo, conforme R. MARITAIN (Evaristo MARTÍN NIETO. *Ob. cit.*, p. 28-29) uma indiscutível afinidade entre o Pai Nosso e as Beatitudes. Vejamos: A primeira petição do Pai Nosso (santificado seja o vosso nome) liga-se intimamente com a sétima bem-aventurança (felizes os pacificadores, porque serão chamados filhos de Deus); a segunda petição (venha a nós o vosso reino) entrelaça-se com a sexta bem-aventurança (felizes os puros de coração, porque verão a Deus); a terceira petição (seja feita a vossa vontade, assim na terá como nos céus) interpenetra-se com a terceira bem-aventurança (felizes os tristes, porque serão consolados); a quarta petição (o pão nosso de cada dia nos dai hoje) mantém profundos contatos com a quarta bem-aventurança (felizes os que têm fome e sede da Justiça, porque serão saciados); a quinta petição (perdoai as nossas ofensas, assim como nós perdoamos a quem nos tem ofendido) relaciona-se estritamente com a quinta bem-aventurança (felizes os misericordiosos, porque alcançarão misericórdia); a sexta petição (não nos deixeis cair em tentação) aproxima-se incontestavelmente da segunda bem-aventurança (felizes os mansos, porque possuirão a terra); e, finalmente, a sétima petição do *Pater Noster* (mas livrai-nos do mal) tem a mesma natureza da primeira bem-aventurança (felizes os pobres pelo espírito, porque deles é o reino dos céus).

O Pai Nosso não é nenhuma fórmula destinada a uma simples recitação mecânica, cuja validade muito duvidosa o próprio Jesus sempre criticava. Não é uma reza como, por exemplo, aquelas desfiadas longamente, monotonamente, nas sinagogas da época ou mesmo no templo de Jerusalém, bem como nas igrejas ditas cristãs da atualidade...

A oração que o Senhor nos ensinou é o mais brilhante programa, o mais sublime roteiro de autoconhecimento, de autolibertação e de autorrealização do ser humano. É a própria biografia espiritual ou crística de Jesus, síntese de sua vida. Por isso mesmo, nenhuma inteligência humana desvinculada da Razão superior é capaz de compreender ou assimilar a mensagem do Pai Nosso, em toda a sua inteireza e completude. Somente uma alma intuitiva e afinada com a mesma frequência vibratória da alma crística de Jesus é que o poderia. Uma alma dessa estirpe, no entanto, é ainda muito rara e dificilmente encontrada nesta dimensão existencial em que vivemos... De todo modo, a mente, por mais brilhante que seja, só pode ter acesso ao corpo do Pai Nosso. A alma, entretanto, se lhe escapa irremediavelmente. Diante disso, considerando-se a estrutura formal do Pai Nosso, vamos buscar agora aquilo que a inteligência é capaz de nos revelar.

O Pai Nosso, a mais perfeita prece, patrimônio comum de todas as igrejas cristãs e apreciado pelos homens, de maneira geral, cristãos ou não, é constituído de uma invocação inicial ou peremptória afirmação (Pai nosso que estais nos céus); de três petições verticais, intuitivas e altamente metafísicas (santificado seja o vosso nome, venha a nós o vosso reino, e seja feita a vossa vontade, assim na terra como nos céus); e de quatro petições da mais ampla ou vasta horizontalidade ética (o pão nosso de cada dia nos dai hoje, perdoai as nossas ofensas, assim como nós perdoamos a quem nos tem ofendido, não nos deixeis cair em tentação, mas livrai-nos do mal).

Sete petições, portanto, cujo número simboliza ou perfaz, segundo a tradição original, a perfeição, a integralidade e a totalidade da alma. Pitágoras (sec. VI a.C.) já sabia que o número 3 simboliza a Mística, posteriormente contida no primeiro mandamento de Jesus: Amarás o Senhor, teu Deus, com todas as tuas forças, de todo o teu coração, de toda a tua mente, e com toda a tua alma; enquanto o número 4 identifica a Ética, consubstanciada no segundo mandamento: Amarás o teu próximo como a ti mesmo (Cf. Mt 22,34-40; Mc 12,28-34; Lc 10,25-28.)

Leonardo BOFF (*O Pai Nosso - a oração da libertação Integral*, p. 31) nos diz que a estrutura do Pai Nosso revela claramente duas linhas que se cruzam, uma vertical, que nos conduz aos céus, na qual temos o Pai, a santidade do Pai, o reino do Pai e a vontade do Pai, e uma outra, a horizontal, como consequência lógica, necessária, imediata e espontânea, que representa o pão, o perdão, a tentação e o mal. Graficamente, o resultado é um símbolo perfeito: a cruz.

Pela verticalidade da *Religionis* recebemos da Causa Única, Incausada e Causante tudo quanto necessitamos, e pela horizontalidade da Ética, nós devemos doar aos irmãos e à natureza, pelo menos parte daquilo que recebemos, sem esperarmos nenhuma retribuição ou recompensa. Transformamo-nos então numa poderosa antena de captação do Infinito e de retransmissão desinteressada para todos os finitos.

Capítulo XV: O homem e a meditação

• A meditação • Yoga, a meditação mais consagrada • Os diversos tipos de yoga • A urgente necessidade da meditação • Exercício de meditação

1. A meditação

O vocábulo *meditação*, *meditatio* em latim, tem sua origem na raiz *med*, o mesmo radical da palavra medicina, e o seu significado principal é medir. Tem igualmente o sentido de ponte, de união entre dois pontos. Meditar então é medir, considerar ou refletir, é estabelecer contato, ligação, união.

A meditação é o aspecto prático de todas as grandes religiões do mundo, se bem que para uma pequena elite aristocrática do Espírito, para aqueles que estão ou procuram estar dentro do templo da Verdade Libetadora, os esotéricos, os iniciados, e não para a maioria de seus adeptos, os exotéricos, a massa profana que está de fora. Assim, portanto, é que temos a meditação cristã, tanto no catolicismo, como na igreja ortodoxa e no protestantismo-evangélico, e a meditação no judaísmo, no islamismo, no hinduísmo, no brahmanismo e no budismo, entre outras filosofias e religiões. No Oriente, a meditação chama-se *Yoga*.

As filosofias e religiões são comumente muito diferentes umas das outras. Mas, em todas elas a meditação é rigorosamente a mesma, nos seus fundamentos, no seu ritmo e na sua finalidade. Até as fases são iguais, como, por exemplo, na iniciação pitagórica.

Por isso, se as vias ou caminhos da meditação, às vezes não são idênticos, são muito semelhantes, seja no pitagorismo, seja no modelo do cristianismo ou seja no mais avançado sistema de yoga, a meditação no hinduísmo e no budismo.

Mas, a que vem a meditação? Por quê e para quê? Ikbal TAIMNI (*Preparação para a Yoga*, p. 110), um dos maiores expoentes do yoga, dá-nos uma resposta muito simples, porém, satisfatória:

> Todas as pessoas que meditam regularmente, como parte de uma disciplina espiritual sistemática, devem acreditar que, por trás do mundo físico, esconde um mundo espiritual real, de inigualável esplendor, e que é possível para um ser humano entrar em contato com este mundo interior de uma maneira crescente por meio da meditação. Se assim não fosse, não haveria razão alguma para dedicar-se a esse tipo de atividade.

Está claro, portanto, que o objetivo maior de qualquer meditação é a união da alma com Deus, do filho com o Pai, da criatura com o seu Criador.

2. Yoga, a meditação mais consagrada

Em sânscrito, a língua religiosa e clássica da Índia, a palavra yoga significa atrelar, unir ou juntar. Como o sânscrito é parente do grego e do latim, o vocábulo yoga tem o mesmo sentido de *zygos*, no idioma de Homero, e, de *jugum*, na língua de Cícero. Por isso, yoga é união ou ligação do homem com Deus. Yoga e Religião são exatamente a mesma coisa, são sinônimos.

O Yoga é a meditação mais profunda que se conhece. É, na opinião de TAIMNI (*op. cit.*, p. 26) a técnica real de autodisciplina, autodescoberta e autorrealização, que tem por objetivo a completa e permanente libertação do homem das limitações e misérias nas quais se acha envolvido.

Vamberto MORAIS (*A meditação pela yoga*, p. 14) completa o que foi dito, afirmando:

> Yoga é união com a realidade – a realidade que está oculta dentro de nós, e no universo divino que nos rodeia. Todo o seu rico arsenal de disciplinas e técnicas tem por objetivo estabelecer um contato contínuo com a nossa natureza espiritual e divina: uma natureza que vamos descobrindo aos poucos, não pela aceitação de dogmas mas pela prática diária e perseverante. Yoga não impõe credos, ensina pela experiência: é uma viagem de descoberta, em que simplificamos e deixamos cair pouco a pouco ideias predestinadas, para descobrir, afinal, aquele tesouro inefável e além de todo preço – a realidade última, o Divino.

O Yoga é a parte prática da Filosofia e da Religião oriental de todos os tempos. O *Bhagavad Gita*, por exemplo, é, antes de tudo, um genuíno e autêntico tratado de yoga. Sua principal finalidade é a iniciação do jovem príncipe Arjuna. Ora, Arjuna é um nome sânscrito e simbólico, icônico, emblemático, cujo significado é não-redento, cativo, ou seja, Arjuna representa o homem físico-mental, que ainda não ingressou na consciência racional e cósmica, na consciência universal.

3. Os diversos tipos de Yoga

Além de outros, existem cinco principais espécies de yoga na religião oriental: *Hatha-yoga*, *Haja-yoga*, *Karma yoga*, *Bhakti-yoga* e *Gnani-yoga*.

Hatha-yoga. É o yoga do corpo. O objetivo último é tornar o corpo físico num instrumento adequado e dócil ao funcionamento dos yogas mais elevados. E, para isso, não se requer, como às vezes se pensa, posturas extravagantes e por demais complicadas, nem exercícios dificílimos, desenvolvidos pelas técnicas orientais. O que se pede é apenas uma postura confortável, alimentação pura e uma respiração correta.

O ser humano, como já sabemos, é lucigênito e lucífago. Alimenta-se de calorias, que extrai da energia solar, sustentadora de toda a vida biológica neste planeta Terra. Esta energia, que nos alimenta, acha-se armazenada principalmente em frutas e vegetais. Devemos buscá-la, portanto, o mais próximo possível de sua fonte, em frutas, sementes e vegetais. Somos naturalmente frugívoros e, só depois, vegetarianos. Carnívoros... jamais! O hábito de comer carne, além de desnaturado, é uma vergonhosa agressão aos nossos irmãos menores na escala evolutiva.

Quanto à respiração, é preciso que a inalação seja profunda e a exalação seja completa. A respiração tem que ser ritmada. É assim que se pode saturar o sangue de oxigênio vitalizante e, ao mesmo tempo, retirar-lhe o dióxido de carbono. A respiração correta durante a meditação converte-se em *prana*, uma energia sutil e indispensável para que se possa atingir vibrações superiores, compatíveis com a consciência espiritual.

Haja-yoga. É o yoga da mente, do intelecto. Constitui-se de um conjunto de exercícios sistemáticos de concentração mental. Permite ao discípulo unipolarizar e fortalecer seus pensamentos e suas ideias, dirigindo-os e empregando-os numa positiva construtividade do ser humano e do mundo. A força do pensamento, quando devidamente concentrada, é a força mais poderosa do Universo, inferior apenas à força da Razão Crística.

Karma-yoga. Yoga da ação, yoga do reto-agir, do agir por amor ao Eu, e não por amor ao ego e, muito menos, por apego aos resultados da ação, sejam tais resultados positivos ou negativos. Quando o homem age por amor ao Eu e sem esperar nenhuma recompensa, não mais acumula débitos, não mais adquire carma, e ainda se liberta do carma do passado, de débitos anteriores.

Bhakti-yoga. Yoga da devoção, yoga do sentimento. É o yoga do amor, amor incondicional a Deus, amor ao próximo sem esperar nenhuma retribuição e amor desinteressado à natureza. Da prática desse tríplice amor, novos amores passam a ser automaticamente cultivados e vividos, como, por exemplo, o amor à verdade, o amor ao silêncio e o apego a não-violência. Bhakti-yoga é, por excelência, o yoga dos místicos de todo o mundo e em todos os tempos.

Gnani-yoga. Yoga superior, yoga da sabedoria, que ultrapassa as três dimensões do ego – física, emocional e mental – para culminar no *Samadhi*, na introvisão qualitativa e crística do Eu.

É bom saber, entretanto, que essas cinco modalidades de yoga, que acabamos de ver, são apenas níveis de profundidade ou graus de perfeição de um mesmo e único processo. O yoga realmente é um só, porém, dividido em quatro, cinco ou mais fases.

4. A urgente necessidade da meditação

Meditar se faz cada vez mais urgente, principalmente porque estamos caminhando desorientados e perdidos, em meio ao caos, à violência e à libertinagem do mundo em que vivemos.

Huberto ROHDEN (*Imperativos da vida*, p. 37-40) mostra-nos, de forma delicada e elegante, o quanto a meditação nos é urgente e necessária, num capítulo denominado: "Toma o teu banho espiritual diário". Vale a pena reproduzi-lo:

> É costume de todo homem higiênico tomar o seu banho diário – seja de manhã, seja à noite.
> Que será da tua higiene espiritual, meu amigo, se não banhares a tua alma, diariamente, no oceano da Divindade?
> Toma, pois, o teu banho espiritual cotidiano, nas águas puríssimas do mundo divino.
> Expõe a tua alma ao tonificante banho de luz da comunhão diária com Deus.
> Não inicies os teus trabalhos profissionais sem primeiro mergulhares nas ondas da meditação, da oração, duma intensa e profunda consciência da presença de Deus.
> Verás que essa diatermia espiritual matutina transformará o teu dia em algo bem diferente daquilo que os dias profanos costumavam ser.
> Verás que os teus companheiros de casa ou de negócio te parecerão mais amigos e mais suportáveis – porque tu és mais suportável a ti mesmo e, quando alguém é tolerável a si mesmo, tudo é tolerável.
> Verás que tens olhos para ver antes o que nos outros há de bom e de positivo do que o que neles há de mau e de negativo – porque o banho espiritual te limpou os olhos turvos e te deu uma visão mais clara da realidade.

Verás que essa comunhão com Deus, longe de impedir os teus trabalhos profissionais, lhes aumentará grandemente a eficiência, porque envolverá tudo num como que halo de luz e leveza, fazendo parecer simpáticos até os trabalhos mais antipáticos.

Porquanto, tu vês as coisas, não como elas são, mas assim como tu és.

Se estás insatisfeito contigo mesmo, – nada te pode satisfazer.

Se toleras a própria consciência – todas as pessoas e coisas são toleráveis.

Verás que esse banho matinal nos mares de Deus te encherá de tamanha serenidade interior, durante as 24 horas do dia, que nenhuma infelicidade te fará infeliz, nenhuma injustiça te fará injusto, nenhuma ingratidão te fará ingrato, nenhuma maldade te fará mau.

Não digas que te falta tempo necessário para dares 30 minutos diários a esse banho espiritual.

Se, dentro das 24 horas do dia, não encontrares meia hora para a coisa mais importante da tua vida, sabe que o teu programa é visceralmente falso e urge retificá-lo hoje mesmo.

Será que a tua vida está tão cheia de outras coisas que não tenhas tempo para viver?

Se dás 98% do tempo diário a outros trabalhos – ao trabalho externo, ao descanso, aos divertimentos – não te sobrarão 2% para o teu aperfeiçoamento pessoal?

Se não dispuseres desses 30 minutos, sabe que estás em vésperas de falência moral – se é que ainda não és um falido e derrotado.

Não escolhas para a tarefa mais importante do dia, a meia hora pior, a que, porventura, te sobrar dos outros trabalhos – reserva-lhe antes a meia hora melhor, quando corpo, mente e alma se acharem perfeitamente calmos e receptivos.

Nem te exponhas ao perigo de seres perturbado ou interrompido no teu colóquio com Deus – retira-te a um lugar onde possas estar realmente a sós com Deus e tua alma.

"Quando orares, retira-te para teu aposento, fecha

a porta atrás de ti, e fica a sós com teu Pai celeste."
Fecha as portas também à intrusão de pensamentos profanos e impertinentes – transforma a praça pública dos teus cuidados ordinários num silencioso santuário da Divindade.
Não é necessário que fujas para o deserto ou te isoles numa caverna – mas é necessário que tenhas dentro de ti essa "caverna" aonde te possas refugiar para momentos de passividade dinâmica, de silêncio fecundo, de auscultação do Infinito.
Não creias apenas no que te estou dizendo – procura sabê-lo por experiência pessoal.
Do crer pode-se voltar para o descrer – mas do saber experiencial não há regresso para o não-saber.
Faze, pois, a tua comunhão diária com Deus, com profundeza e intensidade – e sentir-te-ás leve e feliz – para ti mesmo e para os outros...

5. Exercício de meditação

Há uma infinidade de métodos de meditação, tanto escritos como gravados, que circulam por aí, à disposição dos interessados, e que cada um pode adaptar às suas próprias necessidades. Vejamos o seguinte:

1. Adote uma posição confortável. Solte o corpo: membros, cabeça, tronco, abdome e os músculos em geral, até alcançar um estado de profundo relaxamento.

2. Comece o exercício de meditação esperando um contato com a Consciência Divina, transcendente e imanente, portanto, acima, dentro e fora de você, ao mesmo tempo. Busque a Introvisão Qualitativa e Crística do Eu.

3. Concentre totalmente na Realidade Absoluta Onipresente. Ame-a com toda a devoção e fé.

4. Com olhos fechados e dirigidos ao Olho Simples, na base da testa, entre as sobrancelhas, faça mentalmente e com todo o sentimento, uma prece. Por exemplo:

> Senhor Deus, Deus em Deus, Deus no anjo, Deus em mim, Deus no próximo e Deus na natureza, meu apoio, minha saúde, minha proteção, minha luz, minha inspiração e minha única e perfeita alegria:

Peço-te que me reveles a Tua verdadeira natureza, a Tua Realidade; que eu seja plenamente iluminado e possa captar a Tua amorosa Presença em mim e em tudo o que me rodeia. Quero ser o que sou, Teu filho, munido com Tuas credenciais para irradiar conscientemente a Tua Presença, a Tua Paz e o Teu Amor, aonde quer que eu vá, onde quer que eu esteja.

Estou em profundo silêncio e me entrego a Ti; meu único desejo é o de manifestar a Tua Vontade. Ensina-me, abre-me os canais de receptividade, entra e faz morada em meu coração.

Toma conta do meu ser, do meu ter e de todo o meu fazer, agora e para sempre.

Amém!

5. Terminada a oração, vá ainda mais fundo no egoesvaziamento físico-emocional-mental. Se tiver alguma dificuldade com pensamentos e sentimentos indesejáveis, recite suave e carinhosamente a expressão "meu Senhor, meu Deus e meu Pai", algumas vezes, e volte a aquietar a mente.

6. Ao concluir o exercício, agradeça a Deus com entusiasmo, reconhecimento, alegria e gratidão.

7. Escolha sempre o melhor momento e pratique diariamente a meditação, cada vez mais, meses a fio, até atingir seu mais elevado objetivo. E, depois, continue a meditar, mais e mais intensamente, pois a estrada da evolução espiritual é infinita... e a FELICIDADE também!...

Capítulo XVI: O homem e as tentações

• A tentação • A natureza da tentação • As tentações e o mal

1. A tentação

As tentações são tensões, provas e testes que o ser humano deve enfrentar e vencer para então evoluir espiritualmente. É como afirma o Apocalipse (3,10): "Porque guardaste a minha palavra sobre a paciência, por isso também eu te guardarei da hora da provação, que sobrevirá a todo o mundo, a fim de experimentar os habitantes da terra."

Ninguém escapa das tentações, que são os desejos impuros do ego; as adversidades da natureza; e as perversidades de seus semelhantes. Devemos, no entanto, enfrentar tudo isso com o coração aberto e a alma na boca, com calma e extrema paciência. Tiago, o Apóstolo de Jesus, nos aconselha (Tg 1,12): "Bem-aventurado o homem que suporta com paciência a tentação. Porque uma vez provado alcançará a coroa da vida que o Senhor prometeu aos que o amam."

São muitas e, às vezes, são terríveis as tentações que nos afligem. Porém, que ninguém se desespere, pois Deus jamais permite que sejamos tentados além de nossas forças, como nos diz Paulo de Tarso (1 Cor 10,13).

Jesus de Nazaré, o nosso maior Mestre espiritual, conclui o Pai Nosso, que é o mais perfeito modelo de prece já expresso em palavras, com duas petições específicas sobre a tentação: "Não nos deixeis cair em tentação", "mas livrai-nos do mal" (Mt 6,13).

2. A natureza da tentação

"Não nos deixeis cair em tentação." Esta é uma perícope que foi mal redigida, tanto no original grego como na versão da Vulgata Latina. Em grego, o verbo empregado é *eisfero*, e, em latim, *inducere*. Ambos significam levar a, induzir a ou introduzir em. Em tradução literal, teríamos o seguinte: "não nos submetas à tentação", ou "não nos exponhas à tentação", ou, ainda, "não nos induzas à tentação". Entre nós, a respeitada Bíblia de Jerusalém traduziu assim a presente passagem: "Não nos exponhas à tentação", adotando, portanto, o ponto de vista literal.

A verdade, porém, é que nenhuma dessas traduções segundo a letra, é compatível com o espírito da petição nem com a sabedoria de Jesus. Por isso, a tradução vernácula, de João Ferreira de Almeida, "não nos deixeis cair em tentação", revela uma profunda sapiência, pois foi exatamente isso que o Mestre disse, ao nos ensinar o Pai Nosso. É magnífica a intuição do nosso tradutor, em língua portuguesa, que desprezou a letra do texto, em proveito de seu espírito.

Não existe, seja aqui ou seja em qualquer outra dimensão do Universo, qualquer espécie de tentação, inclusive, proveniente de espíritos desencarnados, que, em si e por si mesma, possa fazer com que o homem se torne pior do que já era. Tornar-se-á pior; sem nenhuma dúvida, se cair na tentação. Logo, a tentação, ela mesma, não constitui nenhum mal para o ser humano. O mal é cair na tentação.

As tentações são resistência para o Espírito, e sem resistência não há nem pode haver evolução.

Aqui estamos neste planeta primitivo e adverso, geralmente desorientados e submetidos a paixões baixas de diversa natureza e a perversidades dos mais diferentes matizes. Assim, por exemplo, maus conselhos de espíritos impuros, desejos incontroláveis do corpo, apetites insaciáveis pela posse e gozo de bens materiais, ânsia incontida de poder, olvido de Deus e esquecimento do próximo... só para citarmos algumas tentações mais frequentes, nas quais não devemos cair. Vivemos neste mundo imundo, é verdade. Contudo, uma vez que somos dotados de livre arbítrio, não nos devemos esquecer, um só momento, que cá estamos como peregrinos do Infinito, viajores incansáveis da eternidade. E assim será para todo o sempre, pois a criatura, finita como é, por mais que evolua, por mais que avance em direção ao Infinito, eternamente estará a uma distância infinita, não em termos de extensão quantitativa, porém, de vibração qualitativa. Isto significa que, em sua viagem de retorno à Casa Paterna, o ser humano ocupará níveis ou planos ascensionais cada vez mais elevados numa escala de perfectibilidade inesgotável, cuja consequência é uma felicidade... sem tempo, sem nome, sem limites, sem fim...

Necessitamos realmente das tentações para podermos evoluir e partir em busca do Infinito que nos deu origem. À primeira vista, pode até parecer estranho, mas, se viemos a este mundo e nele estamos, é precisamente para sermos tentados. Concordamos com Huberto ROHDEN (*A metafísica do cristianismo*, p. 103), quando ele afirma: "Isto, de ser posto à prova, é um fato universal, aqui no mundo. Cada ser em evolução tem de passar por diversos testes, antes de atingir a sua perfeição. Os que saem vitoriosos da tentação, ou tensão, evolvem para níveis superiores." Todo homem cristificado sabe disso.

As tentações existem a serviço do homem. Ninguém jamais escapa de provas e provações, ninguém, nem mesmo o nosso Mestre, Jesus de Nazaré. Segundo Mateus (4,1-11) e Lucas (4,1-13), o Espírito conduziu Jesus ao deserto, para que ele pudesse ser tentado. Jesus foi tentado de diversos modos e formas, emergindo plenamente vitorioso em todas as provas, não caindo em nenhuma tentação. Conforme Lucas (4,13), Jesus voltaria a ser tentado, ao final de sua missão, quando, na noite anterior à sua crucificação, estando no horto de Getsêmane, as tentações foram tão fortes e tão intensas, que o Filho do homem chegou "a suar gotas de sangue que corriam por terra" (Lc 22,44).

Mas, que vem a ser tentação mesma, em sua própria natureza? Além das várias tentações, de diversos graus e intensidade, que devemos enfrentar, aqui e em outras dimensões, existe ainda a grande tentação, isto é, a apostasia, uma tentação escatológica, que Huberto ROHDEN (*op. cit.*, p. 107) descreve nos seguintes termos:

> ... a tentação a que pedimos a Deus não nos deixe sucumbir, é a não-transição da nossa atual consciência ego para a futura consciência universal; ou, em termos bíblicos, a não-transição do poder de Satanás para o reino do Cristo. Satanás não é um ser individual, mas uma mentalidade, um estado de consciência. A satanidade consiste na estagnação no nível da consciência ego e na negação da ascensão ao nível superior da consciência universal.

Paul BRUNTON (*Ideias em perspectiva*, p. 110), por sua vez, completa: "Aquele que se endurece dentro do egoísmo grosseiro e rejeita o seu lado espiritual mais suave torna-se o seu próprio Satan tentando a si mesmo."

O ser humano defronta-se com tentações diversas e dos mais variados matizes e, ao vencê-las, percorre um caminho ou roteiro ascensional e glorioso. Na visão interessante de Teillard de CHARDIN, esse caminho evolutivo envolve basicamente quatro etapas bem definidas: hilosfera, biosfera, noosfera e Logosfera. Em épocas bem remotas, há muito perdidas nas brumas do tempo, já vivemos nas trevas dos sentidos, pela dimensão física do ego, característica inconfundível da noosfera. Um dia, porém, pela característica qualitativa e crística do nosso Eu, chegaremos à Pleniluz da Razão, ingressando na eterna e perfeita Logosfera. Teremos finalmente cumprido o nosso destino.

3. As tentações e o mal

"Não nos deixeis cair em tentação, mas livrai-nos do mal." Na opinião de Huberto ROHDEN (*ob. cit.*, p. 111), a conjunção adversativa "mas" tem uma enorme importância. Ela nos mostra que o grande mal, que nos prejudica, é exatamente o mal de cairmos em tentação. Em si mesma, a tentação não constitui, rigorosamente falando, nem bem nem mal. O bem é vencer a tentação, o mal é cair nela.

O mundo é bom, porque é criação de Bondade Absoluta. Por isso mesmo que é mundo, ou seja, puro, na visão dos antigos romanos, que é cosmos, que quer dizer, belo, conforme os gregos. Não somente o mundo é bom, como são naturalmente boas as criaturas que o mundo contém.

Por que então o mundo se tornou imundo e acha-se repleto de feiura, cheio de ódio, de violência e de maldade? Ora, por causa da ignorância e do abuso, que certas criaturas dotadas de livre arbítrio, encarnadas e desencarnadas, têm constantemente praticado no exercício dessa liberdade, uma gigantesca libertinagem, tão grande que chega a contaminar a própria natureza. De fato, o homem é o senhor da natureza... e aonde vai o senhor, o servidor o acompanha... Até mesmo as chamadas catástrofes naturais: calor escaldante, frio enregelante, vendavais, inundações, maremotos, tornados, tsunamis, tufões, furacões, terremotos, erupções vulcânicas, incêndios, além de outras, são todas elas, em última instância, consequências dos vícios, das sandices, dos desatinos e das péssimas vibrações emitidas pelo ser humano, individuais e coletivas.

O homem é sempre bom em seu ser, porém, essa bondade essencial e original não o impede de agir como malvado, no âmbito quantitativo do ter e funcional do fazer, porque, lamentavelmente, o ser humano ainda não se conscientizou da bondade divina, que lhe é inerente.

De todo modo, tudo o que nos acontece ou pode acontecer, quaisquer que sejam os fatos com os quais nos defrontamos, a todo momento, sejam provenientes das adversidades da natureza ou da perversidade de nossos semelhantes, tanto aqueles que nos dão prazer, como aqueles outros que nos machucam ou nos causam dor, todos eles, sem exceção, são neutros ou incolores. Não são bons nem maus. Se se tornam maus é porque nós assim os qualificamos com o nosso equivocado e desumano modo de agir e reagir em face deles. Daí, porque o mesmíssimo acontecimento ou a mesma situação que santifica um homem, pode transformar um outro em bandido.

A verdade é que nenhum mal e nenhum bem nos vem de fora. O bem radica na mais profunda profundeza qualitativa e crística do nosso Eu, enquanto o mal tem sua origem na periferia quantitativa do nosso ego, que ainda não se integrou na majestosa sublimidade do Eu. O bem e o mal, portanto, nós os criamos com os nossos desejos, pensamentos, sentimentos, intenções, palavras e atos. Se nossos pensamentos, sentimentos e ações são puros, belos, amorosos, elevados e construtivos, nossa vida então será, em ritmo crescente, serena, feliz e plena de realizações positivas e superiores, aqui e, sobretudo, em outras dimensões do Universo. Todavia, se nossos sentimentos, pensamentos e atitudes são baixos e marcados por impureza, mesquinhez, ganância, ódio e destruição, caminharemos em passos rápidos para o vício, para a infelicidade, para o desequilíbrio e, até mesmo, para o crime. Enfim, devemos dizer que o bem é somente aquilo que torna o homem melhor do que já era, ao passo que o mal é aquilo que o faz pior. Ora, tudo depende exclusivamente do próprio homem, nada disso tem que ver com alguém ou com algum acontecimento ou circunstância, sejam quais forem. É verdade cristalina, portanto, que o bem e o mal só podem vir de dentro de nós mesmos; o bem, de dentro do Eu; e o mal, da periferia física, emocional e mental do ego.

De fora, só nos podem vir realmente as tentações. E tem mais: Enquanto estivermos evoluindo em busca do Pai Celeste, essas tentações jamais nos darão tréguas. Emmet FOX (*O Sermão da Montanha*, p. 174) sabe muito bem o que significam tais tentações para o ser humano em evolução. Diz ele:

> À medida que avançamos, novas e mais fortes tentações nos esperam, sempre prontas a nos abater, se não estivermos alertas: tentações de trabalhar pela nossa glória, em vez de trabalhar pela glória de Deus; para conquistar honrarias e distinções pessoais, ou até mesmo lucros materiais; tentações de permitir que nossas preferências pessoais interfiram em nossas opiniões e em nossos atos, quando é nosso dever sagrado lidar com todas as pessoas com total imparcialidade.

Não é possível livrar-nos das tentações. É possível, no entanto, agir corretamente, e com sabedoria quando elas nos põem à prova. Mas, como? É muito simples, como Jesus nos responde e esclarece, dizendo: "Vigiai e orai para não cairdes em tentação" (Mt 26,41).

As tentações são inevitáveis. Huberto ROHDEN (*O Quinto Evangelho*, p. 176-177) afirma:

> Até Jesus foi conduzido ao deserto a fim de ser tentado. O mal está em sucumbir à tentação.
> Por isto oramos: não nos deixeis cair (quando estivermos) em tentação. A encarnação do nosso espírito num corpo material é necessário para a evolução do nosso Eu divino. Mas, como a nossa alma é dotada de criatividade ou livre arbítrio, compete-lhe aproveitar-se dessa resistência para superar os obstáculos e não deixar-se superar por eles. A vida terrestre não é uma punição, mas um teste e um desafio para evolvermos e nos autorrealizarmos.

Temos, portanto, de estar permanentemente em guarda.

Mas, qual é a maior de todas as tentações, cuja queda nos acarreta o pior dos males?

Já vimos, porém é sempre bom repetir. A maior tentação, tentação genérica, da qual todas as outras são consequências, é a ilusão separatista em relação a Deus, é permanecer cristalizado na noosfera, ao passo que, inversamente, o maior de todos os bens é evolver em busca da Logosfera, onde se encontra o reino de Deus. É o que, por exemplo, nos revelam a parábola dos talentos (Mt 25,14-30) e a parábola do filho pródigo (Lc 15,11-32).

Todos os homens são iguais em sua origem, são completamente iguais no âmbito qualitativo e eterno do ser, tornando-se, no entanto, desiguais no seu viver, no plano quantitativo e temporário do seu fazer. Os homens são universalmente iguais e individualmente desiguais.

Geralmente, os seres humanos esquecem a sua origem e a sua dignidade e abusam do livre arbítrio. E a consequência desses abusos e o resultado dessa ignorância são a estagnação no processo evolutivo, são a diminuição drástica, ainda que temporária, da capacidade criativa, da capacidade de evoluir. Deus criou o homem o menos possível, para que o próprio homem possa criar-se a si mesmo o mais possível, conforme seu livre arbítrio, segundo sua liberdade. O ser humano é uma criatura criadora e não apenas uma criatura criada e, por isso mesmo, comandante de sua vida e senhor do seu destino.

Capítulo XVII: O homem e o Cristo

• A cruz como fator de cristificação • Jesus e o Cristo • O Cristo de Deus • O Cristo: Caminho para Deus • A paz do Cristo • A Eterna Glória do Cristo

1. A cruz como fator de cristificação

Negar a si mesmo e carregar a cruz é condição preliminar indispensável para seguir o Cristo. É o que nos manda fazer Jesus de Nazaré, nosso grande Mestre: "Quem quiser seguir-me negue a si mesmo, carregue sua cruz e acompanhe-me" (Mt 16,24).

Não existe parto espiritirual sem dor. Entretanto, ninguém sofre por sofrer. O sofrimento é sempre um meio e jamais pode ser um fim em si mesmo. Eis aí um dos principais motivos porque não existem penas eternas.

Há basicamente dois tipos de sofrimento: o sofrimento-débito e o sofrimento-crédito.

O sofrimento-débito é aquele, em virtude do qual, uma criatura dotada de livre arbítrio, ao cometer livremente o mal, adquire uma dívida correspondente a ser resgatada em tempo futuro, mediato ou imediato, aqui ou em outras dimensões do Universo. É o pagamento de débitos contraídos, não somente na atual existência, como sobretudo em jornadas evolutivas anteriores. É saneamento, purificação, catarse ou limpeza de um carma negativo e acumulado, às vezes durante séculos ou milênios. Sem essa espécie de sofrimento, a criatura, não podendo saldar suas dívidas ou expiar suas culpas, ficaria estagnada e impossibilitada de caminhar em busca de Deus. São esses os que sofrem sem querer, que sofrem por compulsão externa.

Já o sofrimento-crédito ou sofrimento-evolutivo é próprio de sofredores inocentes, aqueles que almejam antes de tudo intensificar ao máximo a sua evolução espiritual. Por isso, é sempre sofrimento buscado, sofrimento querido, que se sofre voluntariamente e por convicção interna.

O Cristo, em algum tempo, fez este convite a Jesus... e o faz aqui a todos os seres humanos que, uma vez libertos de culpas próprias, já estejam devidamente preparados, isto é, que já possam sofrer livremente, espontaneamente, negando-se a si mesmo, no âmbito do ego e carregando a cruz por amor ao Eu, tanto ao Eu em si mesmos como nos outros, principalmente nos mais pobres e menos favorecidos, porque mais necessitados de ajuda.

Para essa classe de sofredores, entretanto, todo e qualquer jugo é suave e todo peso é leve, conforme nos disse o Mestre (Mt 11,30). A cruz, por exemplo, não tem aquele peso, densidade e dureza de uma cruz material e telúrica fincada na terra, mas é uma cruz cósmica, leve e luminosa, verticalizada às alturas. Muito mais do que uma cruz de madeira, na qual se pode crucificar um homem, a cruz a ser carregada por amor ao Cristo, é aquela que nos permite uma crucificação metafísica, ou seja, é a cruz formada pelo tronco vertical do amor incondicional ao Pai e pela barra horizontal do amor ao irmão, sem esperarmos nenhuma retribuição ou recompensa.

Negar a si mesmo e carregar a cruz por amor ao Cristo significa então trabalhar e sofrer pela plena realização desse duplo ideal, perante o qual todos os desejos e interesses mesquinhos do ego são completa e severamente sacrificados!...

2. Jesus e o Cristo

Por aproximadamente 2.000 anos, desde Moisés até o ano 70 de nossa era, quando da destruição de Jerusalém, da dispersão dos judeus por todos os quadrantes, por todas as latitudes e longitudes do Império Romano, Israel cultivou e manteve o mito do bode expiatório, exercendo seu culto e sua cerimônia. O sumo sacerdote impunha as mãos sobre a cabeça de um bode, transferindo-lhe todas as ofensas, faltas e equívocos, crimes e pecados da nação, cometidos durante o ano. Em seguida, o pobre quadrúpede era levado ao deserto e despenhado para a morte num precipício. Desse modo – diziam – as pessoas e o povo se tornavam limpos e puros, livres para pecarem durante mais um ano, findo o qual se repetia a cerimônia, renovando-se o processo.

A partir do ano 70, com a diáspora, morreu o mito do bode expiatório, como culto no judaísmo. Lamentavelmente, no entanto, a mágica do bode expiatório foi transplantada e introduzida no cristianismo por alguns doutrinadores e teólogos, a começar por Paulo de Tarso e Tomás de Aquino. Agora, porém, não é a morte e o sangue de um bode que redimem um determinado povo, eliminando suas ofensas e curando-lhe as mazelas. Agora é o sangue de Jesus que lava e extingue os pecados da própria humanidade. Além do mais, os efeitos do sacrifício pessoal do Nazareno são válidos, não somente para um ano, mas perduram para sempre.

Como avaliar essa mágica? O que dizer sobre esse impressionante malabarismo mental?

Em primeiro lugar, é ridículo e infantil imaginar que Deus, que é absolutamente inofendível, possa irar-se ou zangar-se por causa de faltas, equívocos, pecados e crimes de suas criaturas. Deus não perdoa e, muito menos, exerce qualquer espécie de vingança, porque jamais se sente ofendido. Sabemos que, até mesmo seres humanos mais avançados espiritualmente, homens da estirpe de um Francisco de Assis, de um João da Cruz, de um Mahatma Gandhi, conseguiram desenvolver inteira, completa e total inofendibilidade. Seriam eles maiores do que Deus? Absurdo!

Em segundo lugar, chega a ser tragicômica a ideia de que Deus uma vez ofendido pelos pecados da humanidade possa aceitar que um homem inocente, sem nenhum pecado, derrame seu sangue, em pagamento de pecados alheios e, pior ainda, que se satisfaça com tamanha monstruosidade!... Ora, é impossível que tal coisa possa acontecer. Ninguém pode ter seus crimes e pecados pagos por outrem e, desse modo, ingressar de contrabando no reino de Deus, por mercê e favor de terceiros. Quem semeia terá de colher, mais cedo ou mais tarde... é a grande lei que vigora em todas as dimensões do Universo!...

E depois, se Jesus pudesse ser, em qualquer sentido, o bode expiatório da humanidade, por que então que, depois de dois milênios do seu sangue derramado, o homem e a humanidade ainda não se acham quites com a Justiça divina? Por que continuam a pecar e a desobedecer a Deus cada vez mais, tanto assim que, conforme as nossas teologias medievais, permanecem embarcando em massa rumo às eternas penas do inferno?

Enfim, não é Jesus nem qualquer outro autoiluminado que pode salvar o homem, é o Cristo Cósmico, na forma do Cristo Interno, que está em Jesus e está igualmente em tudo e em qualquer ser humano, segundo a medida e a receptividade do cada um.

Somente o meu Cristo Interno me pode redimir, desde que eu lhe seja suficientemente idôneo e receptivo, em pensamentos, sentimentos, intenções, palavras e atos.

3. O Cristo de Deus

Segundo João, o discípulo amado de Jesus, certamente o mais místico dos quatro evangelistas canônicos (Jo 1,1-5):

> No princípio era o Verbo, e o Verbo estava com Deus, e o Verbo era Deus. Este estava com Deus, no princípio. Por ele foram feitas todas as coisas; e nada do que foi feito foi feito sem ele. Nele estava a vida, e a vida era a luz dos homens, e a luz brilha nas trevas, e as trevas não a prenderam.

No princípio era o Lógos, no princípio era o Verbo, no princípio era o Cristo. Lógos, Verbo e Cristo são consequentemente termos que expressam o princípio de tudo quanto existe. *Christòs*, em grego, é o particípio passado do verbo *chistein*, cujo sentido fundamental é ungir, permear ou lucificar. Significa assim a Essência Universal de todas as criaturas, sobretudo daquelas dotadas de livre arbítrio, a exemplo do homem.

Nas palavras de João, o Cristo é a "luz do mundo", a luz verdadeira que ilumina a todo homem. (Jo 1,9.) Na visão joanina, ele era no princípio, é agora e será pra toda a eternidade. É desde sempre e para sempre. O Cristo é então a origem e o fim absolutos e eternos de todos os inícios relativos e temporários. É a Razão Cósmica da existência, a alma do Universo. É o Espírito Infinito que preside à organização e ao funcionamento de todos os finitos, lucificando-os em busca de seu magnífico e glorioso destino, que é o retorno ao seio de Deus. O Cristo é o caminho para Deus, na verdade o único caminho (Jo 14,6). Por isso, nenhum filho pródigo pode voltar à Casa Paterna, a não ser por intermédio do Cristo.

O Cristo não é nem pode ser confundido com algum indivíduo. Por conseguinte, a identificação do Jesus humano com o Cristo divino, além de absurda, é tremendamente prejudicial à compreensão e evolução espiritual do ser humano. Nesta questão, nossas teologias cristãs permanecem tão distantes da verdade e tão atrasadas como eram as doutrinas mosaístas na época do Nazareno. Padecem dos mesmos erros, sofrem os mesmíssimos equívocos. Naquele tempo, pergunta Jesus aos doutores de Israel: "Que vos parece do Cristo?" – "É filho de Davi", respondem eles. "Se é filho de Davi – replica Jesus – como é que o próprio Davi lhe chama "meu Senhor?" (Mt 22,41-46; Mc 12,35-37; Lc 20,41-44.) Da mesma forma que a antiga teologia hebraica não soube responder à indagação do filho do homem, a cristã de hoje continua devendo a resposta.

A verdade, entretanto, é que Jesus é um Cristo, ou melhor, é um homem cristificado, como alguns outros, antes e depois dele. Antes, tivemos Krisha, Buda e Pitágoras. Depois, Paulo de Tarso, Francisco de Assis e Mahatma Gandhi. Isto só para citarmos alguns exemplos.

Todo homem está fadado a cristificar-se, mais cedo ou mais tarde, como vocação natural e como destino. Jesus é possivelmente o mais cristificado de todos os homens.

O Cristo é universal e onipotente. Objetivamente, está sempre presente em toda e qualquer criatura humana, mas, infelizmente, do ponto de vista subjetivo, o homem, quase sempre, se acha ausente do Cristo. O ser humano somente ingressa no reino da Verdade Libertadora quando consegue conscientizar a presença crística dentro de si mesmo, mantendo-lhe, a partir daí, incondicional fidelidade em pensamentos, sentimentos, intenções, palavras e atos. Então, ele se cristifica. Então se estabelece a religação entre o filho e o Pai, entre a criatura e o seu Criador.

4. O Cristo: Caminho para Deus

"Eu sou o caminho, a verdade e a vida; ninguém vai a Pai senão por mim" (Jo 14,6) – diz o Cristo pela boca de Jesus.

Existe afirmação mais incisiva e categórica do que esta? Impossível! Ninguém, em tempo algum e em todos os tempos, antes de Jesus, na época de Jesus e depois de Jesus, pode ascensionar, isto é, pode ir ao Pai celeste, a não ser por meio do Cristo. O Cristo é e só pode ser o único intermediário entre o homem e Deus, entre o filho e o Pai, entre a criatura e o seu Criador.

Mas, que Cristo é esse? – Perguntariam. Ora, é o Cristo em Krishna, o Cristo em Buda, o Cristo em Gandhi; é o Cristo Cósmico, o Cristo Telúrico, o Cristo Interno... o Cristo dentro de cada um de nós. Portanto, cristificar-se é a única, verdadeira e autêntica missão do ser humano! Tudo o mais, seja o que for, é meramente secundário e assessório; tudo o mais são apenas meios destinados à cristificação do homem.

Quando um ser humano se cristifica, ele e o Pai se tornam UM. Jesus crstificou-se e, por isso mesmo, quer que todos os cristãos também se cristifiquem: Justamente por isso e para isso é que ele veio ao mundo, para cristificar-se ainda mais e, secundariamente, para que todos os seus discípulos, cristãos ou não, possam seguir o mesmo caminho, cada um cristificando-se a si mesmo.

De que adianta os cristãos, por exemplo, amar a jesus e, ao mesmo tempo, desamar ou odiar a outros homens igualmente cristificados? De que adianta aos cristãos amar a Jesus, se ao mesmo tempo, desamam ou odeiam ao irmão que, com eles caminha ou caminha ao lado, no qual o Cristo também se faz presente, ainda que potencialmente? Enfim, de que lhes adianta serem cristãos por fora, se, por dentro, são uma prova viva da mais completa e total infidelidade ao Espírito do Cristo? Nada impede que um homem, embora cristão fanático, se comporte como o pior dos anticristos, como também é perfeitamente possível que um outro homem, não-cristão, possa ser um exemplo magnífico de cristicidade. O que vale é a atitude interna do sujeito e não esta ou aquela organização religiosa a que pertença ou da qual participe. Isto, aos olhos de Deus, não tem a menor importância. Os malvados também frequentam igrejas, e os bons... nem sempre! Para os bons, qualquer lugar é um altar adequado para se adorar a Deus.

O Cristo é a ponte, a única ponte possível entre o finito e o Infinito, pela qual o homem pode e deve passar. Por isso é que o filho somente vai ao Pai por meio do Cristo, do Cristo Interno, do Cristo dentro de si mesmo. Quem nos salva, a cada um de nós, de todos os nossos carmas negativos acumulados e de todas as nossas mazelas existenciais, não é Jesus nem Krishna nem Buda; não é ninguém fora de nós, mas é o próprio Cristo dentro de nós, desde que nos purifiquemos, desde que nos convertamos e nos transformemos em veículos perfeitamente receptivos, tornando-nos assim suficientemente idôneos para manifestarmos seu esplendor, sua luz e sua glória. O Cristo verdadeiramente nos salva, desde que possamos amá-lo incondicionalmente, em nós e igualmente nos outros, desde que lhe sejamos completamente fiéis.

5. A paz do Cristo

Jesus, pouco antes de sua flagelação e de sua morte, e morte horrorosa, morte na cruz, aproximadamente umas 17 horas antes, sintetizou seu testamento espiritual destinado à humanidade, no qual, em dado momento, disse aos discípulos: "Deixo-vos a paz, dou-vos a minha paz; não vo-la dou assim como a dá o mundo" (Jo 14,27). Sem nenhuma dúvida, é o Cristo que nos fala pelos lábios do Nazareno.

A paz do Cristo, esta serenidade imperturbável da alma, nada tem que ver com a falsa paz do mundo, sempre discutida e debatida pelos homens e, no entanto, jamais realizada. Não é a paz do mundo que o Cristo nos dá, pois, o mundo nada entende de paz. O mundo ainda padece sob o poder das trevas, que é o poder do maligno e, por isso, só compreende a linguagem da astúcia, da força e da violência. A paz do mundo, produto que é de meras convenções sociais, convenções políticas, religiosas ou de qualquer outra natureza, não passa, na melhor das hipóteses, de um armistício, de uma paz armada, que somente se pode manter ou sustentar por meio da própria violência. A paz do Cristo, entretanto, jamais se envolve com qualquer espécie de arma, porque é uma consequência da alma.

A paz do Cristo é uma conquista individual, o fruto maduro, natural e espontâneo do autoconhecimento e da autorrealização do ser humano. O homem somente a adquire quando se faz incondicionalmente bom e, portanto, pacífico em si mesmo e pacificador de seus semelhantes. Somente então é que ele pode receber a suprema bondade do Infinito e irradiá-la desinteressadamente para todos os finitos; somente então é que pode converter-se num foco irradiante e permanente de luz, de amor e de paz para o homem e para o mundo.

Mas, antes que a paz do Cristo possa eclodir em algum filho de Adão, este velho e conhecido homem do ego, a ser convertido no novo homem crístico do Eu, é necessário que ele passe pela porta apertada do desapego e pelo caminho estreito da renúncia (Mt 7,13-14; Lc 13,24), ambos muito difíceis. Terá, entre outras coisas, de se fazer pobre pelo espírito, pois não poderá servir a dois senhores, a Deus e às riquezas; terá de transformar-se visceralmente num homem manso, pois a verdadeira paz brota naturalmente da mansuetude; terá de se converter numa fonte permanente de misericórdia, pois é impossível que haja paz sem o amor desinteressado aos irmãos, principalmente aos menos favorecidos; e, acima de tudo, deverá primar-se pela pureza de coração, negando-se a si mesmo e servindo a todos os semelhantes.

Quem, desse modo, adquire tão completa e tão perfeita independência em face das tiranias do ego, bem como das circunstâncias, só pode mesmo viver na mais sublime e elevada serenidade do Eu, na mais perfeita e profunda paz do Cristo, ainda que tudo em volta se incendeie, ainda que furacões e tempestades indescritíveis rujam lá fora, ainda que dores lancinantes lhe rasguem e lhe despedacem todas as fibras do ego! Aqui, Jesus mesmo é nosso modelo!...

6. A Eterna Glória do Cristo

"Glorifica-me, ó Pai, com aquela glória que eu tinha em ti, antes que houvesse mundo" (Jo 17,5). Quem disse isto? Jesus? Impossível, pois, o Jesus humano ainda não existia. Estas palavras sublimes de verdade e sabedoria vieram, portanto, do próprio Cristo, pelos lábios do Nazareno, do Jesus cristificado.

Enquanto ego, Jesus, a exemplo de qualquer um de nós, e um homem; mas, como ser imortal e eterno, é um Eu, um Cristo, sempre foi e sempre será. Em Essência, é qualidade divina, filho direto e dileto do Pai, participante de sua glória. É a criatura primogênita de Deus, gerada, consequentemente antes que toda a existência o fosse, antes da matéria, antes da energia e antes mesmo da luz incolor e inicial, fecundante e criadora das nebulosas primitivas. O Cristo é anterior e posterior a toda a existência fenomênica do Universo.

Todo homem, em Essência, é um Eu, o Ser, o Filho, o Cristo. Mas, no presente estágio evolutivo em que vivemos, permanece ainda com raríssimas exceções, principalmente a de Jesus, um Eu ou Cristo dormente, potencial, um Cristo não-atualizado.

O Cristo é o homem, em Essência e qualidade, enquanto o ego é esse mesmo homem, porém, em existência e quantidade. O Cristo é o homem em sua pureza original, belo, santo, sublime e glorioso, tal como surgiu do Seio luminoso e magnífico de Deus e tal como voltará desde que, individualizado na forma de um ego, seja provado, comprovado e aprovado nas terríveis tentações e tensões existenciais do mundo. O Cristo é cósmico e universal, presente em cada molécula e em cada átomo do Universo, mas somente se torna consciente de si mesmo, quando se individualiza nas formas de um ego. Para tanto, ele veio ao mundo, descendo da Essência Qualitativa do Uno para a existência quantitativa do verso, da Unidade para pluralidade, do Infinito para os finitos, da glória para a inglória. Veio para encontrar resistência na matéria, pois, sem resistência não há evolução nem autoconhecimento nem autorrealização. Veio para conhecer e vencer o mundo, os mundos, todos os mundos, físicos e astrais, pelos quais caminha, na infinita e eterna jornada de retorno ao Absoluto.

O Cristo em si é anterior a qualquer experiência mundana existencial, sendo, por isso mesmo, incolor, ingênuo e puro, sem nenhuma consciência de sua identidade e de sua existência. Porém, ao individualizar-se como ego, adquire gradativamente a identidade e a consciência de si mesmo, como indivíduo, como homem, à medida que evolve, que se crucifica na vertical da Mística e na horizontalidade da Ética, no amor incondicional a Deus, no amor ao próximo sem esperar nenhuma recompensa e no amor desinteressado à natureza.

Quando um homem assim se cristifica, sua vontade passa a coincidir com a vontade do Pai Celeste. Aí, o Universo vibra em uníssono porque, afinal, uma criatura muito amada de Deus acaba de ingressar na Eterna Glória do Cristo!...

Capítulo XVIII: O homem e a Ética

• A Ética • O fundamento da Ética • Os desdobramentos da Ética

1. A Ética

Todas as ciências que investigam ou estudam a conduta humana, enquanto humana, considerando-a obrigatória do ponto de vista qualitativo, pertencem à Ética.

A Ética (*ethiquè*, em grego) diz respeito à consciência da fraternidade cósmica de todas as criaturas irmãs. A Ética nos diz que todos somos irmãos e viemos a este mundo para amar desinteressadamente e servir a todas as criaturas, sem esperarmos nenhuma retribuição ou recompensa. Aqui estamos para buscar o conhecimento e a realização do bem. Mas, que é o bem?

José Luís ARANGURÉN (Ética, p. 441) nos esclarece, dizendo o seguinte: "O homem está constituído de tal modo que nunca pode apetecer outra coisa a não ser o bem, da mesma forma que a felicidade, e só *per accidens*, causa o mal ao buscar desordenadamente o bem. É lógico que ninguém exercita um ato mau, enquanto mau, mas sempre *sub ratione boni*."

A Ética é *a priori*, eterna e absoluta. A não ser assim, é necessariamente falsa, porque se corrompe com a existência social e histórica do ser humano. É por isso, que Eduardo GARCÍA MÁYNEZ (Ética, p. 47), afirma: "Frente às doutrinas morais empiristas, a filosofia dos valores afirma o caráter apriorístico do conhecimento ético. Não se adquire o conhecimento dos valores partindo-se da experiência, mas ao contrário: esta pode ser adquirida e medida a partir do primado axiológico."

Daí porque não se concebe a Ética para desculpar aquilo que porventura os homens pensam, fazem ou deixam de fazer. Não. O objetivo da Ética é propor o que eles devem fazer ou deixar de fazer. Assim, por exemplo, se os seres humanos se tornam libertinos e transformam o mundo num prostíbulo ou, de outra feita, num cenário de suplício, de brutal competição, num teatro de bandidagem, de guerra e selvageria, é impossível que a Ética possa justificar ou aceitar isso. A Ética não existe para referendar atos humanos, sejam quais foram; existe, sim, para descobrir e revelar padrões de conduta humana que, *a priori*, sejam compatíveis com o amor aos semelhantes e o serviço ao próximo e à natureza, quer dizer, dedicar-se ao próximo e aos irmãos menores na escala evolutiva, independentemente de qualquer retribuição.

A Ética é um imperativo categórico, brotado do nosso íntimo, ao qual devemos obedecer, através de uma incondicional fidelidade, sob pena de nos desprezarmos a nós mesmos. Somente o imperativo categórico da consciência, porque vem de dentro, pode legitimamente obrigar um homem a fazer ou deixar de fazer alguma coisa. O ser humano não deve um átimo de lealdade a nada e a ninguém, a não ser à sua própria consciência. Tudo o mais, seja o que for, porque vem de fora, é quantitativo e não passa de uma faculdade, não podendo jamais ser uma obrigação para o homem.

Consideremos, por exemplo, a seguinte situação-limite, situação extrema: Um homem pensa exigir de outrem uma conduta eticamente reprovável, mediante coação física, apontando-lhe uma arma carregada e engatilhada à altura da boca, dizendo-lhe: "faça o que eu mando ou morra!" Ora, ora, como tudo que é quantitativo, como tudo que vem de fora, como tudo que nos é imposto por compulsão externa, esta também, embora terrivelmente dramática, é igualmente facultativa, não é obrigatória, pois existe pelo menos uma alternativa: morrer!...

Por outro lado, no entanto, o imperativo categórico da

consciência, como exigência ética, baseada numa convicção interna, é pura qualidade, é verdadeiramente obrigatória e não permite nenhuma alternativa, porque, mesmo morrendo, mesmo depois da morte, não nos livramos de nossa consciência!...

Inácio LARRAÑAGA (*Sofrimento e paz para uma libertação pessoal*, p. 190), a propósito, nos conta uma pequena história, que lhe foi relatada por um amigo. Vejamos:

> Caía a noite. A trilha se internava no bosque, mais negro que a noite. Eu estava sozinho, desarmado. Tinha medo de prosseguir, medo de retroceder, medo do rumor de meus passos, medo de dormir nessa dupla noite. Ouvi estalidos no bosque e fiquei com medo. Depois não vi mais nada e fiquei com medo, mais medo do que nunca. Por fim, saiu da sombra uma sombra que me fechou a passagem.
> "Vamos! Pronto! A bolsa ou a vida!"
> Eu me senti quase consolado por essa voz humana, porque no princípio tinha pensado que ia encontrar um fantasma ou um demônio.
> Disse-me: "Se você se defender para salvar a sua vida, vou lhe tirar primeiro a vida e depois a bolsa. Mas se me der a bolsa para salvar a vida, tirarei primeiro a bolsa e depois a vida."
> Meu coração enlouqueceu, meu espírito se rebelou.
> Perdido por perdido, meu coração se entregou.
> Caí de joelhos e exclamei: "Senhor, toma tudo que eu tenho e tudo que eu sou."
> O medo me abandonou de repente e eu levantei os olhos.
> Diante de mim tudo era luz. E nela o bosque era verde outra vez.

É o amor ao próximo. E o amor à natureza? Deixemos novamente que Inácio LARRAÑAGA (p. 150-151) nos responda:

> As estrelas são um incêndio mas, de longe, parecem tão frias e silenciosas. É sua lei. Na galharada à margem dos rios, quando vem a primavera os rouxinóis cantam de dia e de noite. É sua lei.
> A brisa é fresca; o vento do norte é frio; o suão é quente. É sua lei.

> As vacas pastam mansamente no campo e os lobos devoram os cordeiros. O furacão semeou ruínas. O raio matou diversas ovelhas, o pastor e seu cão. É sua lei.
> As aves voam, as cobras rastejam, o inverno é frio e o verão é ardente; os seres vivos nascem, crescem e morrem. Na primavera chegam as andorinhas, que no outono se vão. É sua lei.
>
> * * *
>
> Respeitar as leis do mundo, não se irritar contra elas, entrar em seu curso com prazer e mansidão, não ser inimigo de nada, deixar que as coisas sejam o que são, não pretender dobrar sua vontade, deixar que as coisas passem ao seu lado, sem mudar de rumo. Esse é o segredo da paz.
> Viver! que é mergulhar na grande corrente da vida, participar de certa forma do pulsar do mundo, olhar tudo com veneração, tratar com ternura todas as criaturas de Deus, sentir gratidão e reverência por tudo.

É isto o que nos exige a Ética, nada além do amor incondicional ao semelhante é do amor desinteressado à natureza. Mas, infelizmente estamos ainda muito distantes desse duplo ideal. Diz-nos Huberto ROHDEN (*Lúcifer e Lógos*, p. 121) que:

> O planeta Terra é, por ora, o habitáculo do homem fraco, miserável, doente, feio, egoísta, estúpido, explorador, infeliz – um vale de lágrimas, como uns lhe chamam, um inferno, como outros denominam esta terra e a vida humana. A nossa terra está coberta de hospitais, hospícios e penitenciárias, atestados permanentes das nossas misérias físicas, mentais e morais.

E, no entanto, é relativamente fácil mudar este cenário triste, doloroso e deprimente. Basta ao homem desenvolver a sua capacidade de amar, de amar a Deus de todo o seu coração, de toda a sua mente, com todas as suas forças e com toda a sua alma e, com a mesma intensidade, de amar ao próximo como ama a si mesmo. A consciência da Paternidade Única de Deus e a consciência da fraternidade cósmica de todas as criaturas; a solidão com Deus e a consequente solidariedade com o próximo e com a natureza ainda transformarão o inferno terrestre num verdadeiro, autêntico e genuíno Paraíso.

2. O fundamento da Ética

O termo fundamento (*fundamentum*, em latim) surgiu inicialmente no âmbito das ciências enunciativas exatas. Em Engenharia, quer dizer alicerce ou fundação. Daí, por analogia, em sentido figurado, fundamento significa, no campo da Metafísica, a razão de ser de alguma coisa, sua base de sustentação, aquilo que a legitima ou justifica.

A Religião é o fundamento da Ética, mas Religião enquanto valor e não como valoração.

Somente a Paternidade Única do Infinito pode derramar-se na fraternidade cósmica de todos os finitos, só o Amor Incondicional ao Pai pode desaguar no amor ao próximo, sem esperar nenhuma recompensa, bem como no amor gratuito ou desinteressado à natureza.

A poluição ambiental, por exemplo, tem sido um problema extremamente grave e insolúvel. E por quê? Porque a poluição, em todas as suas formas, não é um problema técnico nem político nem econômico. É um problema ético, decorrente de nossa incapacidade total de conhecer e amar a natureza. Não amamos a natureza, nós a violentamos! Estamos destruindo o planeta, de forma galopante, insana e desvairada!...

De todo modo, se algum dia o homem souber, não por informação de terceiros, porém, conhecendo por si mesmo, sem qualquer intermediário, a não ser o Cristo Interno, que "eu e o Pai somos um", (Jo 10,30), é simplesmente impossível que ele não saiba, por consequência lógica, necessária e espontânea, que eu e todos os finitos somos igualmente irmãos na mesma fraternidade cósmica e universal de todas as criaturas.

Há apenas uma diferença básica entre a Religião e a Ética, diferença de perspectiva. É que enquanto a Religião funciona numa perspectiva vertical de religação consciencial vivida entre os finitos e o Infinito, a Ética nos dá uma perspectiva horizontal, já que envolve a ligação natural e necessária de todos os finitos. Se assim é, como de fato é, então está correto

José Luís ARANGURÉN (*ob. cit.*, p. 190), ao concluir que "o ateísmo ético reduz-se ao absurdo, e sendo consequente consigo mesmo, tem que desembocar na derrocada nietzcheana da moral, no imoralismo de André Gide, na filosofia do absurdo de Cammus, na tremenda desordem moral da filosofia de Sartre, no nihilismo que denuncia Heidegger, como sinal de nosso tempo".

Contudo, há pessoas que ignoram tais coisas. São aquelas que não querem ou não podem ver. Mas, os místicos sabem, como sabem os autoiluminados, como sabem os sábios de todos os tempos e lugares, como Jesus de Nazaré, por exemplo. Perguntaram-lhe, certa vez: "Mestre, qual o maior mandamento na lei?" Respondeu Jesus "Amarás o Senhor teu Deus com todas as tuas forças, de todo o teu coração, de toda a tua mente e com toda a tua alma. O segundo, porém, é semelhante a este: amarás o teu próximo como a ti mesmo" (Mt 22,34-40; Mc 12,38-44; Lc 10,25-28).

Não há nada mais claro, transparente ou cristalino. Aí estão a Religião e a Ética, destinadas que são, a reger todas as humanidades, em todos os planos do Universo. Amarás o Senhor teu Deus com as três dimensões periféricas do teu ego, física, emocional e mental, e com a mais profunda profundeza qualitativa e crística do teu Eu e, de igual modo, amarás o teu semelhante, incluindo, na vastidão de tua simpatia, todas as criaturas menores na escala evolutiva, exatamente como tu amas a ti mesmo.

Ante o exposto, é eticamente indefensável, por exemplo, o fato muito grave de o homem selecionar, prender, confinar, engordar e matar uma imensidade de animais, com o objetivo mesquinho de agradar a carnívoros assanhados, que transformam seus estômagos em cemitério!... Este é um planeta tenebroso e primitivo, não há a menor dúvida. Ikbal TAIMNI (*Deus, o homem e o universo*, p. 193), já havia ferido esta questão, ao reconhecer que "bilhões de criaturas vivas são submetidas a toda espécie de crueldades e morticínio para dar ao nosso paladar uma sensação momentânea de prazer. Milhões de criaturas inocentes são apanhadas em armadilhas e mortas de maneira cruel de modo que suas peles possam dar uma fugaz sensação de calor e maciez ao pescoço de elegantes senhoras".

Convenhamos, é chocante, se não for ridículo!

E as cobaias de laboratório?

Mahatma GANDHI (*Somos todos irmãos*, p. 154), ele, que é uma alma de escol, aborda este delicado e controvertido assunto, dizendo:

> Não me oponho ao progresso da ciência como tal. Pelo contrário, o espírito científico do Ocidente me infunde admiração, e se essa admiração é limitada, é porque o cientista ocidental não leva em consideração a criação menor de Deus.
>
> Abomino a vivissecção com toda a minha alma. Aborreço o imperdoável morticínio de vida inocente em nome da ciência e da assim chamada humanidade e considero despropositadas todas as descobertas científicas manchadas de sangue inocente. (...) E antevejo claramente o dia em que o cientista do Ocidente estabelecerá limites aos atuais métodos de busca do conhecimento.

Duranton de MAGNY, por sua vez, (Cf. Jean TOULAT. *Aborto, crime ou libertação?* p. 94), afirma:

> Todos os anos, trezentos milhões de animais (gatos, macacos, cães, rãs...) são submetidos – sob o pretexto de ciência – a horríveis torturas... Muitas vezes, a agonia desses animais se prolonga durante meses. Os senhores viveseccionistas não recuam perante as experiências mais ferozes, e os pobres animais são estripados, cortados, escaldados, queimados vivos; abrem-lhes o crânio, extraem-lhes o cérebro, camada por camada, e destroem-nos com corrosivos... o intestino é cozido, a uretra atada, a medula espinal é seccionada, os nervos são expostos, arrancados e submetidos a descargas elétricas; tiram-lhes os olhos das órbitas; fazem rodopiar os animais dentro de gaiolas; asfixiam-nos dentro de fornos, congelam-nos em frigoríficos; deixam-nos morrer de forme e de sede; injetam-lhes pus nos olhos ou na barriga...

E quem garante que não fizeram, não fazem ou não farão o mesmo com homens? Ainda estão vivas na memória de alguns as monstruosidades dos médicos e cientistas de Hitler. De qualquer modo, quem não ama o menor, muito menos pode amar o maior... quem é mau para com os animais, o é também com os seus semelhantes.

3. Os desdobramentos da Ética

A Ética se divide basicamente em Moral, Direito, Política e Pedagogia. É a ciência global de conduta humana, enquanto humana, sob o aspecto qualitativo e, por isso mesmo, obrigatória.

Outras ciências tratam igualmente do comportamento humano, porém, do ponto de vista quantitativo e, portanto, facultativo, não obrigatório. É o caso, por exemplo, da psicologia, da economia, da sociologia e de história, ciências baseadas em fatos e não fundamentadas em valores.

A Moral, como parte subjetiva da Ética, é puro valor ou ideal, ao passo que o Direito, a Política e a Pedagogia, por causa do aspecto objetivo, que lhes caracteriza, contêm fato e valor ao mesmo tempo, e funcionam como fato e não como valor e, não raro, atuam contrariando todos os valores.

A Moral, sendo puro valor ou ideal, jamais, pode contrariar-se a si mesma. Moral imoral é algo impossível. Seria como um círculo quadrado.

Já o Direito, a Política e a Pedagogia, que somente pertencem à Ética, enquanto ideal superior a ser alcançado, uma vez que, como fato, fazem parte de outras ciências, sobretudo da sociologia, e, atuando como fato e não como valor, muitas vezes se tornam manifestamente imorais, para não dizer indecentes!...

Capítulo XIX: O homem e as virtudes morais

• O reino da Moral • A virtude moral • Classificação das virtudes morais • A nossa classificação

1. O reino da Moral

O reino da Moral é o reino da liberdade, entendida como domínio do homem sobre si mesmo, é o reino do amor. A Moral, enquanto valor, é necessária, universal e imutável. Como nos mostra Flávio LOPEZ DE ONÃTE (*Filosofia del Derecho*, v. 1, p. 220), "o imperativo do amor não muda só porque os homens não são capazes de amar o homem, como também não varia de modo algum, com a alteração das condutas humanas". A Moral é a vida pela consciência, segundo a qual viemos ao mundo para servir e não para sermos servidos, viemos ao mundo para a solidariedade cósmica das criaturas. O Infinito é dativo pela sua própria natureza. E, se temos, na mais profunda profundeza de nós mesmos, a Essência do Infinito, é evidente que à existência viemos e aqui estamos, para dar e não para receber. Na aritmética existencial do ego, o receber enriquece enquanto o dar empobrece, porém na matemática essencial do Eu, tudo se inverte: o dar é que enriquece, ao passo que o receber empobrece. Mas como? Ora, quem dá alguma coisa a algum irmão que realmente necessita, sem esperar nenhuma retribuição ou recompensa, dá algo quantitativo na horizontalidade dos finitos. Todavia, com atos desinteressados dessa natureza, o doador incondicional alarga os seus canais internos, tornando-os idôneos e receptivos para a verticalidade do Infinito, recebendo, em consequência, pura vibração qualitativa. Dá então quantidade para um finito e recebe, em troca, pura qualidade do Infinito, bem como tudo o mais que lhe for necessário para uma vida decente e digna. É desse modo que o ser humano se transforma naquela poderosa antena de captação do Infinito e de retransmissão desinteressada para todos os finitos.

2. A virtude moral

A palavra *virtude* advém-nos do latim *virtus*, através do acusativo *virtutem*. *Virtus*, que é um derivado de *vir* = varão, significa as qualidades próprias do homem, enquanto representante concreto do sexo masculino. Ora isto é um equívoco! Ao contrário do que se pensava naquela época... as mulheres também tem virtudes...

Deve-se a Sócrates a acepção moderna do vocábulo virtude, ou seja, a qualidade do ser humano que dirige seus atos para o conhecimento e a realização do bem. O genial filósofo e, acima de tudo, educador grego não somente foi o primeiro a empregar o termo neste sentido, como defendeu a virtude e a exercitou. Exercitando-a, o fez de tal forma que, ainda hoje, podemos considerá-lo como um dos homens mais virtuosos que a humanidade já teve a glória de produzir. Assim é que, após ter sido condenado à morte pelo tribunal democrático dos 501 cidadãos, afirmava ele, conforme Platão (*Apologia de Sócrates*, p. 111-112) nos informa:

> Mas também vós, ó juízes, deveis ter boa esperança em relação à morte, e considerar esta única verdade: que não é possível haver algum mal para um homem de bem, nem durante sua vida nem depois de morto; (...)
>
> Quando os meus filhinhos ficarem adultos, puni-os, ó cidadãos, atormentai-os do mesmo modo que eu vos atormentei, quando vos parecer que eles cuidam mais das riquezas ou de outras coisas que da virtude.

Depois de Sócrates, seu discípulo Platão, seguindo-lhe o caminho, desenvolveu as ideias do mestre sobre a virtude em vários de seus livros, entre os quais se destacam o Protágoras, o Górgias e o Mênon (Cf. *Obras completas*, p. 155-195; 353-412 e 435-460). No volume I de *A República*, Platão expõe a teoria das quatro virtudes cardeais: a sabedoria, a fortaleza, a temperança e a justiça.

Tanto Sócrates como Platão tinham a sabedoria na conta de a mais excelsa de todas as virtudes.

Coube, entretanto, a ARISTÓTELES (Ética, p. 55-76) dar contornos, ainda atuais, aos principais aspectos da virtude. Sustenta ele que a virtude é um hábito, um hábito da vontade, dizendo ainda que não há virtudes inatas no homem, que todas elas podem ser adquiridas com o exercitar-se em atos virtuosos.

Discordamos inteiramente. As virtudes são inatas no homem, porém, de forma potencial. Para se transformarem em hábito, terão apenas que ser atualizadas, a partir de uma livre, inteira e total convicção individual do sujeito. Disso sabiam Sócrates e Platão, mas Aristóteles o ignora. Com Sócrates e Platão, a virtude decorre naturalmente do eterno ser essencial e qualitativo do ser humano. Com Aristóteles, surge, desnaturadamente, do seu fazer temporário, quantitativo e funcional. Não há nem pode haver é vícios inatos no homem. Quando ocorrem, é porque o homem, ao manter uma ilusão separatista em relação ao Infinito Espírito, que lhe deu origem, falsifica subjetivamente sua própria natureza humana, essencial e originalmente perfeita e boa, porque espiritual. Todos os males e vícios, o ser humano os adquire pela prática do mal, do ódio e da maldade, transformando-os em vícios. Vício, esclarece Huberto ROHDEN (*Novos rumos para a educação*, p. 69), vem de vez, *vezo*, em latim; é uma atitude negativa, permanente, que resulta de "muitas vezes", de atos repetidos.

Nessa repetição, há homens que se especializam de tal forma que se petrificam moralmente, tornando-se literalmente incapazes de sentir culpas ou remorsos.

Em síntese, o ser humano sempre nasce bom, potencialmente, mesmo que carregue algumas taras decorrentes de encarnações anteriores. Daí porque, se se torna mau é porque livremente permite que as circunstâncias ambientais, quase sempre desfavoráveis, devido às adversidades da natureza e à perversidade de nossos semelhantes, lhe imprimam estas características negativas dominantes. José ORTEGA Y GASSET (*Meditações do Quixote*, p. 52) nos diz que o homem é ele e o seu lugar e o seu tempo. Mas, esse é o homem comum, sensório e intelectivo, medianamente evoluído. O homem místico e intuitivo, autoiluminado e autorrealizado, embora viva no mundo, não mais pertence ao mundo. Ele vive conforme os princípios que Deus lhe revelou, e que estão indelevelmente inscritos no sacrossanto altar de sua consciência. Independentemente das excitações ambientais, ele é o comandante de sua vida e senhor de sua circunstância e o construtor do seu destino. Daí porque o mundo não tem mais nenhum poder sobre ele.

3. Classificação das virtudes morais

Pelo que vimos, as virtudes morais consistem na inclinação natural do ser humano para o conhecimento e a prática do bem. É costume, desde a Idade Média (Cf. Tomás DE AQUINO. *Suma Teológica*, v. 3., p. 1471-1484), classificá-las em dois grupos, o das virtudes teológicas, sobrenaturais ou infusas, que são a fé, a esperança e a caridade; e o grupo das virtudes naturais: a justiça, a fortaleza, a prudência e a temperança.

Vejamos primeiramente as virtudes sobrenaturais:

A fé. Do latim *fides*, a fé, como virtude, e isto já vimos, não se confunde com a crença. A crença é psicológica e existencial, enquanto a fé é racional e essencial. Conforme Erich FROMM (*A revolução da esperança*, p. 31) "a fé é racional quando se refere ao conhecimento do real que ainda não nasceu; ela é baseada na capacidade de autoconhecimento e compreensão, que penetra a superfície e vê o âmago".

Assim, como virtude, a fé antecipa o contato com a Verdade.

A esperança. Do latim *sperantia*. Cumpre notar, antes de tudo, que a fé e a esperança são companheiras inseparáveis. Uma sem a outra se esvazia. No plano da existência, a esperança é a crença de que melhores dias nos guarda ou nos reserva o futuro. No âmbito da Essência, é o sentimento carregado de certeza de que estamos gradativamente nos aproximando do sumo e supremo destino: Deus!

A caridade. Do latim *caritas*. A noção de caridade anda muito deturpada na atualidade, simbolizado para a maioria das pessoas apenas um ato de filantropia social. Contudo, a verdadeira caridade tem um alcance muitíssimo maior. É amor, amor segundo a expressão mais pura, amor que se dedica ao próximo porque ele é uma vibração de Deus e, como tal, tendo um valor supremo e incomparável dignidade, amor que devemos uns aos outros porque todos somos filhos do mesmo Pai e irmãos na fraternidade cósmica do Universo.

Em sequência, vamos ver agora o outro grupo das virtudes, as chamadas virtudes naturais. Como se percebe, elas correspondem às virtudes cardeais dos antigos, com uma única variação: a sabedoria desapareceu, cedendo lugar à prudência.

A Justiça. Do latim *justitia*. A justiça, como virtude moral, e isto em breve veremos, é o sentimento e a ação do homem em fazer o bem a quem não lhe fez o bem nem o mal.

A fortaleza. Do latim *fortalitia*. É a virtude moral resultante de uma boa formação, que nos capacita a seguir sempre o caminho do bem, embora enfrentando toda espécie de empecilhos e embaraços. Alicerçando-se na determinação, dá-nos a vontade inabalável de cumprir os nossos deveres, sejam quais forem as dificuldades e consequências.

A prudência. Do latim *prudentia*. É a virtude que nos faz lembrar que somos seres racionais lançados numa existência que envolve o bem e todos os tipos de mal. O indivíduo prudente medita em suas palavras antes de as proferir e, sobretudo, pensa antes de praticar seus atos, sabendo consequentemente o que deve fazer e o que deve evitar.

A temperança. Do latim *temperantia*. Temperança é medida. Ser temperante é ser senhor de si mesmo, principalmente no que toca aos prazeres e às exigências do corpo físico. É o domínio das paixões negativas.

4. A nossa classificação

Embora respeitada pelos homens e consagrada pelo tempo, não acreditamos na sabedoria da classificação que ora examinamos e acabamos de resumir. Ela é muito lacunosa. Por isso, inspirando-nos em C. LAHR, no seu consagrado *Manual de filosofia*, p. 595, tomamos a liberdade de propor uma outra.

Cremos na possibilidade de classificar todas as virtudes morais num simples grupo de três: a Gratidão, a Justiça e a Generosidade. Todos os atos humanos, sem qualquer exceção, sejam ações ou omissões, devem estar necessariamente enquadradas nessa tríplice organização moral, se dirigidos para o bem, ou então, em seus contrários, em suas antíteses, se voltados para o mal e a maldade. Senão, vejamos:

Gratidão. É a virtude que nos leva a retribuir os benefícios que recebemos. Consiste em fazermos o bem ao nosso próprio benfeitor, a amarmos aqueles que nos amam. Naturalmente, os seres humanos ainda conhecem e praticam a virtude da gratidão, á exceção apenas dos tolos e dos perversos. Somente estes podem ser ingratos, somente estes, parafraseando aqui Augusto dos ANJOS (*Eu*, p. 146), podem apedrejar a mão que os afaga e escarrar na boca que lhes beija.

Justiça. A Justiça, como virtude moral, não consiste, como erradamente pensa a maioria, em se dar a cada um o que lhe cabe conforme os seus méritos; o que lhe é devido. Isto é justiça em sentido jurídico, é a justiça do Direito enquanto aspecto objetivo da Ética. A Justiça como virtude é puro amor fraternal. É a virtude pela qual fazemos o bem a quem nem sequer conhecemos ou, se o conhecemos, não nos fez nem o bem nem o mal.

Generosidade. Quanto à Generosidade, a mais bela, sublime e nobre de todas as virtudes, consiste, nem mais nem menos, no "amai os vossos inimigos" (Mt 5,44). Ser generoso é tornar-se superior na escala evolutiva, é fazer o bem a quem nos faz o mal. Generoso é o ser humano que se aproxima da perfeição, da maior finalidade do viver existencial.

Resumindo: Conhecer e realizar o bem (virtude moral):

- a quem nos faz o bem (Gratidão);
- a quem não nos faz nem o bem nem o mal (Justiça); e
- a quem nos faz o próprio mal (Generosidade).

Fica definitivamente esclarecido, portanto, que a virtude moral consiste em fazermos o bem e exclusivamente o bem. Isto, por meio de três formas: da Gratidão, se fazemos o bem ao nosso benfeitor; da Justiça, se fazemos o bem ao homem simplesmente porque ele é nosso irmão, embora nem sequer o conheçamos; e da Generosidade, se fazemos o bem àqueles que se dizem nossos inimigos, ou agem como se fossem.

Pelo visto, não há nenhuma outra virtude ou maneira de se realizar o bem, que não se enquadre nessa tridimensionalidade moral. E, se de um lado alguém estiver sendo generoso, é porque, na outra ponta, alguém estará necessariamente sendo ingrato!...

Capítulo XX: O homem e a Justiça

• A Justiça no Direito • A Justiça na Moral • Diferenças entre a Justiça na Moral e a Justiça no Direito • A Justiça na Religião

1. A Justiça no Direito

Em sentido jurídico, a justiça não é uma virtude. A virtude deve necessariamente revestir o ato que realizar o bem, deve identificar-se com ele, sob pena de perder sua natureza específica. Ora, nada disso ocorre no Direito, em que a Justiça significa o ato de se dar a cada um segundo os seus méritos, seja o bem, seja o mal. Assim, o que caracteriza a Justiça no Direito é a ideia de retribuição, bem com bem, mal com mal.

Apesar disso, entretanto, a Justiça como valor jurídico é a própria razão de ser do Direito. No estágio de evolução espiritual em que vivemos, temos de dar crédito a Giorgio DEL VECCHIO (*A Justiça*, p. 161), quando afirma: "sem ela, nem a vida seria possível, nem se o fosse mereceria ser vivida." Realmente, a Justiça é a maior finalidade do Direito, enquanto regente da vida social. J. FLÓSCOLO DA NÓBREGA (*Introdução ao Direito*, p. 30), por sua vez, nos diz que a Justiça "é o horizonte do Direito, horizonte que é ao mesmo tempo um limite para a paisagem e um ponto de referência para apreciá-la. A paisagem é penetrada de horizonte e vive da claridade que dele deflui; o direito é a encarnação da justiça e só tem vida quando visto à sua luz".

Mas, e o Direito injusto? Responde-nos Luís LEGAZ Y LA-

CAMBRA (*Filosofia del Derecho*, p. 354): "O Direito é um ensaio de realização da justiça, ainda que um ensaio fracassado. Direito injusto é, pois, o direito fracassado em sua tentativa de realizar a justiça e não um direito desvinculado da justiça."

Em relação à Justiça, todas as demais finalidades do Direito, tais como a igualdade, a liberdade, o bem comum, a ordem pública e a segurança social, tornam-se secundárias, porque lhe são inteiramente dependentes. Em verdade, o Direito sem a Justiça como ideal degenerar-se-ia na lei do mais forte, transformando-se em instrumento de suplício. Seria o caos. Num ordenamento jurídico a que faltasse a Justiça como fundamento e como finalidade, – admitindo-se que isto fosse possível – as próprias leis desumanas, como aquela ditada pelo rei Herodes, mandando matar criancinhas inocentes, ou, como as da época nazista, de extermínio e de esterilização de minorias raciais, estariam automaticamente justificadas. O Direito, não há dúvida, é tão-somente um instrumento para se alcançar a Justiça.

O Direito, portanto, não passa de um meio para a consecução da Justiça. Cabe à Justiça dar sentido à ordem jurídica e presidir à realização do Direito, tanto na elaboração quanto na aplicação das leis. A Justiça, como valor, ilumina o Direito e lhe confere toda a dignidade, toda a nobreza, toda a beleza. Somente um Direito justo é que pode garantir, ao mesmo tempo, o cumprimento dos Direitos Fundamentais do Homem e a efetivação do bem comum. Somente um Direito justo pode dar a cada um o que é verdadeiramente seu, tratando igualmente os iguais e desigualmente os desiguais, no limite das próprias desigualdades.

A Justiça é o primeiro fundamento, a última finalidade e o mais elevado dos valores jurídicos. Sem a Justiça, o Direito é conveniência ideológica, é hipocrisia social institucionalizada, é instrumento intelectual de poder e opressão, é uma falsa ética de vencedores contra vencidos. Qualquer semelhança com o que, quase sempre, acontece em nosso planeta, não é mera coincidência.

2. A Justiça na Moral

Já abordamos a Justiça na Moral, quando tratamos das virtudes. Vimos que é a ação do homem em fazer o bem a quem não lhe faz o bem nem o mal. É uma virtude do amor fraternal; uma virtude pela qual nós fazemos o bem a quem nem sequer conhecemos ou, se o conhecemos, nunca nos fez nem bem nem mal.

3. Diferenças entre a Justiça na Moral e a Justiça no Direito

Há pelo menos duas profundas diferenças entre a Justiça na Moral e a Justiça no Direito.

Em primeiro lugar, como já foi demonstrado, a Justiça na moral é uma virtude, isto é, consiste no conhecimento e na realização do bem, exclusivamente do bem. Raciocinemos: seria moralmente justo retribuirmos a alguém o mal que ele nos causou, ou que tenha feito a um nosso parente ou amigo? De modo algum! Estaríamos nós fazendo também o mal que fundamentalmente é o mesmo mal. Portanto, seríamos igualmente injustos. Fazer o bem a quem não nos faz o bem nem o mal, é a Justiça como virtude, é a Justiça na Moral. Entretanto, no Direito a Justiça não consiste nisso. Cabe à Justiça, em sentido jurídico, distribuir prêmios e punições, o bem e o mal, conforme os méritos de cada um. Juridicamente, é justa a punição de um ser humano, respeitando-se sempre a sua dignidade moral, a sua integridade física e a sua vida, todas às vezes que ele violar um bem tutelado pelo Direito. E isto vale não somente para os atos ilícitos na esfera cível, como, também para os crimes, na esfera penal. Assim, é justo que se puna um criminoso, da mesma forma que é justo exigir de alguém a reparação de um dano que tenha causado a outrem, ou a obrigação de pagar uma dívida.

Nenhuma dessas exigências, no entanto, constitui um bem. Todas elas não passam de males necessários, e a necessidade não transforma ontologicamente um mal em bem, por mais necessário que seja.

Por todas essas razões, a Justiça no Direito, ainda que seja sua maior finalidade e lhe dê toda a dignidade, não é e não pode ser considerada uma virtude. No Direito, a Justiça tem por função, não a de fazer especificamente um bem, mas a de dar a cada um o que juridicamente lhe cabe, seja um bem ou seja principalmente um mal, respeitadas, no entanto, como já dissemos, sua vida, sua integridade física e sua dignidade moral.

Por outro lado, a Justiça na Moral, situando-se, como já vimos, entre a Gratidão e a Generosidade, não pode, de maneira alguma, admitir qualquer modalidade de retribuição. Se retribuirmos mal com mal, somos injustos; se retribuirmos bem com bem, não somos justos nem injustos, simplesmente deixamos de ser ingratos! É o que vimos. Já a Justiça no Direito é fundamentalmente uma retribuição. É o que vamos ver.

A retribuição, em se tratando da Justiça no Direito, exige um tratamento igual para os iguais e desigual para os desiguais, tendo em vista as próprias desigualdades.

A igualdade é total ou aritmética na Justiça Comutativa, em que um particular dá a outro particular o que lhe é rigorosamente devido, havendo uma perfeita equivalência entre o que se dá e o que se recebe, ou seja, entre a pretensão do credor e a exigência imposta ao devedor.

É proporcional ou relativa na Justiça Distributiva, quando manda a comunidade dar a cada um de seus membros uma participação no bem comum, obedecendo-se aos seguintes critérios: Critério da necessidade, se a distribuição consistir em valores espirituais e bens materiais. Quem mais necessita, mais recebe; critério da capacidade, quando a distribuição for de cargos e funções que todos querem ou desejam. Estas funções devem ser concedidas aos membros mais capazes da coletividade; e critério da dignidade, que é um critério de ordem ou natureza ética, a ser observado simultaneamente com os demais, principalmente com o da capacidade. De fato, não basta ser eficiente. Antes de tudo, é preciso ser digno da função a ser exercida.

A igualdade é proporcional também na Justiça Social, quando exige que os membros dêem à comunidade uma contribuição para o bem comum, seja em termos de valores ou bens, respeitando-se a possibilidade contributiva de cada um. Cada membro pode e deve contribuir com o que lhe for humanamente possível.

4. A Justiça na Religião

A Justiça (*cedaqah*, em hebraico; *dikayosine*, em grego; *justitia*, em latim) tem inúmeros significados.

Em sentido religioso, metafísico, vertical e transcendente, não tem nada que ver com essa justiça que geralmente conhecemos, essa Justiça no Direito. A Justiça no Direito, pela sua própria natureza, ignora o homem em seu ser, conhece-o tão-somente em sua projeção externa, em seus atos, no campo funcional do seu fazer. É quantitativa e tem por função estabelecer uma reciprocidade ou retribuição entre os seres humanos, dando a cada um o que ele merece, seja um bem ou seja um mal, tendo em vista um comportamento ou conduta anterior. No fundo, não passa de um simples freio ao egoísmo individual e à libertinagem coletiva. Só serve realmente para administrar a violência e a coexistência precária e sofrível dos profanos em sociedade, e aí, o máximo que ela consegue atingir é uma certa tolerância, um armistício, uma paz armada.

Mas, a Justiça dos iniciados, daqueles que se transmentalizaram e, por isso, já sabem que vieram ao mundo e nele estão para servir e não para serem servidos, a Justiça do Eu e não do ego, vai muito além de todos os conflitos, carências, limitações, bem como de quaisquer circunstâncias administradas pelos homens.

Disse-nos Jesus de Nazaré, o nosso maior Mestre espiritual: "Bem-aventurados os que têm fome e sede da Justiça, porque serão saciados (Mt 5.6).

Esta Justiça superior, esta verdadeira Justiça, que pode fazer do homem um ser feliz ou bem-aventurado, tem a origem, a natureza e a majestade do Infinito. Ela é a própria justeza da criatura com o seu Criador, do filho com o Pai, do homem com Deus. Enfim, ela é pura santidade.

A fome e a sede dessa Justiça costumam manifestar-se, de início, como uma estranha insatisfação, uma espécie de angústia metafísica, nostalgia da alma, uma veemente e incontrolável saudade de Deus. É quando o ser humano geralmente se sente como um estrangeiro, embora estando em sua própria terra; sente-se enfastiado do mundo, desalojado, praticamente um estranho no ninho. Esta fome e esta sede bem-

-aventuradas é que lhe podem abrir a mais sublime de todas as jornadas, essa bendita jornada que conduz o finito ao seio do Infinito, o filho aos braços do Pai. Ao beber dessas águas divinas, ele nunca mais pode ter sede. Finalmente, então, o homem é saciado. Ao atingir as culminâncias de sua consciência espiritual, de sua consciência experiencial evolutiva, passa a saborear, em Espírito e Verdade, uma felicidade única e indefinível, a de cumprir a Vontade do Pai como se fora sua própria vontade.

Sob esse aspecto, já não há mais diferença entre o filho e o Pai. Assim, a exemplo de Jesus, poderá dizer: "Eu e o Pai somos um" (Jo 10,30). Mas, para isso, temos de saber que somos embaixadores de Deus no mundo, munidos de todos os poderes. Somos criaturas, é verdade, porém não somos apenas criaturas criadas. Temos, na mais profunda profundeza de nós mesmos, a natureza dativa do Universo e, portanto, somos necessariamente criaturas criadoras, partícipes e colaboradores conscientes da gigantesca obra da criatividade universal.

E dentro desse projeto cósmico e infinito da criação, a nossa maior tarefa, sem nenhuma dúvida, tarefa que é somente nossa, e, por isso mesmo, irrecusável, insubstituível e intransferível, é o autoconhecimento, a autolibertação e a autorrealização de nós mesmos. Somente então é que seremos definitivamente saciados.

Capítulo XXI: O homem e a Educação

• A Educação • O professor e o ensino • O Mestre e a Educação • A crise da Educação

1. A Educação

A Educação é o complexo que visa a transmitir e conservar ou modificar a herança cultural da humanidade, em termos de valores, conhecimentos e realizações, de geração para geração. Envolve a dicotomia da aprendizagem, qual seja, a formação e a informação ou a educação propriamente dita e o ensino. É a educação integral, que traz dentro de si mesma, todos os aspectos do processo, isto é, a transmissão dinâmica e a recepção de conhecimentos, bem como o emprego desses conhecimentos para a realização das melhores potencialidades do ser humano, tanto no plano material como, sobretudo, no plano espiritual.

Estamos de acordo com D. H. SALMAN (*O lugar da filosofia na universidade*, p. 38), quando diz: "Trata-se educar e não somente de instruir e de educar o espírito do homem inteiramente e não apenas uma de suas aptidões particulares."

Esta educação global e abrangente existe apenas no campo teórico das ideias e cada vez mais se distancia da vida contemporânea.

Hoje, mais do que nunca é necessário reconhecer, com Sinésio BACCHETO (*Educação e ideologia*, p. 12) que "uma perspectiva educacional realista não poderá, nunca, desprezar a exigência fundamental da existência humana com o mundo, no mundo, transcendendo o mundo".

É a utopia que se torna cada vez mais distante de um mundo técnica e materialmente escravizado.

2. O professor e o ensino

O docente ou professor instrui, ensina. Ele lança conhecimentos que o aluno capta ou adquire de fora para dentro, ou então, cria as condições para que isto ocorra. De todo modo, trata-se de um saber que, por natureza, é parcial, numérico, quantitativo, objetivo, frio, funcional e calculado. Por isso, na melhor das hipóteses, o ensino trabalha com aspectos parciais da verdade. São fragmentos do saber, pedaços insignificantes da existência que os sentidos captam e a inteligência interpreta e analisa. Por mais que se aperfeiçoe o sistema, ainda que se chegue à utopia da excelência, ao ponto ótimo de rendimento, o ensino jamais deixará de ser o que é: um processo de transmissão e assimilação de conhecimentos finitos, fragmentados, pulverizados e precários.

Partindo-se do princípio real e incontestável de que a Verdade a que demanda o sábio é pura qualidade infinita e não uma astronômica e gigantesca soma de quantidades finitas, temos de convir que o ensino só pode produzir sabedores ou saberetas, cuja função precípua consiste em fazer alguma coisa, ainda que metodicamente correta e tecnicamente eficiente, nos palcos existenciais do mundo. O homem mesmo está fora, quer como sujeito, quer como beneficiário. O objetivo primordial do ensino é fabricar profissionais destinados a atender às necessidades existenciais e mundanas, é preparar o aluno para a eficiência do fazer, geralmente em busca do ter!...

O ensino é horizontal, impermanente; o professor, funcional, substituível.

3. O Mestre e a Educação

A educação é diferente do ensino; e o Mestre, quase sempre, insubstituível!...

O Mestre propriamente não ensina. O Mestre educa. O mestre não se preocupa muito com o ter e o fazer quantitativos do mundo. O Mestre está permanentemente ligado ao eterno ser do homem e é aí que ele realmente habita.

O Mestre descobriu e atualizou em si mesmo a eterna "luz que ilumina todo homem que vem a este mundo" (Jo 1,9), e, por isso mesmo, dedica sua vida inteira a criar condições aptas e necessárias para que cada discípulo consiga realizar a mesma difícil e hercúlea façanha. É para isso que viemos e estamos neste mundo, ou seja, conhecermos e realizarmos a nós mesmos, à medida desse autoconhecimento.

O Mestre educa. Mas não educa simplesmente pelo que diz ou faz. O dizer e o fazer são coisas quantitativas do ensino. O Mestre educa vertical e silenciosamente. O Mestre educa pelo seu ser, pelo que ele é, pela sua poderosa aura de amor incondicional que envolve o discípulo-irmão e abraça o mundo, fecundando-os muito além de espaço e tempo, além dos limites do pensável e do dizível.

O Mestre educa porque é educado, porque se autoeducou. Em verdade, o Mestre só é capaz de educar-se a si mesmo. A palavra educar, (*educare*, em latim, cuja origem é *educere*, que quer dizer eduzir) significa exatamente isto: arrancar o ser humano de dentro de si mesmo. E foi o que o Mestre fez e faz. Ele fez e faz com que sua luz interna e eterna venha fluindo, de dentro para fora e ilumine gradativamente o seu ego físico, emocional, mental e etérico.

Mas, por que o Mestre não pode educar diretamente o discípulo?

Porque o discípulo, como todo homem, é dotado de livre arbítrio e o livre arbítrio é uma barreira inexpugnável de fora para dentro, somente pode ser vencida de dentro para fora. A liberdade é autodomínio, é domínio do homem sobre si mesmo. Quem não possui autodomínio não é livre, é libertino!...

Somente o homem educado é livre, e é livre à medida que se educa a si mesmo, que deixa de ser escravo das paixões do ego, que deixa de ser escravo das circunstâncias, que deixa de ser escravo do mundo.

O discípulo se educa mais facilmente na presença do Mestre, do guru, como geralmente é chamado no Oriente. O Mestre é uma seta na encruzilhada... apontando o caminho para o discípulo caminhar...

O mais profundo dos Mestres, no entanto, o mais verdadeiro de todos, o insubstituível, aquele que realmente nos ilumina e nos acompanha para toda a eternidade, é o nosso Mestre Interno, é o Cristo.

4. A crise da Educação

A Educação, como tal, pertence à Ética. Por isso, mais do que outras instituições, está em crise. É a maior crise que se possa imaginar, pois, significa, em outros termos, a impotência do ser humano em se conduzir a si mesmo. É uma crise essencialmente qualitativa, gerada pelo indiferentismo ético dos regimes educacionais de todo o mundo, que transforma os sistemas de ensino em monopólio da ciência materialista, da técnica e do poder econômico. Os sistemas são incapazes de concorrer sadiamente para a preservação da vida, da natureza e dos valores mais elevados.

Não se trata, portanto, da incapacidade quantitativa das escolas no sentido de atenderem à demanda sempre crescente dos que buscam o ensino, nem tampouco da ineficácia, cada vez mais escandalosa dos sistemas, quanto ao nível do estudo, cada vez mais baixo, dos cursos oferecidos. Isto, que muita gente, inclusive, alguns "ilustres educadores" confundem como sendo crise da educação, é, no fundo, uma crise menor e sem muita importância, crise do ensino, crise das escolas como veículos de informação, como transmissora de conhecimentos. O ensino não passa de um simples requisito da Educação.

Para autores como Gustavo CIRIGLIANO (*Fenomenologia da Educação*, p. 220), a educação não fracassa, apenas se limita "a transmitir o fracasso de uma sociedade". Ora, ora... existe fracasso maior do que este? Transmitir conhecimentos e realizações e, ao mesmo tempo, conservar as características libertinas, brutais e desumanas de uma cultura decadente e degenerada, constituem o maior fracasso que se pode imputar à educação. É a educação mesma que fracassa em sua mais importante função, a de tornar o mundo melhor e o homem mais humano. Em verdade, CIRIGLIANO (*ob. cit.*, p. 224) acaba por reconhecer o fracasso, ao indagar dramaticamente: "Vale a pena viver nesta sociedade que educa para a morte? E vale a pena educar para isso?"

A pior educação, entretanto, nem é a educação proporcionada pelas escolas, é a educação informal ou espontânea, que nos é dada pela mídia, principalmente jornais, revistas, teatros, cinemas, televisão e internet. Se essa má educação espontânea da mídia tivesse a eficiência e o poder da educação formal, curricular, metódica, ministrada nas escolas, institutos e universidades, com tais características já teria, por certo, exterminado a sociedade humana. Na opinião de Theodore BRAMELD (*O Poder da Educação*, p. 13) "a educação é de fato o único poder que resta no mundo, maior do que as forças da natureza ora escravizadas pelo homem. Somente o poder da educação é capaz de controlar os outros poderes que o homem conquistou e que utilizará para o seu aniquilamento ou para a sua transformação".

Se as escolas de todo o mundo, em todos os níveis, continuarem aferradas ao ensino meramente técnico-científico, permitindo, pelo seu descaso ético, a libertinagem galopante, a violência e a irresponsabilidade da má-educação espontânea que se desenvolve nos modernos meios de comunicação de massa, na opinião pública, dentro das comunidades e na própria escola e, se, sobretudo, continuarem a manter o culto exclusivista do talento amoral da ciência moderna... o aniquilamento será praticamente inevitável!

O papel principal da Educação, lamentavelmente ignorado, não consiste em ensinar física, química, biologia, lógica, matemática, psicologia, sociologia, economia, história, muito mais do que isso, consiste em fazer com que os homens se tornem realmente humanos, sejam eles cultores ou profissionais de qualquer ramo do conhecimento ou sejam seres humanos comuns, lutando pela sobrevivência. À luz desse princípio, mesmo um professor de matemática seria sempre um educador, porque acima de sua função específica – ensinar matemática – estaria ele, à frente de seus educandos, como homem em relação com outros homens, estreitamente vinculados pela comunhão do bem, do amor e do respeito à dignidade espiritual humana. Mas, como isto não acontece, e sendo os currículos escolares unilateralmente informativos, a história continua a marchar para um futuro sombrio em que, segundo Adolpho, CRIPPA (*O problema da universidade*, p. 27) o homem poderá ser reduzido a um "pigmeu, caminhando sorridente entre gigantescas construções materiais". Isto, se a humanidade não desaparecer antes, através de uma catástrofe nuclear ou ambiental.

Os modernos sistemas de ensino proporcionam ao homem de hoje o mais elevado saber técnico-científico e profissional nos mais diversos domínios de atuação do ser humano. É, porém, um saber estanque e fechado, sem nenhum contato com outras modalidades de saber. Se alguém se formou em biologia, por exemplo, estudou unicamente para ser biólogo e não para ser homem e viver entre os homens. Tal quadro, regra geral do regime escolar contemporâneo, mostra-nos que o homem moderno, ainda que possa deter a maior parcela de conhecimento no curso da História da humanidade, é, entretanto, miseravelmente ignorante em termos de sabedoria. É um sabereta, não é um sábio.

O que estamos vendo explica em grande parte os paradoxos da cultura atual e, por extensão, as angustiantes antinomias que sufocam o homem do nosso tempo. Vejamos algumas dessas antinomias, indicadas por Frederick MAYER (*História del pensamiento pedagógico*, p. 38):

> Quando observamos o homem moderno, vemos que possui mais comodidades das que gozou em qualquer outra época anterior e que ainda assim está insatisfeito. Pode viajar mais que seus antepassados, mas suas opiniões tendem a ser muito limitadas. Está ao alcance dos mais eficientes meios de comunicação, tais como a rádio e a televisão, porém tem pouco para comunicar. Tem mais prosperidade e possui mais bens materiais, mas sofre de pobreza espiritual. Une-se a uma infinidade de organizações e, todavia, padece de uma incrível insensibilidade. Fala muito a respeito da paz e, entretanto, não se acha disposto a tomar qualquer posição frente às questões cruciais que podem pro-

mover a guerra. Acredita ser tolerante, mas abriga uma multidão de preconceitos.

Existem diversas outras antinomias e ambiguidades cada vez mais insolúveis como, por exemplo, urbanização e violência, desenvolvimento e poluição... A poluição, por sinal, já se constitui numa grave ameaça à sobrevivência da humanidade.

Urge, portanto, que a Educação seja plenamente vivificada pela Ética, a fim de não mais monopolizar as funções do ensino no preparo de técnicos e profissionais frustrados de uma sociedade degenerada. Que a Educação possa criar condições para que o ser humano se revele em toda a sua dimensão espiritual, na mais sublime autocriação do homem integral e autêntico, apto a viver uma sociedade mais feliz e mais humana.

Capítulo XXII: O homem e os Direitos Fundamentais

• Os Direitos Fundamentais do Homem • Os Direitos Absolutamente Inalienáveis • Os Direitos Substancialmente Inalienáveis

1. Os Direitos Fundamentais do Homem

Como a própria expressão taxativamente indica, a característica essencial dos Direitos Humanos Fundamentais reside exatamente no fato de eles serem fundamentais. Por isso, não são direitos quaisquer como os outros. São direitos especiais, especialíssimos, direitos que o homem possui pela razão mesma de ser homem, independentemente de qualquer formalização legal. Esses direitos, o homem não os recebe do Estado, da Igreja, ou de qualquer outra organização humana. Sendo anteriores e posteriores ao Estado, são indiscutivelmente verdadeiros princípios superiores emanados da natureza humana, que o Estado e todas as instituições deveriam respeitar, proteger e fazer cumprir. Quanto aos homens, teriam de aceitá-los e obedecê-los espontânea e necessariamente no convívio familiar e social. Todo homem tem o direito de ser reconhecido e respeitado como homem, represente ou não um valor econômico para a sociedade, pois, como nos diz Jacques MARITAIN (*Os Direitos do Homem*, p. 24) "uma só alma humana vale mais do que todo o universo dos corpos e dos bens materiais".

Mas, os Direitos Fundamentais do Homem seriam direitos realmente? Acreditamos que não. Há muitas razões para afirmarmos que eles são muito mais deveres fundamentais do que propriamente direitos. Antes de tudo, é de se reconhecer que os chamados Direitos Humanos Fundamentais, sendo claramente princípios advindos da natureza espiritual do ser humano, são autônomos, não-coativos, impondo-nos segundo a nossa convicção consciencial, portanto, despidos de heteronomia ou compulsão externa. Como criaturas humanas em busca do conhecimento e da realização de valores mais elevados, marcados para a perfeição, estamos no mundo para amar desinteressadamente e para servir sem esperarmos nenhuma retribuição ou recompensa. Não é por acaso que asseverou Jesus, nosso bem-amado Mestre: "Depois que fizerdes tudo o que fazer devíeis, dizei: Somos servos inúteis, apenas cumprimos a nossa obrigação." (Lc 17,10.) Ao mundo viemos e cá estamos. Para quê? Seja para o que for, menos para reivindicarmos direitos! Quem exige direitos não é o Eu central do ser humano, é o seu ego periférico, egoísta pela sua própria natureza.

Pode parecer estarrecedor, mas o fato é que não existe sequer legítima defesa no campo da Moral e no âmbito dos Direitos Humanos Fundamentais. A chamada legítima defesa não é legítima, é apenas legal, defensável somente no reino do Direito Positivo, direito posto e imposto coativamente pelo Estado. Moral ou naturalmente, podemos morrer, matar jamais! Morrer é nosso destino natural, morrer é necessário, porém, matar é uma aberração!

Mas, o nosso semelhante também não tem o dever fundamental de respeitar, como sagradas, a nossa vida e a nossa integridade física? – pergunta o ego indignado! É óbvio, mas desde quando podemos contar com isso? Somos responsáveis pelos nossos atos, que dependem de nossa vontade, e não por atos dos outros, cuja vontade nos é alheia. O livre arbítrio, como característica essencial do ser humano, é uma barreira inexpugnável de fora para dentro, só pode ser vencida de dentro para fora. Por isso é que não podemos reivindicar direitos, porém, devemos respeitar os Direitos Fundamentais dos nossos semelhantes.

Há inúmeras propriedades específicas dos Direitos Humanos Fundamentais, destacando-se a imprescritibilidade, a irrenunciabilidade e a inalienabilidade.

Imprescritibilidade. Quaisquer direitos se gastam com o passar do tempo, quaisquer direitos sofrem prescrição, não podendo mais serem defendidos perante a estrutura judiciária do Estado, quaisquer direitos, menos os Direitos Fundamentais do Homem, que são naturalmente imprescritíveis.

Irrenunciabilidade. Em princípio, o ser humano pode renunciar aos seus direitos, com a exceção de determinados Direitos Fundamentais, sobretudo os personalíssimos, Direitos Absolutamente Inalienáveis.

Inalienabilidade. A inalienabilidade, pela sua importância, nos é tão valiosa e expressiva que há de nos servir como base e critério para uma classificação hierárquica dos Direitos Fundamentais do Homem. Tal classificação parece-nos imprescindível para a real compreensão dos Direitos Humanos Fundamentais e a sua verdadeira observância ou obediência nos domínios do homem.

Todos os Direitos Humanos Fundamentais são inalienáveis. Isto significa o que o ser humano não os pode perder, sob pena de perder igualmente a dignidade humana que lhe é inerente. Se tal acontece, o homem deixa de ser fim de todas as coisas, transformando-se em meio, de sujeito que é, reduz-se a objeto.

Contudo, se todos os Direitos Fundamentais são inalienáveis, não o são, porém, na mesma medida e intensidade. Alguns desses direitos são inalienáveis em termos absolutos, motivo pelo qual, conforme Jacques MARITAIN (*O homem e o Estado*, p. 10), podem ser denominados Direitos Fundamentais do Homem Absolutamente Inalienáveis. Outros, porém, e são a grande maioria, são relativamente inalienáveis, e podem ser chamados Direitos Fundamentais do Homem Substancialmente Inalienáveis.

2. Os Direitos Absolutamente Inalienáveis

Os Direitos Fundamentais do Homem Absolutamente Inalienáveis, decorrem do homem em si mesmo, e não admitem supressão nem limitação em hipótese alguma, sob nenhum motivo, pretexto ou circunstância. São oito: Direito à Vida; Direito à Integridade Física; Direito à Dignidade Moral; Direito à Liberdade de Religião, enquanto Crença; Direito à Liberdade de Consciência ou de Convicção; Direito à Procura da Perfeição Moral, Intelectual e Física; Direito à Busca da Felicidade com Dignidade; e Direito de Adquirir os Meios de Vida.

Direito à Vida. É o mais destacado e valioso de todos os Direitos Fundamentais do Homem, porque dele dependem todos os outros. As principais violações desse Direito verificam-se com a guerra, a pena de morte, o aborto, a eutanásia e o genocídio. Estamos falando evidentemente de transgressões legais, admitidas pelo Direito Positivo, e não de crimes, que chegam às raias do absurdo.

Tomemos, como exemplo, a pena de morte e o aborto.

A pena de morte importa em supressão do direito de viver no mundo e, além de cruel, é sempre injusta, imoral, aberrativa e desumana. Legalizada, deixa de ser crime, mas nunca deixa de ser homicídio. Também não resolve o problema da violência e do delito, muito pelo contrário. Sendo violenta em si mesma, embrutecendo e brutalizando o homem, agrava-os como fartamente nos demonstram as estatísticas criminais em todo o mundo. E ainda que os prevenisse, é necessário admitir, com Fredric WERTHAM (*A marca da violência*, p. 281), que "a pena de morte deve ser eventualmente abolida não porque não previne mas por ser, em princípio, desumana, não-civilizada, socialmente indecente e moralmente errada. E também imprópria praticamente, para a ocasião em que um mundo realmente não-violento está sendo construído".

Existem pessoas, até mesmo de boa vontade, que pregam a pena de morte para criminosos considerados irrecuperáveis, ou para pecadores impenitentes. Não percebem que estão sacrificando até a lógica da pobre inteligência humana. Senão... vejamos: Suponhamos, através de um esforço titânico de raciocínio que, um dia, fosse possível eliminar todos os homens malvados deste planeta... Maravilha! O mundo, enfim, estaria livre e limpo da presença deletéria de todos os homens maus que, uma vez matados estariam mortos. Sim! Mas, por outro lado, a terra ficaria cheia somente de homens bons... os bons matadores!

Então, é isso? É assim, de maneira torta, que a humanidade desnaturada quer loucamente mudar o mundo? Se é assim, tais mudanças, se é que existem, são sempre para pior! Se é assim, o nosso mundo se torna cada vez mais tenebroso.

E o aborto? O aborto cresce em todo o mundo, a vanguarda do movimento feminista o defende e alguns países o legalizam como meio de evitar o aborto clandestino ou de controlar a natalidade. Se antes crescia às escondidas como uma consequência da libertinagem e da irresponsabilidade individual, hoje cresce abertamente como tributo à libertinagem coletiva e à irresponsabilidade jurídico-estatal, apoiado no consenso das sociedades ditas civilizadas. Países como o nosso ainda não aceitam o aborto livre e provocado, mas a sociedade o tolera.

Que se gravem, portanto, na consciência humana, sobretudo, das mulheres, dos profissionais da saúde, dos legisladores e dos responsáveis pelo governo, as candentes palavras de PRENANT, citado por Caetano Zamitti MAMMANA (*O aborto ante o Direito, a Medicina, a Moral e a Religião*, v. 1, p. 19): "O aborto é pequeno assassínio em virtude da exiguidade da vítima, mas o é muito maior em vista da premeditação aleivosa e tocaia, e tanto ou mais odioso do que o outro, já que a vítima é ferida na sombra e não enuncia sequer um grito, um vagido para defender seu direito à existência e implorar a piedade da mãe que a fere."

Direito à Integridade Física. É um dos direitos mais violados em todo o planeta. Se existe algum País que não torture criminosos políticos, haverá algum que tenha abolido completamente a tortura de criminosos comuns? Quão primitivo é ainda este pobre e angustiado mundo em que vivemos!

Direito à Dignidade Moral. Qualquer homem, ainda que seja o mais frio e cruel assassino, possui a dignidade moral que nada e ninguém lhe podem tirar. É a dignidade que lhe é inerente e deve ser respeitada até as últimas consequências. Desconhecer e negar isso é prova de ignorância espiritual.

Direito à Liberdade de Religião enquanto crença. A crença religiosa reside no homem, considerado em si mesmo. É de foro íntimo e absoluto. Distingue-se do culto, que é do foro externo, socializado e, portanto, relativo.

Direito à Liberdade de Consciência ou Convicção. Também é de foro interno e absoluto. Refere-se a princípios de consciência em âmbito científico, filosófico e político. Quanto a externar opiniões nesses domínios, socializando-as, é relativo como tudo o mais que concerne à projeção externa do ser humano. Portanto, o direito à liberdade de expressão ou de manifestação do pensamento é um direito relativamente inalienável, como, em breve, veremos.

Direito à Procura da Perfeição Moral, Intelectual e Física. Este direito é absoluto porque decorre da própria razão de ser da presença do homem no mundo. Como já sabemos, viemos à existência com um propósito muito nobre: o autoconhecimento e a autorrealização de nós mesmos. Este autoconhecimento revela-se em três dimensões básicas: física, intelectual e moral ou espiritual. Em decorrência disso, muito mais do que uma faculdade ou um direito, a procura da perfeição é uma obrigação indelével, um dever do qual não podemos prescindir jamais. Por isso é que o nosso maior Mestre nos disse enfaticamente: "Sede perfeitos como o vosso Pai é perfeito." (Mt 5,48.)

Direito à Busca da Felicidade com Dignidade. Este direito é uma consequência lógica, imediata, necessária e espontânea do autoaperfeiçoamento moral, intelectual e físico. A felicidade surge-nos como consequência de uma vida retamente vivida, de uma vida cristificada, é o repouso no ideal da consciência. Não a encontramos, nós a produzimos na mais incrível profundeza qualitativa e crística do nosso ser. A felicidade nada tem que ver com o prazer. Prazeres são coisas quantitativas do ego. Qualquer prazer, seja físico, emocional ou mental, transforma-se automaticamente em dor, além de certa duração ou intensidade. A felicidade, porém, é o apanágio qualitativo do Eu e não tem nenhum limite. Podemos ser felizes na dor e no sofrimento, como também, ser infelizes navegando num oceano de prazeres.

Direito da Adquirir os Meios de Vida. É um direito que todo homem tem para viver com decência e dignidade, através de uma ocupação honesta, seja administrando um patrimônio para o bem de todos, seja oferecendo sua energia, inteligência e força de trabalho em proveito da comunidade.

Com a exceção desses oito Direitos Absolutamente Inalienáveis, que acabamos de examinar sumariamente, todos os outros existentes são inalienáveis em termos relativos, são substancialmente Inalienáveis.

3. Os Direitos Substancialmente Inalienáveis

Os Direitos Fundamentais Substancialmente Inalienáveis são aqueles que se referem ao homem, não em si mesmo, mas em sua projeção externa, e, conquanto não permitam supressão, pois, se o permitissem não seriam inalienáveis, podem e devem ser limitados em condições e circunstâncias excepcionais, que são as seguintes: 1ª) quando a limitação for necessária para a proteção de um Direito Absolutamente Inalienável; 2ª) quando for indispensável para a realização do bem comum; e 3ª) quando for exigível para a consecução da paz social. Não poderá haver limitação em nenhuma outra hipótese ou circunstância.

Vamos destacar treze Direitos Substancialmente Inalienáveis, como mais expressivos: Direito à Liberdade de Religião enquanto culto; Direito à Liberdade de Expressão; Direito a Livre Escolha da Profissão; Direito de Propriedade; Direito à Liberdade de Locomoção e Movimento; Direito à Inviolabilidade do Domicílio; Direito ao Sigilo da Correspondência; Direito à Liberdade de Reunião; Direito à Liberdade de Associação; Direito ao Casamento; Direito à Educação dos Filhos; Direito à Participação na Organização e Funcionamento do Estado; e Direito de Asilo.

Direito à Liberdade de Religião enquanto culto. Como já vimos, o direito à Crença é absoluto, ao passo que o Direito ao culto é relativo. A crença é íntima, o culto não. O culto, qualquer que seja, não é senão a prática da crença e como toda prática exterior, uma vez socializada, requer as limitações compreensíveis em proveito dos direitos mais elevados, do bem comum e da paz coletiva.

Direito à Liberdade de Expressão. Também denominado

Direito à Livre Manifestação do Pensamento, é o direito de exteriorizar as próprias convicções filosóficas e políticas, seja no campo do conhecimento vulgar, científico, filosófico ou artístico.

A natureza desse direito, sem dúvida relativo, tem sido muito mal compreendida, seja nos regimes totalitários, seja, até mesmo nas chamadas democracias contemporâneas. Assim, por exemplo, quando recrudesceu a batalha entre o capitalismo e o socialismo, predominou, tanto na ex-União Soviética como nos Estados Unidos e seus "protegidos", uma ideia necrófila e suicida: os comunistas pensavam prestar um grande favor à humanidade, eliminando os homens que estivessem definitivamente contaminados com a doença capitalista. Já os capitalistas queriam, inversamente, fazer o mesmo favor matando aqueles que estivessem irremediavelmente contaminados com a praga marxista. Ora, não vêem que o Direito à Vida, absolutamente inalienável, é sumamente superior ao Direito à Liberdade de Expressão, que é meramente relativo? E estas ideias abomináveis ainda continuam, se bem que um tanto suavizadas.

Estamos assistindo atualmente a eclosão e a expansão de certos grupos minoritários, de mentalidade egoísta, espírito corporativista e de caráter extremista, alguns denominados movimentos sociais, que fazem questão de desconhecer totalmente o Direito à Liberdade de Expressão, a não ser para si mesmos, ou que unilateralmente os beneficie. Somente eles tem o direito, ninguém mais!

Direito à Livre Escolha da Profissão. Direito que garante ao ser humano a faculdade de escolher, ele mesmo, a sua ocupação profissional, de acordo com suas conveniências e aptidão e, principalmente, conforme seus talentos ou dons vocacionais.

Direito de Propriedade. Este direito – o único aceito como sagrado pela Declaração Francesa dos Direitos do Homem e do Cidadão de 1789, é, na verdade, o mais relativo de todos os direitos. Significa a faculdade que o proprietário tem para administrar o que é seu, não para o seu deleite pessoal e exclusivista, mas em busca do bem geral. É um direito humano fundamental, porém, voltado para uma função social.

Direito à Liberdade de Locomoção e Movimento. Trata-se

da liberdade física do ser humano, liberdade de ir, vir ou ficar, conforme sua vontade. É a liberdade sem adjetivo, amparável por *habeas corpus*, quando ilegal ou injustamente ameaçada ou violada.

Direito à Inviolabilidade do Domicílio. *Domus*, em latim, quer dizer casa. Domicílio, para os nossos propósitos, é a casa, cuja inviolabilidade é garantida pelo Direito Positivo. À noite, ninguém pode penetrar nela sem o consentimento do morador, a não ser nos casos de crime em flagrante ou desastre, ou para prestar socorros; nem mesmo durante o dia, a não ser por determinação judicial.

Direito ao Sigilo da Correspondência. Em princípio, a correspondência dirigida a alguém é sigilosa, seja telefônica, de dados, telegráfica ou epistolar. Como se trata de um direito relativo, permite-se a limitação quando se acha em jogo um direito absoluto, o bem comum e a paz, que deve reinar entre os seres humanos.

Direito à Liberdade de Reunião. Podem os homens reunir-se livremente, seja em ambientes abertos ou fechados, a fim de discutir pacificamente quaisquer assuntos, respeitados os limites que já conhecemos. Só não existe liberdade para se matar a própria liberdade.

Direito à Liberdade de Associação. Direito que assiste aos seres humanos o poder de se associarem uns com os outros, em busca de certos fins, como, religiosos, culturais, econômicos e sociais. Quando os homens se unem, superam suas forças individuais, a brevidade da vida no mundo e os limites de sua existência.

Direito ao Casamento. Direito em virtude do qual, seres humanos de sexo oposto e complementar se unem entre si para o desempenho de funções muito específicas, dentre as quais a afetiva, a procriativa, a educativa e a econômica, respeitados os limites que já conhecemos.

Direito à Educação dos Filhos. É o direito que dá aos pais o poder e o dever de educar religiosa, moral e civicamente os próprios filhos, encaminhando-os ainda no sentido de uma possível e futura formação profissional.

Direito à Participação na Organização e Funcionamento

do Estado. É a cidadania. Direito de fazer parte do povo, de votar e ser votado, escolher e ser escolhido, eleger e ser eleito representante do povo para o desempenho de funções públicas mediante mandato político. É o direito de participar direta e pessoalmente na organização e funcionamento do Estado.

Direito de Asilo. Pelo Direito de Asilo, concede-se a um cidadão, uma vez perseguido em seu Estado, por motivos estritamente políticos, a possibilidade de refugiar-se no território de um Estado diferente, que queira aceitá-lo. O asilado não é um criminoso. Ele apenas diverge do governo, exercendo normalmente seu direito de expressão, de acordo com o espírito do regime democrático.

Todos esses treze direitos, que acabamos de enumerar, realmente podem e devem ser limitados. A limitação, entretanto, jamais pode chegar ao ponto de uma supressão.

O chamados direitos sociais também tem aqui o seu lugar, como o direito das minorias e dos menos favorecidos.

Há muitas maneiras de se fazer proteger os Direitos Humanos Fundamentais. A mais confiável, entretanto, a única realmente construtiva e que conta com a sólida garantia da eternidade, é a Educação. Educação, sim; não simples ensino ou mera instrução.

A propósito, como professor e educador, durante trinta e cinco anos e meio, trabalhando em duas universidades, testemunhamos um fato bastante amargo: nem dez por cento de nossos estudantes universitários já haviam lido, uma única vez sequer, a Declaração Universal dos Direitos do Homem, aprovada pela ONU. Pode-se pensar que o resultado seria mais satisfatório, se realizássemos uma pesquisa entre os professores ou entre os políticos, por exemplo? Se esta é a situação dos Direitos Fundamentais do Homem, no seio da elite cultural do País, que então esperar da massa?

Ninguém ama, respeita ou realiza o que não conhece. Precisamos urgentemente de uma Pedagogia do Amor e de uma Paideia da Paz. Do contrário, não conseguiremos emergir do escuro abismo para a luminosa culminância, e o homem deste Planeta continuará sendo uma nota desafinada na sublime Sinfonia Cósmica do Universo.

Capítulo XXIII: O homem e o Estado

• Poder e autoridade • O Estado como meio e não como fim • O Estado e sua finalidade • O Estado e o homem

1. Poder e autoridade

Poder e autoridade são fenômenos distintos. O poder representa um fato; a autoridade, um direito.

O poder é a faculdade pela qual, em dado momento, alguém impõe sua própria vontade numa relação social, é a capacidade de submeter os outros e ser prontamente obedecido. Poder é força.

A autoridade, porém, é algo mais nobre, é o direito de exercer um poder. Só há autoridade quando o poder é justo. Aqui já se percebe que dificilmente autoridade e poder caminham juntos. Quando se tem autoridade, normalmente não se dispõe do poder, e quando se tem o poder, quase sempre a autoridade se ausenta. Esta é, do ponto de vista ético-político, a grande tragédia do mundo. Um político corrupto ou corruptor possui poder, mas não dispõe de autoridade alguma. Um autêntico político, no entanto, só pode sê-lo se exercer suas funções sob o manto protetor da autoridade; somente assim seu poder pode ser legítimo, mesmo porque, político verdadeiro é somente aquele que tem tamanha sensibilidade cívica, que admite, por profissão, a renúncia e o máximo sacrifício pessoal em proveito do bem comum, para o bem-estar da comunidade em que vive e à qual deve servir. Todos os demais não passam de politiqueiros, especialistas em politicagem!...

E um gangster? E um traficante de drogas? E um contrabandista de armas? Geralmente concentram nas mãos um grande poder, mas não têm nenhuma autoridade. Da mesma forma, um Estado totalitário, seja de direita, seja de esquerda. Quanto mais totalitário, tanto mais poder e menos autoridade.

Por outro lado, um homem superior, como Sócrates, se reveste de toda a autoridade, à medida que não possui nenhum poder para ser exercido. Este é um mundo primitivo.

Pelo que se vê, somente a autoridade pode legitimar o poder. Mas, de onde provém a autoridade? Podemos afirmar que, mesmo na vida política, em que a autoridade deriva imediatamente do povo, ela advém, em primeiríssima fonte, do conjunto de princípios imanentes na natureza humana, cuja origem incontestável é o próprio Criador.

2. O Estado como meio e não como fim

Malgrado o pensamento de alguns, o Estado é meio e não fim. Meio de que se serve ou deveria servir o homem para a consecução de seus desígnios, facilitando, assim, o seu grande destino na existência. O Estado existe para o homem e não o homem para o Estado.

O Estado, visto como um fim para o homem, não tem nenhum sentido e só se desemboca no totalitarismo. Todas às vezes que isto se deu, ele transformou-se num moloque devorador de homens, justificando, dessa forma, a definição que lhe deu NIETZCHE, ou seja, o Estado é "o mais frio dos monstros frios".

Fica, portanto, definitivamente assentado que o Estado não é, nem pode ser um fim em si mesmo, é o caminho para o fim, sendo indubitavelmente um meio.

3. O Estado e sua finalidade

A finalidade do Estado é a realização do Bem Público Comum. Mas, que significa o Bem Público Comum?

É o bem de todos, de todos aqueles que, em determinado momento, façam parte da população do Estado, quer dizer, estejam dentro de suas fronteiras e submetidos à sua jurisdição e à sua proteção. O Bem Comum é o conjunto de todos os fins estatais. Integram esse conjunto, pelo menos teoricamente, a evolução moral, cultural e material da população, bem como tudo aquilo que, de um modo ou de outro, converge para o real aperfeiçoamento dessa tríplice evolução. Na prática, porém, o Estado sequer consegue realizar o aspecto material do Bem Público.

O Bem Público Comum caracteriza-se, como se vê, por ser comum a todos quantos vivam na comunidade estatal, sem qualquer distinção de nacionalidade, de cidadania, de raça, de religião, de classe social. É ele o máximo bem da coletividade.

Compete normalmente ao Estado a tentativa de realização do Bem Público Comum, uma vez que somente ele estaria preparado para fazê-lo satisfatoriamente. Aqui se caminha logicamente para uma questão muito difícil e delicada: a da competência do Estado quanto à sua realização. Como se daria?

Surgem então algumas teorias: Teoria Abstencionista, Teoria Intervencionista e Teoria Eclética.

Teoria Abstencionista. É uma corrente doutrinária, cujos adeptos, partidários do Estado Gendarme e do *laisser-faire*, afirmam competir ao Estado apenas e tão-somente a função de mantenedor da ordem pública. Seu único objetivo consiste em garantir a liberdade e a igualdade entre os seres humanos, abstendo-se, assim, de imiscuir-se nos problemas nacionais. A finalidade do Estado reduz-se ao deixar-fazer. Tudo fica por conta da iniciativa privada, sobretudo individual. Esta teoria é completamente insatisfatória.

Teoria Intervencionista. Como inteiramente oposta, situa-se a corrente intervencionista. Defendem seus doutrinadores a ideia do fazer pelo Estado. Pensam e dizem que o Estado deve assumir o controle de tudo o que interessa à comunidade, principalmente da economia. Dessa forma, o Estado nada deixa a cargo do indivíduo ou da iniciativa privada, ela faz ou tenta fazer tudo.

Ora, numa ordem existencial e ciclotímica como a nossa, em que tudo, inclusive a nossa mente, é bipolar ou circular e funciona segundo o modelo do átomo, logicamente todos os extremos se tocam e trazem, por conseguinte, as mesmas consequências e os mesmos resultados. Logo, a Teoria Intervencionista é tão desnaturada quanto a Teoria abstencionista.

Teoria Eclética. Pela Teoria Eclética, teoria mais equilibrada, o Estado não se arvora na ideia do fazer, intervindo em tudo, nem na do deixar-fazer, abstendo-se dos problemas sociais, mas ajuda a fazer. Onde a iniciativa privada se mostra acanhada, fraca ou impotente, ali deve atuar o Estado com o seu poder inconfundível, visando a ampará-la e fortalecê-la. Deve também intervir quando a iniciativa particular, embora forte, for lesiva ao interesse geral, neste caso para direcioná-la em busca do Bem Comum. A doutrina eclética é, sem dúvida, a mais acertada e a mais justa.

A Ciência Política nos tem demonstrado, ao longo do tempo, que a intervenção estatal no domínio privado é uma constante e cada vez mais cresce de vulto, sendo uma tendência normal. Tal intervenção crescente não se incompatibiliza com a Teoria Eclética, desde que seja necessária, motivada pelos reclamos e anseios sociais, dada a impotência ou em razão de desvios da iniciativa privada. É quando a Democracia Social a requer. Além de exigida pelo bem comum, a intervenção tem que se apoiar em princípios jurídicos.

Só há um único problema. Quem fiscalizaria e coibiria os vergonhosos desvios do próprio Estado?

4. O Estado e o homem

A relação entre o Estado e o homem gera uma verdadeira reciprocidade de direitos e obrigações, porém, de natureza desigual e de forma proporcional, uma vez que, sendo o Estado um meio e o homem um fim, este tem muito mais direitos frente ao Estado do que o Estado em face do homem.

Os principais deveres do homem para com o Estado se resumem em algumas obrigações positivas e muitas outras negativas.

Obrigações positivas. Para a consecução do Bem Público Comum, o Estado mantém um imenso campo de trabalho, uma gigantesca rede de serviços. Donde retirar os recursos necessários e indispensáveis à realização de suas obras específicas? Ora, principalmente através dos tributos, isto é, impostos e taxas, devidos pelo contribuinte. Daí, o dever que o ser humano tem de pagar pontualmente os tributos, sobretudo os impostos. Aqui, qualquer sonegação, por mínima que seja, é uma escandalosa violação da Justiça Social.

Obrigações negativas. As obrigações negativas, as de não-fazer, é que se sobressaem em termos de deveres do homem para com o Estado. O ser humano não deve fazer coisa alguma que prejudique o Bem Comum. Realmente, o homem deve reconhecer e respeitar a existência do Estado e os meios democráticos, pelos quais ele busca atingir seus objetivos fundamentais. Se tal não ocorre, caminha-se para a anarquia e a exploração do homem pelo próprio homem.

Quanto às obrigações do Estado para com o homem, naturalmente são muito mais amplas e complexas.

Os seres humanos devem agir irmanados em busca da evolução material, cultural e espiritual da espécie. Ora, sendo o Estado uma soma desses homens e desses esforços, deveria logicamente transformar-se na última síntese feliz de toda esta conquista. Mas, é o contrário que geralmente acontece, principalmente quando o Estado, de meio que é, erige-se no dogma do fim em si mesmo, e, assim, anula a vontade do homem, massacrando-o e tornando-se em tirano daquele que o criou. Diante disso, não há nenhuma dúvida, o principal dever do Estado em face do ser humano é, aconteça o que acontecer, respeitar e proteger os Direitos Humanos Fundamentais, sobretudo na forma de direitos e garantias individuais. O Bem Público Comum, por exemplo, não autoriza o Estado a limitar um Direito Fundamental do Homem Absolutamente Inalienável, nem a suprimir um Direito Substancialmente Inalienável.

Direitos Fundamentais do Homem Absolutamente Inalienáveis, como já vimos, são aqueles que, dizendo respeito ao homem em si mesmo, não admitem supressão nem limitação, em hipótese alguma, sob nenhum motivo, pretexto ou circunstância, ao passo que Direitos Fundamentais do Homem Substancialmente Inalienáveis são todos aqueles que, referindo-se ao homem em sua projeção externa, conquanto não admitam supressão, podem e devem ser limitados em condições e circunstâncias excepcionais: Quando a limitação for necessária para o respeito e a proteção de um direito absolutamente inalienável; quando for exigível para a realização do Bem Público Comum, e quando for conveniente para a consecução da paz social.

Sabemos, outrossim, que as chamadas classes sociais vivem numa luta contínua. O Estado tem o elevado dever de procurar dirimir ou suavizar esta luta, por meio da Educação e de uma redistribuição mais justa e equitativa, não só da renda e das riquezas nacionais, como também de outros valores imprescindíveis ao bem de toda a coletividade. Porém, que faz o Estado? Quase sempre se põe a favor da hegemonia, servindo às classes dominantes ou mais poderosas, ou defende as ideias e interesses de grupos mais inteligentes ou mais poderosos, ou mais barulhentos, dentro da massa política, no seio do eleitorado. Promove então, ele mesmo, os desequilíbrios socioeconômicos, em lugar de combatê-los. Por isso, não obstante o discurso político de igualdade alardeado pelo Estado, a verdade é que, por um lado, os ricos ficam cada vez mais ricos e em número cada vez menor e, por outro lado, os pobres ficam cada vez mais pobres e em número cada vez maior, além de amargarem a falta de políticas básicas, como, de saúde, transporte e educação. É a política da miséria! Os ricos se enriquecem à custa da miséria coletiva, com a ajuda e a proteção do Estado. Este é mesmo um planeta primitivo!

Não se pode olvidar, de outra feita, que em Estados onde há regiões de estruturas modernas e desenvolvidas ao lado de outras arcaicas, feudais e subdesenvolvidas, como nosso País, a malfadada tendência é incrementar-se o vertiginoso progresso das primeiras em detrimento ou prejuízo das ultimas. Fazer tal coisa, ainda que em nome do desenvolvimento, é dar ao Estado uma falsa finalidade, pois, no caso, somente lhe interessaria o lucro, a reversão multiplicada dos investimentos a curto prazo. Isto é fazer do Estado uma empresa, uma instituição madrasta, porque, em princípio, o único verdadeiro lucro que o Estado deveria almejar é a felicidade de sua população, sempre considerada como um todo.

Por fim, é coerente dizer-se que só se escolhe aquilo que se conhece e à medida que se conhece. Logo, quanto mais subdesenvolvido, ignorante e miserável for um agrupamento humano, tanto mais estará alienado e perdido, e tanto mais necessitará da proteção do Estado. Sob esse aspecto, considerando-se o que a História Política nos revela, é de se perguntar agora: Podemos confiar no Estado?

Mas, o pior de tudo é que os Organismos Internacionais não são nada diferentes. Então, surge-nos uma outra pergunta: Podemos confiar na ONU?

Enquanto os homens não forem confiáveis, não nos será possível confiar em instituição alguma, em instituições de qualquer natureza.

Capítulo XXIV: O homem e as riquezas

• O grande perigo das riquezas • Deus e as riquezas • O verdadeiro tesouro

1. O grande perigo das riquezas

A riqueza material é a pior falácia, a maior ilusão que o ser humano pode cultivar em sua jornada planetária, é a que mais o prejudica. Um atento e bom observador certamente já notou que, quanto mais espiritualmente frágil é alguém, tanto mais se apega obstinadamente aos bens de fortuna, às coisas materiais. É que os bens materiais funcionam como escora, como muletas psicológicas, a amparar indivíduos espiritualmente inválidos.

E, como os vícios, equívocos ou enganos não costumam andar sozinhos, o ganancioso, no mais das vezes, é cheio de avareza e, quando se utiliza de suas riquezas é apenas em interesse próprio, para seu deleite exclusivista, isto quando não emprega suas posses para dominar e oprimir os despossuídos e tripudiar sobre os vencidos. O supérfluo dos ricos – já dizia Jean DOMAT (Cf. Salomão Jorge. *A estética da morte*, v. 1, p. 40) – deveria servir para o necessário dos pobres; infelizmente, no entanto, dá-se exatamente o contrário, o necessário dos pobres é que alimenta e engorda o supérfluo dos ricos. Tamanha e tão brutal inversão de valores só pode mesmo representar um grande perigo na trajetória de vida dos homens ricos. Perigo terrível e imenso, sobretudo porque quanto mais eles se enamoram dessas ilusões materiais, que nunca se incorporam à sua substância interna e eterna, tanto mais se afastam de Deus e, por consequência, igualmente de seus semelhantes. Círculo vicioso, circulo diabólico. Não é por acaso (Cf. Mt 19,23-26; Mc 10,23-27; Lc 18,24-27) que Jesus disse a seus discípulos: "Em verdade vos digo que um rico dificilmente entrará no reino dos céus. Repito que mais fácil é passar um camelo pelo fundo de uma agulha do que entrar um rico no reino de Deus."

Por isso é que, segundo Jesus, Krishna, Lao-Tse, bem como outros videntes da Realidade Absoluta, face a face, não existe impedimento maior do que essa hipnose ou ilusão materialista, se o homem realmente aspira ao autoconhecimento, à autolibertação e à autorrealização de si mesmo. Na expressão do nosso amado Mestre, é mais fácil um camelo passar pelo buraquinho, no fundo de uma agulha, do que um rico ingressar no reino de Deus. Um rico entrar nos céus, como se vê, não é apenas algo difícil, é praticamente impossível! Não é à toa que Jesus emprega uma linguagem hiperbólica, a fim de definir esta questão, pois o camelo, de fato, era o maior animal existente na Palestina daquela época, enquanto, inversamente, o buraco de uma agulha representa um orifício bem pequenino...

É preciso esclarecer, no entanto, frisando mais uma vez, que não é a posse objetiva dos bens de fortuna, das coisas materiais, que torna um homem imprestável ou inidôneo para o reino de Deus. Não. Não é. É o apego subjetivo, a paixão, a ganância, a avareza, é a execrável fome do dinheiro! Quem presta culto à matéria, quem se apega tão fanaticamente às coisas, aos objetos do mundo, nem mesmo consegue possuir coisa alguma, pelo contrário, é sempre dominado, possuído e possesso de tudo aquilo que julga possuir.

Uma vez que é escravo de suas posses, o rico, por mais que possua, nunca se contenta com aquilo que tem, e tanto mais deseja ter, indefinidamente. Por maior que seja o seu patrimônio, por mais vastas que sejam suas riquezas, jamais lhe são suficientes.

Maior prova disso são os nossos empresários, aqueles

que são corrompidos, e, muito mais ainda os nossos políticos corruptos e corruptores, salvo raras e honrosas exceções, cuja cobiça e cuja loucura parecem desconhecer todos os limites!... Tais homens muito ricos vivem em função de suas coisas, perante as quais não passam de servos miseráveis, de deploráveis escravos. E como suas vidas se acham voltadas apenas para buscar e cortejar o ter, eles vão gradativamente perdendo o próprio sentido do ser! Essa é a tragédia, pois o ter é temporário e, na melhor das hipóteses, termina na sepultura, ao passo que o ser é eterno e permanece para todo o sempre. E a tragédia só aumenta, porque o rico tende a confiar cada vez mais no dinheiro, depositando nele a sua inteira e total confiança, todas as suas esperanças. Não é por ter riquezas, repita-se mais uma vez, que o homem rico se faz espiritualmente imprestável, mas por fazer dessas riquezas a suprema razão de sua vida. Sob esse aspecto, mesmo um mendigo, que nada tem, porém, gostaria de ter, se ele transforma este visceral desejo de posse em seu ídolo, em seu tudo, em seu deus, torna-se subjetivamente tão rico quanto material e objetivamente tão pobre, sendo igualmente incapaz de ingressar no Paraíso!...

Mas, por outro lado, se um homem é tão rico, que possua a metade do mundo, porém é suficientemente sábio para viver inteiramente desapegado de toda essa fortuna, administrando suas riquezas para o bem de todos, principalmente dos mais pobres ou menos favorecidos, nada o impede de caminhar celeremente, resolutamente, rumo a Deus. Ao contrário, pois ele está justamente cumprindo o seu sagrado dever de servir. Servir é a Lei! Enquanto muitos servem com as forças de seus braços e outros com a energia da inteligência, alguns, pelo menos, o fazem com suas riquezas, com o patrimônio que Deus lhes deu, usando sábia e eficientemente tais recursos para o bem comum, sobretudo para o bem dos mais frágeis, dos mais pobres, dos excluídos de forma geral.

2. Deus e as riquezas

Disse-nos Jesus: "Não podeis servir a Deus e às riquezas" (Mt 6,24.) Claro que não! Quem serve é servo, é escravo. Somos servos, somos sim, pois viemos ao mundo exatamente para servir. E mais do que isso: somos servos inúteis (Lc 17,10). Porém, se somos servos, o somos em sentido muito elevado, vertical e libertador. Em verdade, somos servos somente de Deus e, por consequência, de suas amadas criaturas. Servir assim, desse modo, é algo glorioso. Todavia, o servir é vergonhoso e escravizante se, por ignorância, é direcionado a algo ilusório, como tudo aquilo que é apenas material e quantitativo, como, por exemplo, as riquezas. Quando isso nos acontece, nós caímos das alturas qualitativas e perfeitas do ser para as baixadas quantitativas do ter.

O ser e o ter são conceitos antitéticos e mutuamente excludentes; repelem-se necessariamente. Por isso, quanto mais alguém deseja ou pensa possuir coisas, possuindo-as ou não, tanto mais é possuído de tudo aquilo que imagina possuir, tanto mais se afunda em crescentes e delirantes sonhos megalomaníacos de novas posses e tanto mais se escraviza. É mesmo um círculo vicioso e diabólico.

É impossível ao homem ser alguém e ser possuído por alguma coisa. Quanto a isso, Jesus, bem como outros homens cristificados, a exemplo de Krishna, Lao-Tse e Buda, são radicais e intransigentes. Disse Jesus: "Quem não renunciar a tudo que possui, não pode ser meu discípulo." (Lc 14,33.) E ainda disse mais: "As raposas têm cavernas e as aves do céu têm ninhos, mas o Filho do homem não tem onde reclinar a cabeça." (Mt 8,20; Lc 9,58.) E o Mestre não somente disse tais coisas, como as provou e comprovou com sua própria vida, pois, nele o dizer e o fazer coincidem perfeitamente; nele jamais houve qualquer mentira ou hipocrisia. Mas, que ninguém sinta alguma pena do Nazareno pelo fato de ter sido assim tão pobrezinho. Tal sentimento quase generalizado entre os cristãos é e só pode ser fruto do mais incrível analfabetismo espiritual, da mais grosseira ignorância.

A pobreza material de Jesus era inteiramente voluntária e, ao proclamá-la, ele não se lamenta, muito pelo contrário, ele se rejubila por preferir antes a maior de todas as riquezas, a do Espírito, o único tesouro, como em seguida veremos, em busca do qual realmente vale a pena lutar... com o empenho da própria vida, se necessário. Além do mais, por não ser escravo das tiranias da matéria, das paixões do ego e de todas as demais circunstâncias do mundo, nosso Mestre estava no domínio da mais perfeita e gloriosa liberdade, digna dos verdadeiros filhos de Deus, a liberdade crística do Eu, em cujo reino nenhuma limitação é possível e, muito menos, necessária.

Não há mais dúvidas: Ninguém pode ser possuído por coisas do mundo e, ao mesmo tempo, ser discípulo do Cristo. Porém, como já vimos e vamos repetir, nada impede que alguém, se necessário for, administre as coisas de Deus para o bem dos homens. O ter é incompatível com o ser, mas o administrar não o é. Possuir riquezas sem ser escravo delas, administrá-las para o bem de todos, pode, até mesmo, constituir-se em verdadeira e autêntica sabedoria. Estamos no mundo para servir. Enquanto alguns servem com a sua inteligência, outros com a sua energia ou a força de seus braços, é perfeitamente razoável que alguém o faça com o seu patrimônio, com suas posses, com seus haveres. Afinal, não são apenas a inteligência, a energia e o trabalho, que movem o mundo!...

É verdade que ninguém pode servir a Deus e às riquezas. Mas pode e deve servir a Deus com as riquezas, administrando-as sabiamente para o bem geral, o bem de todos, o bem de outros irmãos, sobretudo daqueles mais necessitados ou menos favorecidos.

3. O verdadeiro tesouro

Disse Jesus: "Não acumuleis para vós tesouros na terra, onde a traça e a ferrugem os destroem, onde os ladrões penetram e os roubam. Acumulai para vós tesouros nos céus, onde nem a traça nem a ferrugem os destroem, onde os ladrões não penetram nem os roubam. Pois onde está o teu tesouro aí também está o teu coração (Mt 6,19-21; Lc 12,33-34).

Além de ser um gênio autoiluminado ou cristificado, Jesus é um magnífico poeta, capaz de abordar questões da mais alta transcendência e profundidade, com uma leveza, uma sutileza e uma simplicidade belas e surpreendentes. "Onde está o teu tesouro aí também está o teu coração..."

Então, onde está o nosso verdadeiro tesouro? A quem ou a que se dirigem as mais gritantes aspirações de nossa alma?

Para onde pende irresistivelmente o nosso coração?

Se antes de uma decisão, qualquer ação ou omissão neste mundo, procurássemos responder, com a mais profunda sinceridade de que somos capazes, a essas candentes indagações, é certo que abandonaríamos o culto idólatra da matéria e a consequente e desenfreada busca de riquezas, bem como de prazeres fáceis e fugazes, juntamente com a ânsia de poderes, fama e honrarias. Saberíamos assim que nenhum objeto, situado fora do homem, seja um bem de fortuna, sema algum prazer para o corpo, seja qualquer ambição mental, de modo algum pode ser um verdadeiro tesouro. Nem mesmo todos eles juntos, somados e multiplicados, poderiam sê-lo. Mas... por que não? Ora, porque todos eles, pela sua própria natureza, são passageiros, são transitórios, são impermanentes e jamais se incorporam à substância íntima do sujeito, à dimensão qualitativa e crística do seu Eu, que é o homem mesmo em sua Essência eterna e imortal.

O mundo e as coisas do mundo não são reais. Todos os homens verdadeiramente sábios sabem disso. Huberto ROHDEN, por exemplo, afirma (*Assim dizia o Mestre*, p. 133):

> É absolutamente certo que o mundo dos objetos e das quantidades tridimensionais não é um mundo real. Verdade é que esse mundo do tempo e do espaço também não é propriamente irreal. Entre o real e o irreal há um terceiro, o realizado, quer dizer, efeito causado por uma causa real. Esses efeitos não possuem a realidade da causa que os produziu; são apenas realizados, causados, efetuados, e, portanto, inferiores à causa causante.
>
> Real é só Deus.
>
> Irreal é o nada.
>
> Realizado é tudo que a causa real realizou.
>
> De maneira que o mundo dos objetos quantitativos, onde o homem profano localiza os seus tesouros, e de cujo material os fabrica não é um mundo solidamente real, senão apenas precariamente realizado. E por isto, todos os tesouros feitos desse material precário são tesouros de precária realidade, e podem desvanecer-se a qualquer instante.

O destino natural de todos os objetos, coisas e fenômenos da existência é satisfazer as necessidades da vida física ou biológica do ser humano, além de lhe oferecer resistência, tendo em vista a sua evolução espiritual. Atingidos tais propósitos, eles mergulham no esquecimento e se desintegram para sempre. Com efeito, a nossa própria galáxia vai desaparecer, um dia, como se jamais tivesse existido!... Quanta fragilidade!

Ademais, quaisquer objetos, alvos da cobiça humana, podem ser roubados ou podem ser rapidamente destruídos por organismos tão débeis, como a traça, a ferrugem, o cupim... Que tesouro pode ser esse, que se desvanece a qualquer instante, que se volatiza à passagem destrutiva do vento?

É lógico, portanto, que não viemos ao mundo para cobiçar objetos, fatos e circunstâncias que lhe pertencem, para sermos prisioneiros de riquezas, prazeres, fama, honra, poder e glória. Nada disso, nada mesmo, nos acompanha para além da sepultura.

Na verdade, só existe um único e verdadeiro tesouro para o homem, a merecer-lhe todo o empenho de suas forças, toda a energia de sua mente, toda a simpatia de seu coração e toda a vibração de sua alma: é a Essência Divina, é o Cristo Interno, é o reino dos céus dentro de si mesmo. Esta é a meta, esse é o fim; tudo o mais é o resto, é método, é meio... e nada mais!

Capítulo XXV: O homem e o desapego

• O desapego • O desapego total • O desapego e a felicidade

1. O desapego

Quem se apega a alguém ou a algo, vira escravo. O apego a qualquer coisa, que é existencial e quantitativa, impede o ser humano de alçar voos para o Infinito Qualitativo. O apego é barôntico e gravitacional e sempre puxa o homem para baixo. Por isso, o amor verdadeiro é necessariamente incondicional ou desapegado.

Pode-se e deve-se amar os parentes e os amigos, com muita intensidade, porém, desinteressadamente, sem apego ou sem paixão egoica. Somente assim podemos também amar os inimigos, amá-los pelo que eles são, em Essência, e não pelo que eles fizeram, fazem ou vão fazer, na existência.

Detestar o mal é preciso, contudo, mais necessário ainda é amar os malvados. Malvados o são por ignorância. E se, em vez de amá-los, os odiarmos seremos tanto ou mais malvados e ignorantes do que eles.

Quanto homens existem que, embora honestos e íntegros em suas ações, são capazes, por exemplo, de olhar para uma mulher, apreciar sua anatomia e beleza física, sem nenhum sentimento impuro de posse em seu coração, com o mesmo desinteresse ou desapego de quem contempla uma florzinha delicada e inerme à beira de um caminho? E quantas mulheres nessas mesmas condições, seriam imunes a esta espécie de desejo ou apego?

"Não há heróis da ação, só há heróis da renúncia, do sacrifício e do sofrimento" – afirma Albert SCHWEITZER, ele que foi um dos homens mais ativos do nosso tempo.

Ao prefaciar a obra de Hermann HAGEDORN – *O profeta das selvas*, p. 5, Huberto ROHDEN, com a fina perspicácia, que lhe é inerente, nos diz que:

> Estas palavras sintetizam 90 anos da vida de Schweitzer; depois de ele ter vivido 52 anos entre os negros primitivos da África; depois de ter realizado obras gigantescas nos mais variados setores da vida – como filósofo, ministro evangélico, músico, organicista, como médico e cirurgião, como desbravador e construtor – Schweitzer, num retrospecto panorâmico de quase meio século de atividade terrestre, declara peremptoriamente que ninguém é grande pelo que faz; o homem só é grande por aquilo que renuncia e pelo que sofre. Esta frase lapidar resume toda a filosofia cósmica do profeta das selvas africanas.

Viemos ao mundo para buscar e encontrar o nosso ser e não para nos apegarmos loucamente às fantasias e muletas psicológicas que o mundo nos oferece, e, muito menos, aos resultados materiais de nossas ações.

2. O desapego total

Segundo o testemunho de Mateus 10,37 e de Lucas 14,25-27, Jesus disse: "Se alguém vier a mim, mas não odiar seu pai e sua mãe, mulher e filhos, irmãos e irmãs, e ainda a si mesmo, não pode ser meu discípulo."

Quem não é tão forte, ao ponto de odiar pai, mãe, mulher e filhos, irmãos e irmãs, bem como odiar a própria vida individual, não tem idoneidade suficiente para seguir o Cristo, não pode ser seu discípulo. O discípulo do Cristo deve estar acima de toda e qualquer carência ou querência, inclusive as mais íntimas, como aquelas relacionadas à sua parentela biológica. Tal forma de apego lhe é vedada, até mesmo o apego à vida individual, à permanência ou continuação do ego nesta dimensão material e temporal em que vivemos.

Estas palavras ácidas e de dureza diamantina, que o Cristo pôs nos lábios de Jesus, que mal os olhos conseguem ler e os ouvidos suportar, têm sido motivo de escândalo e de tropeço para muita gente. Alguns se revoltam e outros até duvidam que o Cristo em Jesus as tenha realmente proferido, ele que nos mandou amar o próximo como a nós mesmos (Mc 12,23), amar ao nosso irmão com a nossa própria alma e cuidar dele como da pupila dos nossos olhos (Tm, *logion* 25), e amar, inclusive, os nossos inimigos (Mt 5,44). Não haveria aqui uma flagrante contradição, uma incoerência total e absurda?

Evidentemente, as palavras são simbólicas, mas são medidas, são justas e são precisas, não havendo incoerência nem contradição alguma. O Cristo as tem dito e repetido pela boca dos profetas, videntes e autoiluminados, seus mensageiros de todos os tempos e lugares, conforme registram os livros mais sagrados da humanidade. Krishna, por exemplo (*Cf. Bhagavad Gita*, capítulos 1° e 2°), não só aconselha o ódio aos parentes e amigos, como ordena que se matem a todos eles!...

Mas... não seria tudo isso a própria negação do amor?

A questão, no entanto, é de perspectiva e de interpretação. Nós, que vivemos na noosfera, a esfera da mente, apegamo-nos, de forma desnaturada, a tudo que é contingente, acessório, impermanente, escorregadio e movediço. Nesse tipo de apego incluem-se naturalmente as relações de parentesco carnal ou biológico. Tais relações, por serem temporárias do ego, inconsistentes e ilusórias, não se incorporam à substância interna e eterna do ser humano. Por isso, esses apegos e paixões, quando exagerados, sempre nos escravizam. Podemos e devemos amar os parentes, sem nenhuma dúvida, porém, com um amor profundo, incondicional, um sentimento transmutado, um sentimento por afinidade espiritual, e não por causa de carência afetiva horizontal e existencial. Esse amor incondicional, o único verdadeiro, não pode fazer distinção entre parentes, amigos e, até mesmo, inimigos. É o amor que se dedica a alguém, pelo que ele é, e não por aquilo que ele fez, faz, possa ou venha a fazer... É o amor que só pode atuar na verticalidade e na transcendência, ainda que se refira a uma criatura que esteja na horizontalidade quantitativa do mundo. É exatamente o oposto do apego e da paixão. O apego ou paixão funciona via horizontal, ligando um ego a outro ego, ao passo que o amor incondicional atua pela senda da verticalidade, unindo o Eu, o Cristo Interno de uma pessoa ao Eu ou Cristo Interno de outra.

É por isso que a paixão sempre escraviza, enquanto somente o amor liberta. Eis o porquê dessa linguagem simbólica e hiperbólica, às vezes muito chocante, quando os mestres e autoiluminados nos falam dos falsos amores!...

Todas as formas de paixão, geralmente são endereçadas a coisas de natureza material, principalmente ao ego físico, ao corpo do ser humano, seja o nosso próprio corpo, seja o corpo de alguém que julgamos amar. Ora, como tudo que é material, o corpo humano não é real, não é do homem, não é rico nem forte, não é puro nem limpo, nem é belo. O corpo, ainda que se nos pareça a máxima expressão da beleza e, por isso mesmo, quase sempre objeto de culto e idolatria, de admiração e desejo, é, na verdade, de uma fragilidade espantosa, porque constituído basicamente de água em cerca de oitenta por cento... e os outros vinte por cento restantes não passam de pobres componentes minerais que, se fossem sintetizados num laboratório, seriam suficientes apenas para a feitura de um prego de tamanho médio!...

É certo que adquiri meu corpo, com a ajuda de meus pais biológicos, tomando-o emprestado da natureza, a fim de utilizá-lo por alguns decênios. Findo esse prazo, queira ou não queira, tenho forçosamente de devolvê-lo ao seu dono para a perpétua reciclagem da matéria, "onde nada se cria, nada se perde e tudo se transforma".

Diante do exposto, eu me pergunto: Meu Deus, como é que algo poderia me pertencer? Tudo o que não pode fazer parte de minha substância interna e eterna, não me pertence. Portanto, definitivamente, nada do mundo pode ser meu.

O *Bhagavad Gita*, como já vimos, que utiliza a mais simbólica e mais candente de todas as linguagens, chega ao ponto de aconselhar que o candidato à vida espiritual mate todos os parentes e amigos, ou seja, pai, mãe, filhos, netos, sogros, primos, além de mestres e colegas. Parece assustador! Parece, mas não é, porque todos esses parentes, mestres e amigos, aqui relacionados, não são, de forma alguma, entidades individuais, não são gente, não são pessoas!... São, em verdade, os loucos prazeres dos sentidos, as irresponsáveis emoções do coração e os famigerados e delirantes orgulhos da mente. São, portanto, as mais poderosas forças escravizantes do homem, das quais precisamos nos libertar o quanto antes, para que, finalmente, o homem adâmico do ego possa se integrar no homem crístico do Eu!...

3. O desapego e a felicidade

Está escrito no Sermão da Montanha: "Bem-aventurados os pobres pelo espírito, porque deles é o reino dos céus." (Mt 5,3.)

Quem são eles, esses pobres pelo Espírito, esses bem-aventurados, esses seres felizes?

É evidente que não são aqueles que já nasceram materialmente pobres e, muito menos, os que se tornaram pobres, por causa da má fortuna ou de circunstâncias externas desfavoráveis, mesmo porque, em princípio, "ser rico não é defeito e ser pobre não é virtude".

Pobres, no sentido mais elevado do termo, empregado aqui no Sermão da Montanha, são apenas e tão-somente aqueles que, possuindo ou não bens de fortuna, se fizeram materialmente pobres, externamente pobres, voluntariamente pobres, porque se sentem espiritual e internamente ricos, tão ricos que só necessitam de um mínimo, em termos materiais e psicológicos, para viverem alegres, com decência e com dignidade.

Possuindo ou não bens materiais, desapegaram-se deles livremente, em razão de uma profunda convicção interna. Nada mais fazem do que seguir o sábio conselho de Jesus: "Não acumuleis para vós tesouros na terra – mas acumulai tesouros nos céus" (Mt 6,19-20), pois ao homem não é possível servir a dois senhores, a Deus e às riquezas. O homem não deve servir a algo que lhe é inferior, sob pena de degradar-se, de se tornar menor do que ele mesmo, de se pôr abaixo de sua natureza, de sua própria dignidade. Devemos servir, sim, para isso viemos ao mundo, mas servir somente a Deus... a Deus em Deus, a Deus no homem e a Deus na natureza. Servir desinteressadamente é uma pura e livre questão de consciência.

Então, pelo visto, ser pobre pelo Espírito é desapegar-se subjetivamente dos bens materiais e das circunstâncias, sejam materiais ou psicológicas, já que, diga-se mais uma vez, todas essas quantidades superficiais ou externas jamais farão parte da substância interna e eterna do ser humano. São coisas do mundo que se desintegram e ficam no mundo; são como que acidentes de percurso, na longa viagem de retorno da criatura ao seio do Criador. Desse modo, não basta ao homem ter algo, ainda que esse algo seja o mundo inteiro. É necessário ser alguém. Por isso, nem todas as coisas deleitáveis e desejáveis do mundo, mesmo somadas e multiplicadas, poderão impedir o ser humano de ter, um dia, um inevitável encontro consigo mesmo, na "pavorosa nudez de si mesmo", quando, finalmente, se livrará de todas as escórias barônticas e existenciais, atávicas e involutivas, que sempre puxaram e puxam o homem para o baixo. Para os retardatários, este processo gravitacional pode demorar milhares de anos... Mas, que importa? O tempo também não passa de uma ilusão!...

É preciso ainda reconhecer que o próprio Deus não nos pertence. Anselm GRÜN (*Bem-aventuranças - Caminho para uma vida feliz*, p. 44) corretamente afirma:

> Deus não nos pertence. Não o possuo, eu vou ao encontro dele sem nada nas mãos. Dessa maneira, para Mestre Eckhart, a pobreza em espírito é a atitude decisiva diante do Pai. Ele vem ao nosso encontro, torna-se um conosco. Mas não podemos segurá-lo, por que ele foge do nosso alcance. Somente a pessoa que se aproxima de Deus de mãos abertas e vazias pode experimentá-lo como a grande felicidade. Quem tenta se agarrar a ele, não o toca. Prende-se apenas às próprias imagens que tem dele. Deus mesmo escapa.

Tem toda a razão. Nós é que pertencemos a Deus... Nós e tudo quanto existe no Universo.

"Bem-aventurados os puros de coração, porque verão a

Deus." (Mt 5,8.)

"Renunciar às posses mentais e emocionais, afirma Huberto ROHDEN (*Entre dois mundos*, p. 98), é mil vezes mais difícil e mais importante do que abandonar as posses materiais. Renunciar a todo e qualquer apego mental, ofendismo emocional, ódios, rancores, ressentimentos, antipatias, animosidades, intrigas, maledicências e malevolências – isto é indispensável para abrir o caminho rumo a Deus e ao Eu divino homem."

Por isso, quem consegue desenvolver uma profunda sabedoria, desapegar-se dos bens materiais e das circunstâncias da vida, é um pobre pelo Espírito e possui o reino de Deus, mas aquele que vai mais além, desapegando-se não somente das coisas materiais, como também dos prazeres dos sentidos, das emoções do coração e dos orgulhos da mente, é um puro de coração e não só possui o reino dos céus, como ainda vê a Deus.

Porém, esse ver a Deus, como é lógico, não consiste em nenhum tipo de visão física, seja por meio de nossas retinas grosseiras de natureza material, seja com uma espécie de retina energética ou astral, após a morte biológica. Deus não pode ser visto assim, desse modo, porque Ele é Absoluto, Infinito, Eterno e necessariamente Ilimitado. Ver a deus significa percebê-lo espiritualmente, vislumbrar sua Essência, conhecê-lo em seus desígnios e propósitos acerca do mundo, da humanidade e, sobretudo, a respeito de nós mesmos. Ver a Deus é viver em sua Presença, acima de toda a ilusória noção mental ou intelectiva de tempo e espaço. É mergulhar subjetiva e conscientemente na Eternidade e no Infinito.

Para que o ser humano possa ver a Deus, é preciso que seja puro, seja limpo, tanto no corpo como na alma, o que realmente não é fácil, muito menos nesta dimensão telúrica, pesada, obscura e de baixa vibração. Desapegar-se dos bens da matéria, possuindo-os ou não, para nós já não é fácil. O desapego do próprio ego, então, é muito mais difícil. Este abandono da megalomania pirotécnica do nosso ego foguteiro, anticósmica mania que ele tem de idolatrar-se e fazer propaganda barulhenta de si mesmo, parece até impossível.

Como considerar-se "servo inútil", conforme nos manda Jesus, principalmente quando o ego, de fato, cumpre todas as suas obrigações virtuosas? Como enfrentar esse terrível egocídio? Como então morrer voluntariamente antes de ser morto compulsoriamente?

Estas e outras objeções do ego, à primeira vista são bastante razoáveis, bastante lógicas. Contudo, os homens crísticos e autoiluminados, aptos a ver Deus, demonstraram sempre, não somente com seus ensinamentos, mas acima de tudo, com suas próprias vidas, a inconsistência de qualquer desculpa egoica. Segundo tais gigantes do Espírito, o ego que não se integra no Eu, que não encontra seu caminho para Deus, não ultrapassou ainda seu estágio incipiente de evolução espiritual, razão porque continua sendo um ego psicologicamente frouxo, moloide, lesmoide ou moluscoide. É lógico que um ego moluscoide não pode ver a Deus!...

Mas, se o homem tiver a necessária coragem e desenvolver uma determinação que lhe permite trilhar o "caminho estreito" do desapego total e, desse modo, passar pela "porta apertada" da renúncia completa, verá, com muita surpresa, que o ego, em verdade, não morre! Algo no ser humano morre, morre sim, pois não existe parto espiritual sem dor, porém, não é o ego que morre, é o egoísmo, é a própria impureza.

O homem, uma vez purificado de suas escórias existenciais involutivas, mergulha na eternidade e no Infinito, numa viagem sem fim, de glória em glória, pelas maravilhas de Deus. E tem mais: Como nos diz Anselm GRÜN (*ob. cit.*, p. 128), "quando uma pessoa é tão iluminada e pura, que a própria beleza de Deus pode brilhar nela, isto é salvífico não só para ela, como também para as pessoas ao redor dela". Sim é verdade, mas se tais pessoas ao redor tiverem um mínimo de idoneidade espiritual, pois cada uma só recebe nos exatos limites de sua própria receptividade. Se seus canais estiverem completamente bloqueados, nada vão perceber, nada receberão.

Capítulo XXVI: O homem e o Amor

• O Amor integral • Amor aos inimigos • O poder do Amor

1. O Amor integral

De acordo com todos os mestres espirituais, Deus é amor, e todas as suas obras nascem desse amor. O homem é essencialmente filho desse amor, do amor de Deus.

Amar é uma consequência de nossa natureza, conforme nos mostra Jesus de Nazaré (Mc 12,30-31): "Amarás o Senhor teu Deus de todo o teu coração, de toda a tua alma, de toda a tua mente e com todas as tuas forças (...) e amarás o teu próximo como a ti mesmo."

É, portanto, nosso direito, nosso dever e nossa glória amar a Deus sobre todas as coisas, amá-lo com todas as forças, com todo o coração, com toda a mente e com toda a alma, ou seja, com as três dimensões quantitativas e periféricas do ego, física, emocional e mental, e com a mais profunda profundeza qualitativa e crística do Eu. E, da mesma forma, amar ao próximo como a nós mesmos.

Mas, como ninguém ama ou pode amar o que não conhece, esse amor incondicional a Deus, bem como sua consequência, o amor desinteressado ao irmão, pressupõem necessariamente o conhecimento da Paternidade Única do Infinito derramando-se espontaneamente na fraternidade cósmica de todos os finitos.

O Cristo sempre nos advertiu, pela boca de seus inúmeros videntes, profetas e mensageiros, que realmente devemos amar os nossos irmãos do mesmo modo e com a mesma intensidade com que amamos a nós mesmos. O Quarto Evangelho, o de João 13,34-35, põe as seguintes palavras do Cristo nos lábios de Jesus: "Um novo mandamento vos dou: Amai-vos uns aos outros. Amai-vos mutuamente assim como eu vos tenho amado. Nisto conhecerão todos que sois discípulos meus: em que vos ameis uns aos outros."

Na realidade, esse mandamento do amor integral, enunciado por Jesus, nada tem de novo. Fora pregado antes por Krishna, Pitágoras, Buda, Lao-Tse, e muitos outros. Contudo, duas novidades, pelo menos, estão presentes no amor incondicional, que Jesus transforma em mandamento: Primeira, é um mandamento realmente novo em relação aos preceitos de Moisés, presentes na Antiga Lei, os quais o Nazareno revoga e substitui definitivamente; e segunda, é igualmente novo, como consequência das relações específicas entre Jesus e o Apóstolos, entre o Mestre os discípulos mais íntimos, aqueles que caminhavam ao seu lado. "Amai-vos uns aos outros, assim como eu vos tenho amado" é a chave do mistério, é a novidade, e a especificidade do mandamento de Jesus, aquilo que o torna único.

O amor integral ou incondicional é dirigido a uma criatura, não por causa da criatura, mas por causa do Criador nela presente, por causa do Cristo Interno. É o amor da Essência para a Essência, e não de uma existência para outra existência, amor do Eu para o Eu e não de um ego para outro ego. O ego, por ser individual, e naturalmente egoísta, é literalmente incapaz de amar. O ego, por si mesmo, só conhece a paixão ou o apego e, por isso, só quer receber. O máximo de disponibilidade que um ego consegue manter, numa relação com outro ou com outros egos, é administrar sofrivelmente suas limitações e querências existenciais, bem como os respectivos antagonismos. O Eu, entretanto, por ser universal é naturalmente altruísta, traz dentro de si mesmo a natureza dativa do Universo, e sua alegria máxima consiste em dar e não em receber. Já que é universal, ao amar a quem quer que seja, está amando também a si mesmo: ama-se na individualidade de si mesmo, do próximo e, até mesmo, das criaturas menores, no reino da natureza. É por tudo isso, que o Mestre Jesus nos diz no Quinto Evangelho, o Evangelho de Tomé, *logion* 25: "Ama teu irmão como a tua própria alma e cuida dele como da pupila dos teus olhos."

É relativamente fácil amar o que é amável, difícil é amar o que é desamável, difícil, porém necessário. É o que nos revela Huberto ROHDEN (*Em Espírito e Verdade*, p. 123) ao dizer:

> Fácil coisa seria ao homem salvar-se se bastasse amar a Deus em Deus.
> Mas, amar a Deus no homem – oh! – tremenda dificuldade...
> Delicioso me é, Senhor, amar-te de todo o coração, de toda a alma, de toda a mente e com todas as minhas forças – mas como posso amar-te, infinita Verdade e Beleza, através de uma criatura que é quase sempre caricatura do teu ser?...
> Posso amar-te, sim, meu Deus, através das luminosas pupilas de inocente criança...
> Posso amar-te no sorriso de linda donzela...
> Posso amar-te na envolvente simpatia de um jovem na flor da mocidade...
> Mas, como posso amar-te... meu Deus, na imunda esqualidez de um mendigo?... sob os sórdidos andrajos de um vagabundo?... através das chagas pútridas de um leproso? e até na fealdade moral de um criminoso?
> Para possuir-te, Senhor, devo amar o mais amável dos Seres através da mais desamorável das tuas criaturas...

Quem já se cristificou, quem já ingressou no reino da Verdade Libertadora e permitiu, desse modo, a integração do seu ego humano, frágil e ignorante, na majestade do Eu divino, forte e sábio, é perfeitamente capaz de amar a seu irmão somente pelo que ele é, em sua Essência e não pelo que ele representa ou por aquilo que ele fez, faz ou possa fazer em sua existência, sejam quais forem as consequências. Vamos a um exemplo: Mahatma Gandhi, ao ser alvejado mortalmente com vários tiros de pistola, virou-se para o agressor, abençoando-o e dizendo-lhe: "O Eu divino que eu sou saúda o Eu divino que tu és." E dito isto, caiu morto ao chão.

Esta é uma prova do amor integral, do amor incondicional... Mas, como vimos, esse amor não funciona horizontalmente, de um ego para outro ego... É um amor verticalizado, da Essência para a Essência, embora atuando na existência. Graficamente, segundo Huberto ROHDEN (*O triunfo da vida sobre a morte*, p. 53), podemos representá-lo assim:

Eu ——→ tu: falso amor do ego.

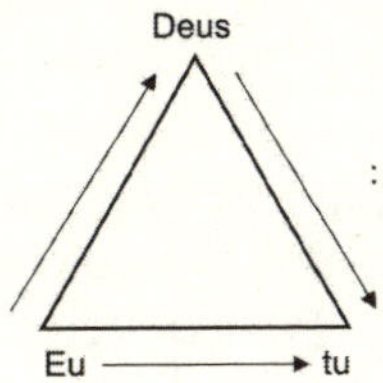

: Amor integral, incondicional, verdadeiro.

2. O amor aos inimigos

Deus é amor – dizem todos os livros sacros da humanidade. Se assim é, todas as criaturas, corpos, coisas e fenômenos, que compõem a gigantesca obra da criação universal, são e só podem ser frutos desse amor; dele é que recebem sua natureza e sua própria razão de ser. O amor é a alma de tudo quanto existe. O amor é positivo, é luz, é presença. Todas as formas de ódio, pelo contrário, são negativas, são trevas, são ausência.

Georges BARBARIN (*O medo, mal n° 1*, p. 100) afirma: "Aquele que fez uma experiência honesta de amor se reconcilia com toda a terra. Atrai para si a ajuda do visível e do invisível. Mil auxílios lhe chegam. Transforma insensivelmente tudo o que dele se aproxima, tudo o que ele toca."

Então, por que os homens não amam? Ou, se amam é, quase sempre, com muitas restrições e com imensas dificuldades? Isto, quando não trafegam pela contramão do amor, ao odiar vergonhosamente a seus irmãos! A propósito, citemos, mais uma vez Georges BARBARIN (p. 100-101): "Observe os homens que odeiam; provocam ódio em todo lugar. Em toda parte, estão cercados, acompanhados, perseguidos pelos ódios individuais e gerais. Seus dias são pesadelos de ódios, suas noites são pesadelos de medo. Têm medo instintivamente, loucamente, continuamente, perpetuamente. O medo suja a água que bebem, o pão que comem, o caminho que seguem, as amizades que encontram, os sucessos que alcançam."

Isto é vida? Por que fazem isto? Por que se sentem assim? Por que são malvados? Por que são medrosos?

Porque ignoram a presença de Deus dentro de si mesmos e, assim, vivem na periferia quantitativa do ego individual, quando deveriam vivem na centralidade qualitativa do Eu universal. Huberto ROHDEN, no entanto, mostra-nos que tudo isso vai mudar, mais cedo ou mais tarde, porque o homem é essencialmente bom, é bom em seu ser, embora possa atuar como existencialmente mau no âmbito do seu fazer, pois, segundo ele (*Novos rumos para a educação*, p. 55) "a sua maldade é periférica, a sua bondade é central. E, precisamente, por ser periférica, a maldade do homem é amplamente conhecida, ao passo que a sua bondade, por ser central, é ainda profundamente desconhecida". Por isso, quando surge um homem que, excepcionalmente, consegue romper a duríssima carapaça do seu ego, e penetrar, com coragem, na intimidade crística do seu Eu, tudo muda completa e radicalmente. Então, todas as formas de egoísmo, de ódio e de medo, outrora presentes nesse homem, desaparecem para sempre, e o amor resplandece em toda a sua plenitude. E nada resiste ao amor plenificado desse homem. Mahatma Gandhi é uma prova. Disse ele que, quando o amor de um único homem chega ao seu apogeu ou culminância, consegue neutralizar o ódio de muitos milhões. Disse e comprovou sobejamente em tudo quanto fez ou deixou de fazer. Primeiramente, conseguiu libertar a Índia da sanha do imperialismo inglês, somente pelo poder do amor, sem derramar uma gota de sangue. E, depois, quando ao final de sua vida, lhe perguntaram se já havia perdoado aos seus inimigos, chegou a ficar meio desentendido, e respondeu simplesmente: "Eu nunca tive nenhum inimigo!" É lógico que não teve. O amor crístico, verdadeiro e autêntico, é absolutamente incondicional. Consequentemente, ainda que um milhão de homens fosse objetivamente inimigos de Gandhi, ele mesmo, subjetivamente e, também, praticamente, não se sentia inimigo de quer que seja, amando indistintamente e da mesma forma, a todos os seres humanos presentes no mundo.

Krishna, Jesus, Gandhi, além de outros seres cristificados são os únicos poetas do verdadeiro amor que, um dia, já passaram pelo nosso planeta, iluminando-o e tornando-o um lugar mais belo, mais nobre, mais puro e mais digno para o ser humano viver.

Depois da presença dessas e outras entidades tão superiores entre nós, só o homem muito egoísta e mercenário, ignorante e atrasado, é ainda capaz de medir e dosar a quantidade de amor a ser dada a alguém, tendo em vista um possível grau de merecimento. Não importa se alguém merece ou não merece ser amado. Quem regula a intensidade do amor, segundo o merecimento de outrem, na verdade, não ama. Ele apenas tem paixão, apego, carência, querência, fragilidade e limitação e cobra sempre alguma retribuição.

Disse Jesus (Mt 5,43-47):

> Tendes ouvido o que foi dito: Amarás o teu próximo e terás ódio a teu inimigo!
> Eu, porém, vos digo: Amai vossos inimigos e orai pelos que vos perseguem para que sejais filhos de vosso Pai celeste, ele, que faz nascer seu sol sobre bons e maus e faz chover sobre justos e injustos.
> Pois se amardes tão-somente aos que vos amam, que prêmio mereceis? Não faz isto também os publicanos? E se saudardes apenas vossos amigos, que fazeis nisto de especial? Não fazem isto também os mundanos?

É o Cristo que nos fala pela boca inspirada do Nazareno. E o Cristo não nos deixa naufragar neste vasto oceano de incertezas, de egoísmo, de violência e de mentiras. Tudo isso nos revela que devemos amar o ser humano, pelo que ele é, em sua Essência, e não por aquilo que ele diz, faz ou deixa de fazer, em sua existência.

Em última síntese, se viemos ao mundo é para amar o Cristo, o mesmo Cristo que está em Jesus, em nós e em todo ser humano: parente, amigo ou inimigo, bom ou mau, justo ou injusto, santo ou pecador. Daí, porque nenhuma criatura de Deus pode ser odiada, a não que queiramos, de novo, insultar o Cristo!...

3. O poder do amor

Como viver sabiamente neste mundo imundo? Neste mundo primitivo e tenebroso, que nos é adverso? Como viver em paz sofrendo as adversidades da natureza e as perversidades de nossos semelhantes? Como? Ora, amando incondicionalmente, como nos aconselham todos os autoiluminados de todos os tempos e de todos os lugares. Inácio LARRAÑAGA, por exemplo (*Sofrimento e paz para uma libertação pessoal*, p. 108):

> Tiraram-lhe a palavra, você acaba de ser informado de uma traição. Não faz mal. Retire-se, concentre-se neles e envie-lhes o fogo do amor, ame-os sem condições, cegamente; sem fazer caso do amor-próprio ferido, envolva-os em doçura, bondade, suavidade. Você não tem que procurar perdoá-los, só amá-los. Envie-lhes seu coração e suas entranhas, transpassados de ternura por eles.
>
> Enfim, cada vez que alguém o fizer sofrer, retire-se para o silêncio de seu quarto e, em vez de lhe enviar ondas agressivas (que só vão prejudicar você mesmo), inunde-o mentalmente de doçura, encha-o de carinho, ame-o incansavelmente.

Eis o método da evolução espiritual, da perfeição e da felicidade. Tal como a rosa que perfuma, a luz que ilumina, o amor não precisa de nenhum motivo para amar, ele se basta a si mesmo, é a própria presença de Deus no mundo.

O amor é a única chave capaz de abrir as portas da bondade e da paz, é o maior poder que existe no Universo. Vejamos o que nos diz Huberto ROHDEN (*Profanos e iniciados*, p. 127):

> Existe um só processo infalível para acabar de vez com todos os nossos inimigos – é amá-los como amigos. Adicionar um negativo a outro negativo não é aboli-lo, mas duplicá-lo; ou, em termos comuns, fazer mal a quem me faz mal é criar dois males em vez de um e aumentar a soma de males existentes

> no mundo; é fazer o mundo de hoje pior do que era o mundo de ontem. Deixar de pagar mal por mal, não aumenta os males existentes, mas também não os diminui, porque continua a existir o mal do meu malfeitor. Mas, pagar bem por mal é cancelar com um positivo um negativo; quem assim procede faz o mundo de hoje consideravelmente melhor do que o mundo de ontem.

Isto é possível e necessário porque o amor é presença, enquanto todas as formas possíveis de ódio e maldade são ausência. O amor é o maior poder que pode existir, porque ele é positivo, é presença de Deus no homem, e uma migalha apenas dessa presença, uma vez conscientizada e vivida, pode calcinar todo um vasto oceano de ausência.

Capítulo XXVII: O homem e a felicidade

• O homem e a busca incessante da felicidade • A infelicidade humana • O sábio e a felicidade

1. O homem e a busca incessante da felicidade

Que é felicidade? Não é uma satisfação íntima, livre de toda e qualquer forma de sofrimento, seja físico, seja emocional, seja mental, seja moral? Felicidade é uma serenidade imperturbável da alma, é uma divina paz interior inexplicável e, na maioria das vezes, incompreendida.

Felicidade é o conforto sublime que o homem pode viver, à medida que percorre o caminho da própria perfeição humana, quando se realiza na hominidade, quando tem bom êxito na mais difícil de todas as artes, que é a arte de viver. Ser perfeito "como o Pai é perfeito" seria ser infinitamente feliz. Porém, se tal não é possível, pelo menos neste mundo, não nos seria possível, todavia, sair das trevas para a penumbra, alcançando, assim, algum grau de perfeição relativa?

Embora admitindo que a perfeição não é para nós, presentemente, uma meta de chegada, mas, um ponto de aproximação, nem por isso deixa de ser o mais ardente e almejado de todos os alvos, de todas as metas, sob pena de não termos da felicidade nem mesmo um pálido reflexo.

Arthur SCHOPENHAUER (*Regras de conduta para bem viver*, p. 11), apesar de seu grosseiro materialismo e de seu pessimismo brutal e caótico, conseguiu perceber, com muito acerto, que o que evidencia o destino do homem, pode ser esquematizado em três classes:

1ª) O que somos, isto é, a nossa individualidade;

2ª) o que temos, ou seja, bens de fortuna, coisas materiais, propriedades, teres e haveres de qualquer natureza; e

3ª) o que representamos, quer dizer, o que significamos para os nossos semelhantes, a nossa imagem, que abrange o nome, a honra, a fama, a glória, e tudo o mais desse mesmo gênero.

Ora, se fizermos um sincero exame de consciência, vamos verificar que quase sempre, ao buscarmos a felicidade, nós a sustentamos apenas no ter e no representar, ignorando praticamente o que somos. Justamente por isso, a felicidade, para a maioria esmagadora dos seres humanos, não passa de uma miragem, que se desvanece ante os olhos do homem ignorante, sozinho na multidão e perdido no deserto da matéria bruta e inconsciente.

A felicidade é, antes de tudo, a comunhão do homem consigo mesmo. Ela se acha potencialmente no Cristo Interno, na luz divina dentro do ser humano, na própria Essência humana. Quando o homem toma conhecimento desse potencial e lhe mantém estrita fidelidade, ele encontra felicidade até mesmo nas pequeninas coisas, numa florzinha inerme e desprotegida à beira de um caminho, num vermezinho ou pequeno inseto aparentemente insignificante, que ele contempla, embevecido, com os olhos da alma, na folha de uma árvore; também em pequenos gestos e ações, que ele sempre emprega na prática do bem. Sua felicidade é contínua e nunca deixa de se renovar. O ser humano não deve esperar a felicidade para o dia de amanhã.

Paramahansa Yogananda (*Como ser feliz o tempo todo*, p. 27) nos aconselha, dizendo: "Seja feliz agora! Se conseguir achar a felicidade em sua alma, mesmo que morra amanhã e junte-se ao longo cortejo das almas que partiram e que descem lentamente os corredores abobadados dos séculos, você sempre levará consigo esse tesouro inestimável. Se conquistar a felicidade da alma, ninguém poderá arrancá-la de você, não importa quão longa seja sua jornada rumo ao infinito e à eternidade."

É verdade. E não importam também os caminhos trilhados, nem os que ainda serão percorridos; importa tão-somente o seu caminhar!...

2. A infelicidade humana

Nunca, em toda a história da humanidade, se buscou tão sofregamente o prazer, e, nunca, jamais, o homem foi tão infeliz! Em nossa sociedade decadente, permissiva, consumista e tão escandalosamente hedônica, os homens se matam, mesmo navegando no oceano de todos os prazeres!...

Isto acontece porque todo prazer, seja físico, emocional ou mental, sem qualquer exceção, uma vez realizado, exige um preço equivalente em dor, a ser pago em tempo oportuno, imediato, breve ou distante, nesta ou em novas encarnações, infalível e inexoravelmente. O prazer e a dor não passam de frente e verso de um mesmo e único fenômeno. O prazer, quando buscado como fim e não como meio sempre termina em dor. O ser humano não deve buscar o prazer nem fugir da dor; deve aceitá-los como acidentes de percurso em sua longa jornada evolutiva.

Muitas criaturas dotadas de livre arbítrio, ao pensar equivocadamente que a felicidade reside na posse, uso e gozo de coisas materiais, passam a vida inteira explorando os outros, no afã de acumular bens que vão muitíssimo além de suas necessidades, mesmo que, com isso, ao seu lado, muitos fiquem de mãos vazias ou pereçam de fome. Metade da humanidade é subnutrida e um terço morre literalmente de fome... na abundância! Por outro lado, homens há que, para se alimentarem, chegam a gastrificar o cérebro e cerebrizar o estômago... morrendo de indigestão! Muitos homens não morrem, matam-se... e pela boca!

E essa busca desordenada, louca e desvairada pelos prazeres eróticos e libidinosos, que levam o instinto da reprodução ao círculo fechado da animalidade? Os homens puseram o sexo na cabeça e a cabeça no sexo. Não mais racionam, sexinam!...

Além desses equívocos monumentais, grandemente responsáveis por uma parte considerável da infelicidade humana, outros ainda existem e podem ser lembrados.

A criatura humana nasceu para ser feliz, não há dúvida. Por isso mesmo, aspira naturalmente à perfeição de si mesma. É seu direito e, mais ainda, seu dever aperfeiçoar-se continuamente, tanto no âmbito do ego, nas três dimensões de sua potencialidade, física, emocional e mental, como, sobretudo, no reino do Eu espiritual. É precisamente desse autoconhecimento que decorre a sua felicidade. Contudo, ao continuar cego e surdo para a realidade de seu mundo interior, o homem acaba dirigindo sua ânsia incontida de perfeição para fora de si mesmo, voltando-se para as coias inferiores que o rodeiam e também para os seus semelhantes e, assim se torna duplamente infeliz. Primeiro, porque as coisas, quaisquer que sejam, não podem ser perfeitas. São naturalmente relativas, impermanentes ou transitórias, não podendo jamais fazer parte da substância interna e eterna do ser humano, razão porque não preenchem o imenso vazio de sua alma. Segundo, porque é uma insensatez querer a perfeição do próximo. Geralmente, quanto mais imperfeito é um indivíduo, tanto mais exige que os outros, em torno dele, sejam cada vez mais perfeitos, fazendo-se, portanto, um perpétuo fiscal e censor de seus semelhantes. É claro que, em todas essas relações, a infelicidade campeia. É que a insanidade, pela sua própria natureza, torna-se um círculo vicioso e sempre leva os homens à desconfiança, à cólera, à ira, ao ódio, ao rancor, ao ressentimento, com os quais mutuamente se tratam.

Ora, todos esses vícios do ego, todos esses egoísmos separatistas não passam de sofrimentos não resolvidos... e o que significa tudo isso, senão outras formas de infelicidade humana? Mas, o círculo diabólico ainda continua, pois a ira, o ódio e o rancor, individuais e coletivos, geram a violência, grande inimiga da felicidade... já que é antítese, o oposto da paz!... E, para completar, a violência cria o medo, o pânico, a insegurança... ou seja, mais infelicidade!...

É!... Já vimos o suficiente para podermos concluir que a infelicidade é a própria pena que os homens e a humanidade se aplicam a si mesmos, pelos seus enganos, má vontade e equívocos, pelo seu longo rosário de erros, de vícios e de crimes sem conta!...

3. O sábio e a felicidade

Toda a felicidade tem origem na qualidade do Eu e não nas quantidades do ego. Não é por acaso que a força física que move uma roda reside na imobilidade do eixo, embora os movimentos estejam em sua periferia. Do mesmo modo, toda a grandeza do homem decorre do seu centro, vem do seu Eu.

Nas periferias do ego, que não obedece ao Eu, só podem haver barulho e movimentos desordenados. Por isso, o homem sábio não se interessa por quantidades que lhe vêm de fora, como, por exemplo, honra, fama, glória, poder e dinheiro, já que tais quantidades não se incorporam à qualidade de sua alma. O sábio busca, em primeiríssimo lugar o "reino de Deus e sua Justiça", ou seja, a Verticalidade do Infinito, pois, sabe que tudo o mais de que necessita, lhe é dado "de acréscimo" (Cf. Mt 6,31-34; Lc, 29-31). Quem possui a Causa, possui todos os seus efeitos.

Inácio LARRAÑAGA é, sem sombras de dúvida, um sábio. Ele nos diz (*A arte de ser feliz*, p. 28-31), entre outras coisas:

> Gostaríamos de reter os momentos agradáveis – que ilusão! – de eternizar os acontecimentos brilhantes, mas estamos comprovando que tudo nos escapa e se desvanece. Aqui não fica nada. (...) Tudo é tão oco como um gomo de bambu, mutável como a rosa dos ventos, passageiro como as aves, como as nuvens... Por que sofrer tanto? (...) É uma loucura angustiar-se com coisas que hoje são chama e amanhã serão silêncio.

Por isso, o sábio trata todas as coisas externas com ternura, mas sem se apegar a nenhuma delas. Ele trabalha intensamente, mas não se prende aos frutos do seu trabalho. Não trabalha por causa de um salário, de um *quantum* de dinheiro, porém, por amor à função.

O sábio não se envaidece ou se vangloria por qualquer vitória, nem se frustra ou se entristece com aparentes derrotas. Ele se acha muito acima de tudo isso. O sábio sabe que o trabalho é seu... não os resultados.

O sábio é ativo por fora, mas completamente quieto por

dentro. Ele vive nas profundezas do ser, cujo fazer é apenas uma consequência natural.

O sábio é bom, não necessariamente bonzinho, bombom ou bombonzinho; é incondicionalmente bom, indefectivelmente bom, tão bom, que só pode fazer o bem.

O sábio sabe que, nesta existência, somente o homem é um fim em si mesmo. Tudo o mais, seja o que for, são meios...

O sábio usa tudo quanto lhe vem à presença, seja coisa, seja prazer, seja dor, mas nunca abusa de coisa alguma. Assim, por exemplo, ele não chuta uma pedra, que se acha em seu caminho... Essa é a grande diferença. O ignorante, o ser vicioso ou de má vontade, abusa. O sabereta, o homem virtuoso ou de boa vontade, ás vezes recusa. O sábio, aquele que já está acima da virtude, simplesmente usa, não recusa e muito menos abusa.

O ego é sempre frágil e sofredor. Sofre por causa de qualquer coisa que lhe provoque algum tipo de resistência. Sofre, se não recebe algum favor. Sofre, se mesmo recebendo, não o conserva... O Eu, no entanto, não sofre nem se ofende jamais; é realmente inofensível. Ele nada espera, nada receia e tudo aceita, com a mais perfeita calma e serenidade, com a mais sorridente alegria e, por isso mesmo, é sempre feliz!

Como corretamente reconhece Huberto ROHDEN (*O homem e o universo*, p. 148),

> Ninguém pode evitar todos os sofrimentos, que nos vêm das adversidades da natureza ou da perversidade dos homens; mas cada um pode ser feliz, porque a felicidade (ou a infelicidade) vem da própria substância ou consciência do homem. O homem feliz pode sofrer, o homem infeliz pode gozar; mas o principal não é sofrer ou gozar, o principal é ser feliz, seja no sofrimento seja no gozo.

A felicidade consiste em o homem viver na intimidade qualitativa e crística do Eu Interno, sem se contaminar com os erros, equívocos, fraquezas e limitações do ego periférico.

Capítulo XXVIII: O homem e a morte

• O homem diante da morte • O homem, a morte e o morrer • A morte como fator de evolução

1. O homem diante da morte

No mundo quantitativo da existência, não há nenhuma entidade que seja absolutamente simples ou indivisa, quer na natureza inanimada, quer na natureza biológica. Isto significa que tudo quanto existe, inclusive o átomo, é composto, e, em sendo composto, necessariamente se decompõe, ou seja, morre. Todavia, por uma questão estratégica, costuma-se reservar a palavra morte para indicar o fenômeno do perecimento dos seres biológicos, tanto vegetais como animais. Os outros seres simplesmente se decompõem, desintegram-se, dissolvem-se.

A morte, então, é uma característica específica do ser vivo. O ser vivo, ao nascer, já traz inoculado em sua estrutura o fatal e inexorável gérmen da morte. Morte e vida representam, portanto, duas faces da mesma entidade, os dois polos antitéticos do ser no mundo.

Mas... que é a vida? Que é a morte? Definições formais, quaisquer que sejam, têm interesse apenas acadêmico, nada mais. Salomão JORGE, por exemplo (*A estética da morte*, v. 1, p. 97) nos diz que "a vida é a resistência que oferecem os corpos organizados às causas incessantes que tendem à sua destruição. Logo a morte deve ser caracterizada pela preponderância absoluta dos agentes da destruição sobre os corpos organizados".

De qualquer modo, a verdade é que o ser vivo já nasce para a vida despencado para a morte, embora somente o homem tenha a consciência prévia ou *a priori* desse inevitável destino, podendo vislumbrar, perto ou longe, o anjo negro que o aguarda. De fato, desde que nascemos, cada tique-taque do relógio é um degrau a mais que descemos em direção ao túmulo. "Desde que o homem nasce – afirma Régis JOLIVÉT (*As doutrinas existencialistas*, p. 128) – já é suficientemente velho para morrer." Todos nós sabemos disso, consciente ou subconscientemente. Mas, por outro lado, como tudo é relativo na existência, "ninguém é tão velho, que não possa viver mais um dia" – conclui acertadamente Julián MARÍAS (*Antropologia filosófica*, p. 77).

Todos os homens morrem!... é o que diz uma lei da biologia. Mas, como todas as leis naturais, esta lei, ainda que exata, não é absoluta, é relativa. De fato, há homens que não morrem, que não entregam o corpo físico ao crematório ou ao repasto dos vermes. A Bíblia afirma que Henoc (Gn 5,24; Hb 11,5), Melquisedec (Gn 14,18, Sl 110,4) e Elias (1 Rs 2), não morreram, mas transformaram seus corpos em energia radiante e os transportaram para dimensões superiores evolutivas do Universo. Na Índia, o fenômeno é até relativamente mais comum...

O homem dito normal, medianamente evoluído, tem dentro de si mesmo uma ânsia incontida de se perpetuar no tempo, de se agarrar ao mundo. Luta até as últimas consequências para não morrer. O próprio suicida não desmente o fato, antes o confirma, pois, aqueles que voluntariamente buscam a morte, buscam-na não pelo desapego à vida, mas por causa de um fracasso completo e total na arte de viver. Por mais paradoxal que possa parecer, o suicida ama a vida e, até mesmo, mais do que os outros, e, é por isso, também, que se mata. O suicida é aquele que ama a vida de tal forma, que simplesmente não suporta, não consegue vivê-la em condições que julga incompatíveis com suas mais sentidas e mais sonhadas aspirações de realização pessoal. Então, salta pela janela da vida com o mesmo desespero de quem salta pela janela de um grande edifício incendiado!... Geralmente, ele não acredita na continuidade da vida após a morte.

Arthur SCHOPENHAUER era um homem azedo, sarcástico e egoísta. Não demonstrava maior respeito nem consideração pela vida. Por isso podia dizer: Eu não me suicido, eu não darei este gostinho à vida!...

O homem médio e comum geralmente tem pavor da morte. Giovanni Papini, por exemplo, nos dá o seguinte testemunho (Salomão JORGE. *Ob. cit.*, p. 99-100):

> Mas, quem disse que eu devo morrer? Morrer? Então eu também deverei deixar de repente, de respirar, de ver, de mover-me, de sofrer? Deverei fazer como os outros? Como todos? Todos os homens morrem, bem o sei; mas parece-vos este uma boa razão? Morra quem quiser morrer: eu sou eu e não sou como os outros. Mas, convenhamos! Aqui deve haver um engano, um colossal mal entendido. Que motivo existe para que eu deva desaparecer estupidamente como um qualquer? Não sabeis que se eu morrer não mais existirá a chuva que cai e dança sobre as folhas, nem o lindo sol quente que tosta a pele, nem o campo verde e branco que forma os cavalões da sombra, quando o vento o atinge, nem as Nossas Senhoras no meio do ouro, ao fundo das igrejas escuras, nem os cantos cismarentos das jovens abandonadas, nem as joias que cintilam nas vitrinas de noite, sob a luz elétrica avermelhada?
> O mundo todo com as suas belezas e os seus horrores, com as suas ideias e os seus corpos, o mundo todo está aqui, em mim, dentro de mim, e seria anulado se eu morresse.
> É possível isso? Deverei tornar-me como os outros um corpo gelado, uma carcaça fedorenta, um monte de vermes, um punhado de pó, um pedaço de barro? É possível que eu imagine de mim uma coisa semelhante? É justo que tudo que trago no meu cérebro e no meu coração, todo este infinito pulular de pensamentos e de lembranças, de imagens e de afãs, deva acabar, terminar para sempre? Como posso

> imaginar que o mundo continuará a existir se eu o não posso pensar senão com o meu pensamento?
>
> ....
>
> Não quero morrer, nem todo nem meio; nem com a alma nem com o corpo. Há em mim alguma força mais forte do que todas as derrotas; há um recife plantado no meio de minha alma que resiste a todas as tempestades que o recobriram nos últimos tempos. Há uma besta que quer comer, há duas pernas que querem caminhar, há uma cabeça que quer pensar, uma mão quer escrever. Por que razão? Em nome de que fé? Em virtude de que objetivo?

São palavras de fogo, sem dúvida. Todavia, a questão pode e deve ser enfocada por outros ângulos, como, em seguida, veremos. E, então, saberemos que a morte não é, como parece, uma negra e pesada porta que se fecha sobre si mesma, mas uma leve e transparente cortina que se abre para a eternidade.

2. O homem, a morte e o morrer

Uma imaginação doentia, fruto da ignorância e da maldade, que se tem acumulado durante séculos e milênios, transformaram o desenlace do ser humano em um cortejo de horrores. A consequência imediata é o medo patológico da morte e do morrer.

Tememos o anjo negro da morte porque ignoramos o que nos espera em outra dimensão. Seria o nada, seria o purgatório, seria o inferno, seria um outro mundo de suplícios criado por um deus irado, monstruoso, cruel e sanguinário, cujo retrato nos é pintado, em cores fortes, pelas nossas teologias?

Além dessas superstições de ordem religiosa, o excessivo apego aos bens materiais e às pessoas, sem dúvida agrava o problema, pois tudo isso sempre puxa o homem para baixo, escravizando-o às coisas, aos prazeres e exigências inferiores desta terra.

Por outro lado, o morrer também nos apavora, dada a aparência agônica da transição, a possível angústia do processo.

Contudo, nada disso é tão tenebroso quanto parece. Pelo

contrário, morrer é algo tão natural como o apagar de uma vela, e a morte, com ser natural, é ainda necessária como transição de uma vida inferior ou menor para uma forma de vida maior ou superior.

O ambiente físico, em que atualmente vivemos, não passa de um estágio, por meio do qual buscamos experiência e conhecimentos, saber e sabedoria. Viemos ao mundo para encontrarmos resistência na matéria, pois, sem resistência ou tensão não há evolução. Por isso e para isso é que adotamos um corpo físico. E, quando esse corpo, por um motivo ou outro, não mais consegue manter-nos ou sustentar-nos, a nós, que somos Espírito, então o abandonamos, devolvendo-o ao seu dono, que é a natureza, para a perpétua reciclagem da matéria ou, numa palavra, morremos! Assim sendo, morrer não é mais traumático do que nascer! Com efeito, ao nascer, deixamo-nos aprisionar por um corpo denso que, a bem da verdade, é uma gaiola, sim, uma gaiola. Em tempos muito antigos, na Índia, uma jovem belíssima, chamada Hemalekha (Cf. Cécile SAGNE. *O erotismo sagrado*, p. 161-162), foi dada em matrimônio, por seu pai adotivo, a um príncipe, cujo nome era Hemacuda. Casaram-se e se amavam... Porém, nos momentos mais íntimos, durante os joguinhos amorosos, a moça não demonstrava maior entusiasmo, o que, de certa forma, desagradava o marido, até que, certa vez, ele houve por bem em reclamar dessa frieza da esposa, obtendo, então, a seguinte resposta:

> Este corpo que Vossa Alteza tanto deseja não passa de uma gaiola de ossos, ligados entre si por músculos e tendões. Por fora, uma pele coberta de pelos em toda a sua extensão. Por dentro, líquidos e excremento. Originariamente constituída de esperma e sangue, esta gaiola vem à luz passando pela mesma porta da urina.

Aí está!... Mas, quando morremos, libertamo-nos, passando a habitar um corpo de energia, que nos permite alçar voos nas asas do Espírito, em um ambiente muito mais refinado e sutil, mais compatível com a nossa vocação, com a nossa verdadeira e essencial natureza, com a nossa dignidade.

Mas, a evolução ainda continua, pois o nosso corpo energético também é composto e também morre! E quando isto acontece, ele precisa ser substituído por um corpo glorioso de luz incolor, invisível, indestrutível e imortal, e é com ele que, finalmente, podemos mergulhar na Eternidade e no Infinito.

Tudo isso, porém, depende do pleno sucesso que tivermos na arte de viver, que é a arte de amar e servir. Se não nos desprendermos paulatinamente dos veículos barônticos e terrenos, se não nos livrarmos do egoísmo, da cobiça e da luxúria, se não conseguirmos a afeição sem apego, se não formos capazes, enfim, de aprender a morrer voluntariamente a cada dia, para as coisas do ego, antes que a morte nos mate compulsoriamente, então, por certo, vamos ter de reencarnar, de repetir as dolorosas, porém, construtivas experiências neste planeta ou em outros mundos equivalentes, por tantas vezes quantas forem necessárias. Pior ainda: poderemos sofrer muito em dimensões umbralinas após a morte. O indivíduo que não desenvolver a sabedoria e o autocontrole, durante a vida física, conclui acertadamente Paul BRUNTON (*Ideias em perspectiva*, p. 115), "poderá estar cheio de apetites animalescos, sem ter um corpo físico para satisfazê-los. A sabedoria e a disciplina capacitá-lo-ão a adaptar-se com relativa facilidade".

Devemos, portanto, abandonar as sugestões hipnóticas do mundo, os prazeres físicos do corpo, as emoções descontroladas do coração e os famigerados delírios da mente, que se interpõem entre o homem e Deus, entre o filho e o Pai, entre a criatura e o seu Criador. É isso o que nos faz andar em círculos e nos impede o autoconhecimento, a autolibertação e a autorrealização de nós mesmos.

3. A morte como fator de evolução

A existência inteira, desde o átomo aos sistemas de galáxias, movimenta-se dentro dos padrões cíclicos da impermanência, da transitoriedade. Tudo quanto existe, como já vimos, obedece à lei férrea segundo a qual, aqui "nada se cria, nada se perde e tudo se transforma" (Antonine-Laurent LAVOISIER). É só... e é tudo!

A Essência, entretanto, é diferente e oposta. Ela é eterna, absoluta e imortal. É imutável.

Viemos da Essência, estamos na existência e voltaremos à Essência, mas somente depois de adquirirmos as experiências indispensáveis ao autoconhecimento, à autolibertação e à autorrealização de nós mesmos, experiências que só mesmo a existência nos pode proporcionar.

Pelo visto, a morte é a própria condição natural da existência, não somente física, como também astral ou energética. Em ambos os planos, a morte reina soberana, porque tanto a matéria, quanto a energia são compostas e já sabemos que tudo o que é composto se decompõe, mais cedo ou mais tarde, ou seja, morre! Desse modo, o nascer e o morrer são fenômenos completamente relativos, isto é, são, nada mais nada menos, passagens de uma dimensão para outra dimensão, sempre em demanda ou em busca de uma perfeição maior ou superior. E, em todo esse gigantesco processo de transformações existenciais, nem sequer um átomo de energia se perde no campo quantitativo da física, da mesma forma que nenhuma vibração superior pode perder-se no reino qualitativo da Metafísica. Por tudo isso, devemos reconhecer que, em todos os campos, morrer é condição para se viver uma vida mais plena e muito mais abundante. Tem razão, portanto Ikbal TAIMNI (*O homem, Deus e o universo*, p. 79) quando afirma: "A morte ou destruição nada mais é que a remoção de algo que já serviu o seu propósito e está perturbando o caminho para o progresso ou desenvolvimento."

Dai porque, para homens já espiritualmente avançados, como Francisco de Assis, que a existência física nada mais tem a oferecer, em termos de aquisição de novos conhecimentos e experiências de ordem superior, "morrer é viver para a vida eterna".

Jesus de Nazaré, o nosso grande e bem-amado Mestre, sintetizou tudo numa única frase: "Se o grão de trigo não cair em terra e morrer, fica a sós consigo; mas se morrer, produzirá muito fruto" (Jo 12,24).

Em se tratando do homem, essa morte evolutiva ou redentora, capaz de produzir muito fruto, não é propriamente a morte física ou biológica que, por si mesma, não leva ninguém à vida eterna, mesmo porque, o que a vida não fez, é impossível que a morte possa fazer.

Do mesmo modo que não é o trigo que morre, quer dizer, o núcleo vital dentro dele, mas tão-somente a sua casca, no homem também só morre o egoísmo, que é a casca do ego, a impedir a integração do ser humano em Deus e, por extensão, na solidariedade incondicional com os irmãos, igualmente em Deus. O que verdadeiramente decide, portanto, não é a morte física ou biológica, praticamente irrelevante, porém a morte metafísica ou axiológica do ego, o egocídio voluntário. É preciso que o ser humano saiba morrer voluntariamente, antes que a morte o mate compulsoriamente. É necessário morrer para as pequenas e medíocres coisas do ego, para renascer em busca dos ideais superiores e belezas incomparáveis do Eu.

Mas, para que alguém consiga, com real e pleno sucesso, passar pela porta apertada do desapego completo e transitar pelo caminho estreito da renúncia perfeita, é indispensável que conheça as limitações do ego, bem como a natureza e a função do sofrimento e da morte.

O ego humano é muito limitado. Ao construir sua identidade, lutando contra tudo e contra todos, durante milhares e milhares de anos, individualizou-se de tal modo, que se separou e ainda se mantém separado, emocional e psicologicamente, não somente de seus semelhantes como, igualmente, de Deus, que é a sua origem e o seu destino. É por isso que nasceu o egoísmo, como culto idólatra do ego, idólatra e satânico, justamente porque é separatista. Mais do que nunca o ser humano anseia por integração, porque, mais do que nunca, quer evoluir e imortalizar-se, mas, infelizmente o egoísmo não deixa.

Conforme Huberto ROHDEN (*Filosofia cósmica do Evangelho*, p. 177):

> O ego humano não pode imortalizar-se por si mesmo; só pode ser imortalizado pelo Eu divino. Se o ego se integrar no Eu, então se imortaliza. Acontece, porém, que essa integração parece ser uma desintegração, uma extinção, uma morte do ego.

> Enquanto o ego não se convencer de que sua integração no Eu maior não é extinção, mas integração e imortalização, não aceitará ele essa integração.

Eis o sofrimento redentor, o egocídio que mata, não o ego, mas o egoísmo, e, assim, nos conduz à vida eterna. Porém, como se vê, é necessário que o compreendamos em toda a sua profundidade, o que nos é muito difícil. Temos de assumir, em face de sofrimento e da morte, uma atitude eminentemente positiva, pois, a revolta só nos prejudica, enquanto a simples resignação não passa de uma atitude neutra e ineficaz. Devemos adotar aquela postura preconizada por Inácio LARRANAGA (*As forças da decadência*, p. 267), dizendo, com a alma na boca: "Aceita-me como sou, com o pouco que sou. Aceita-me com tudo o que eu quis ser e não fui, com meus desejos secretos e sonhos impossíveis.(...) A partir deste momento, solto os remos e deixo meu barco à deriva das correntes divinas. Senhor, quando quiseres, como quiseres, leva-me."

Diante da dor, que jamais nos visita por acaso, como também em face da morte, devemos amordaçar os sentidos, pôr um freio às emoções e silenciar a mente por completo, concentrando-nos unicamente no Eu Crístico, no Deus em nós, em nossa própria Essência. Aí, nesse âmbito superior de consciência, nenhum sofrimento pode chegar, nem mesmo a morte, nem agora nem nunca.

Para concluir, vejamos o que nos diz Paul BRUNTON (*Ob. cit.*, p. 113): "Torna-se necessária, claramente, uma retirada crescente da vida mundana. Suas atividades de homem, desejos, apegos e prazeres, cada vez mais devem ceder lugar à contrição, à prece, ao ascetismo e ao recolhimento espiritual. É hora de voltar para casa."

E mesmo! É hora de abandonar as conveniências, as fraquezas e limitações do ego, é hora de perder a vida egoica por amor ao Cristo, integrá-la em Deus e ganhá-la por toda a eternidade.

Capítulo XXIX: O homem e a saudade

• A saudade • Saudade de coisas • Saudade de pessoas • Saudade de Deus • Eu e minha saudade

1. A Saudade

Saudade é uma palavra estranha, estranha e única porque só existe em nossa belíssima e quase desconhecida língua portuguesa. Nenhum idioma em todo o mundo possui termo equivalente à palavra saudade, cuja origem é a voz latina do vocábulo *solitatem* que, em português, deu a forma arcaica de soidade, metamorfoseando-se, posteriormente, em saudade, pela benéfica influência do verbo saudar.

Se a saudade é enquanto palavra uma flor original e exclusiva do idioma português, como sentimento, no entanto, ela faz morada no peito de todos os homens e habita no coração de todas as mulheres, ergue seu templo no íntimo de todas as almas.

Mas, que é a saudade? Não seria um gozar-sofrendo, um sofrer-gozando, um silencioso soluçar interior, uma lembrança ao mesmo tempo doce e triste de alguém ou de algo indevidamente longe do nosso coração? Saudade é sofrência... sofrer a presença de uma ausência!... a ausência de uma presença...

Saudade... misto de alegria e tristeza, tão cantada e decantada, tão gozada e tão sofrida... Em todas as latitudes e longitudes, gozam-na e sofrem-na os filhos deste planeta. Porém, quem a sabe? Quem a conhece? Quem já lhe sondou os abismos? Quem já lhe tocou a mais profunda profundeza? Quem já viu o fundo mais fundo de sua natureza?

O homem é ainda uma sombra. Por um lado, é filho da luz vertical e, por outro, irmão dos tenebrosos abismos horizontais. O homem é luz, ainda com a aparência de trevas. Essencialmente divino e existencialmente humano, absoluto e relativo, imortal e fadado à morte, tem de sofrer todas as formas de saudade competíveis com sua natureza dualista. Daí porque há diversas espécies de saudade capazes de invadir a incauta e desprotegida catedral do coração humano. Todas, porém, desaguam em dois grandes rios, o rio do tempo e o rio da eternidade. O rio do tempo é o rio da saudade finita, que corre no plano horizontal da existência, envolve o homem no tempo e no espaço, e é saudade bidimensional de coisas e pessoas. Já o rio da eternidade é o rio que desce da vertical, infinita e sublime majestade do absoluto e é a saudade eterna do Paraíso temporariamente perdido, é nostalgia da Pátria espiritual distante, é angústia metafísica das origens, é a saudade de Deus.

2. Saudade de coisas

As coisas podem ser concretas, abstratas ou imaginárias.

Em princípio, não sentimos, sofremos ou gozamos saudade de coisas... Talvez saudade de sons, de perfumes e cores, saudade de flores... Quem sabe?

As coisas funcionam mesmo é como veículo, suporte ou sustentáculo da saudade. Assim, por exemplo, o tamborilar da chuva na vidraça, os acordes duma música no ar, dentro da noite, uma fotografia que o tempo amarelou... são gatilhos que disparam o certeiro projétil da saudade. E, uma vez feridos, ficamos amarrados na doce tortura da saudade, uns mais e outros menos, alguns incuravelmente como, de sobejo, nos demonstra nossa literatura poética planetária.

No fundo, nós só sentimos saudade do que somos, e não do que temos. E nós não somos coisas, por mais que o mundo e as coisas do mundo nos coisifiquem, quantificando-nos na linguagem fria, lógica e técnica dos computadores. Então, como legítima defesa, nossa saudade aumenta. É uma saudade que doi, é uma saudade que liberta.

Todos podem ver uma árvore, o seu quê e o seu como, poucos, pouquíssimos, porém, conseguem ver o Autor da árvore... graças à ação libertadora da saudade, que une semelhante com semelhante e liga o ser com o ser, tanto na horizontalidade quantitativa dos homens, quanto na sublime verticalidade de Deus.

Assim como o som plangente e dorido passa pelas cordas de um violão, assim também passa a saudade, como notas musicais, pela periferia das coisas, adentra no peito do ser humano, toma conta do seu cérebro, invade o seu ego e o prepara, passo a passo, para ouvir, com os ouvidos da alma, a mensagem libertadora da majestosa Sinfonia Cósmica do Universo.

Ao vislumbrarmos as coisas, sob a ótica do nosso prisma, percebemo-las como veículos, através dos quais voa a saudade. A saudade chega, trazida quase sempre nas asas das coisas, sejam coisas concretas, abstratas e, até mesmo, imaginárias. Coisas assim como o misterioso tropismo das estrelas, a amplidão sideral do espaço, a música das águas, o canto dos passarinhos, os vales profundos onde dormem os ventos, as verdes campinas onde acorda a aurora, uma verdejante paisagem e outras mais, em propícias condições e circunstâncias, podem arremessar o homem, como um bólido, ao encontro de alguma sutil, indescritível e pulsante saudade.

Mas, perguntamos mais uma vez, podemos sentir saudade de coisas? Talvez... Tudo depende do nível de evolução espiritual de cada um.

3. Saudade de pessoas

Jamais poderemos, ainda que o queiramos, devassar completamente uma pessoa, invadir o indivíduo e violar o último sacrário da catedral de seus mistérios. E é exatamente isso o que nos encanta nas pessoas... e até nos martiriza. Um ser humano assim, com a sua circunstância, o seu caminho e o seu encanto, quase sempre nos atrai; atraídos, ficamos cativados; cativados, ficamos cativos; e, uma vez dependentes, já estamos escorregando pelas portas escancaradas da saudade.

Onde há um apego, uma paixão, um amor, há incontestavelmente uma saudade. A quem amamos nas andanças ciclotímicas deste mundo?

Amamos os amigos, amamos os parentes e, acima de todos, amamos a criatura amada...

O amigo nos é afim, nós o amamos. Ele não é uma pessoa comum, não é um número numa estatística, não é uma simples imagem numa fotografia ou um ponto oscilante no mapa demográfico e movediço da multidão.

Quem e quais são nossos amigos? Em geral, há amigos de toda sorte... amigos amigos, amigos colegas, amigos vizinhos, amigos distantes, distantes no tempo e distantes no espaço!... Existem, inclusive, profissionais amigos como, alguns pastores, médicos e professores, especialmente os professores...

É próprio do amigo estar sempre próximo... e, por isso, quando se ausenta sentimos saudade... e quando definitivamente se vai, com ele também morremos um pouco, de tanta e tamanha saudade.

Os parentes, como todos sabemos, são aqueles que nascem numa determinada família, e nunca é por sorte ou azar, jamais é por acaso. A lei da afinidade e semelhança, estrutural e invisível é que comumente o determina, lei que rege todos os seres, em todas as dimensões do Universo. Sem violar a lei, são os companheiros que elegemos para caminharem conosco, em nossa presente jornada existencial. Com eles estamos no mesmo barco. Sofremos e nos alegramos juntos. Vibramos em semelhantes faixas de sintonia ou nas mesmas ondas de frequência, conforme os graus de parentesco ou a proximidade dos grupos, numa dinâmica de círculos concêntricos.

Dentro de cada círculo ou no interior de cada grupo, na intimidade convivencial específica, seja na vida seja na morte, nos momentos de festa ou de amargura, vivemos e saboreamos diferentes espécies de saudade. Como é que experimentamos, por exemplo, a saudade de um parente que se vai para nunca mais voltar nesta atual jornada existencial? Depende. Esse parente é mais próximo ou mais distante?

Ninguém nos é mais próximo ou mais íntimo, segundo a natureza da família, ressalvada a criatura amada, do que a nossa mãe, o nosso pai, o nosso irmão, a nossa filha ou o nosso filho... Se algum desses nos falta, a saudade que daí resulta é trágica e alucinante!... Um terrível vazio... Um buraco negro e turbilhonante a devorar nossas entranhas. Uma ausência permanente que nos convulsiona, arde-nos no peito e nos aperta e tritura o chagado coração!... Porém, se a perda é de um tio ou outro parente situado na periferia do sistema, onde a nossa carência é, quase sempre difusa, temos, consequentemente, uma saudade indecisa, vaga e confusa, uma tênue e agridoce saudade... E assim, sucessivamente, salvo alguns casos que são raros.

Quanto à criatura amada, é aquela que escolhemos e, ao mesmo tempo nos escolhe, conforme a lei da complementaridade dos opostos, para a deliciosa aventura de um caminhar a dois, ao longo de jornadas existenciais, no contexto do Universo!...

Normalmente, saudavelmente, e, por definição, a criatura amada é do sexo oposto, com uma única exceção: a de seres anormais para cima ou supernormais que, ao sublimarem suas energias e sentimentos, verticalizando-os às alturas, tornam-se existencialmente eunucos por amor a Deus. Neste caso, a criatura amada pode ser um guru ou discípulo do mesmo sexo, cujo amor é inteiramente espiritualista e assexuado, não por deficiência, mas por plenitude. É que a Mística se transformou em erótica do Espírito, enquanto a erótica é sempre a mística da carne.

Quanto mais intenso é o amor, maior é a saudade! E vice-versa. Às vezes, não passa de uma simples e enganosa paixão intempestiva de primavera, cujo botão não se abriu em flor. Outras vezes, chega ao paroxismo do delírio, incendeia o indivíduo e implode o coração amante!...

De outra feita, existe uma saudade mais pura, mais íntima e mais fiel, saudade de alma gêmea que há muito nos acompanha ou nos acompanhou em memoráveis jornadas evolutivas. Não mais se trata de uma saudade física, não é, nem de longe, saudade de um corpo denso... É saudade de uma criatura numa circunstância, num pedaço de tempo, num fragmento de espaço, saudade de um perfil, de uma imagem, de uma alma há muito tempo conhecida, cultuada e amada!...

4. Saudade de Deus

Relativa e absolutamente, a cada origem corresponde um destino e a cada destino uma saudade. Em termos absolutos, todos os seres, coisas e fenômenos existenciais do Universo têm no Supremo Criador a origem única e um mesmo destino. Logo, não há nem pode haver criatura alguma, seja anjo, seja homem ou seja coisa, que não sinta, sofra ou goze, cada uma a seu modo, a indeclinável e arrepiante saudade de Deus. Deus é a Essência de toda a existência, a Essência pela qual geme, suspira e soluça a existência...

Como Essência Absoluta, Deus é infinitamente consciente. Todavia, enquanto existência relativa, a Consciência divina varia conforme toda uma gama de possibilidades no âmbito fenomênico dos finitos. Por isso, Deus é inconsciente nos mundos involuídos, mineral, vegetal e animal inferior; subconsciente no homem intelectivo ateu ou descrente; consciente no homem intelectivo teísta ou crente; e pleniconsciente no homem intuitivo, racional e fiel, acima de qualquer crença ou descrença.

Dai porque são quatro espécies de saudade de Deus: Saudade inconsciente, saudade subconsciente, saudade consciente e saudade pleniconsciente.

Saudade inconsciente. Toda a natureza canta inconscientemente a saudade de Deus. De um modo ou de outro, todo finito vibra de saudade do Infinito.

Lá no fundo da tenebrosa inconsciência mineral, latejam as pedras do ritmo de uma infra-atômica saudade muda. Cantarolam as murmurantes cascatas. E, com sua voz ciclópica e bizarra, ribomba de saudade furiosamente o trovão.

Na passagem do inorgânico ao orgânico, as árvores, imóveis como setas do Infinito, bem como os arbustos e a relva, ao nos presentearem com as pulsações da vida vegetal, este primeiro elo de toda a cadeia biológica planetária, são também, sem o saber, acordes harmônicos da inconsciente saudade de Deus.

A esfera zoológica, por sua vez, como todas as outras esferas, é igualmente uma esfera de saudade. Nesse comando férreo dos sentidos, dos instintos, das leis biologicamente estruturadas e invioláveis, cada indivíduo, cada atitude, cada comportamento programado é, na verdade, uma inconsciente prova de saudade, seja na profundeza negra e pesada do mar, seja na superfície verde e rugosa da terra, seja nas luminosas e etéreas camadas do ar. A saudade brilha de mil formas diferentes nos bailados de uma borboleta, no livre voo de um beija-flor, no mavioso canto de um sabiá, ou nos olhinhos misteriosos de um primata!...

Enfim, em todas as dimensões inconscientes da natureza, mineral, botânica e zoológica, tudo é saudade... de Deus!

Também o homem já viveu – e muito – a saudade inconsciente de Deus, quando, no primitivo jardim adâmico do Éden, vivendo no primeiro céu dos sentidos, não havia ainda provado o fruto da árvore do conhecimento, plantada no meio do Paraíso.

Saudade subconsciente. Depois disso, já no segundo céu, o da inteligência, passou a sentir a saudade penumbral, que o intelecto lhe impõe, na imensa e fantasmagórica fronteira entre as trevas e a luz. Nesse domínio intelectivo, gradações inúmeras de saudade são possíveis, a começar pela saudade vaga, difusa, indecisa e medrosa de um não sei quê, não sei onde nem como, até explodir numa forma de saudade incompreendida, revoltada, violenta e demolidora, paradoxos de uma saudade ateia, antinomias aparentemente irreversíveis de uma saudade antiteísta! Esta saudade subconsciente de Deus se nos apresenta como uma espécie de saudade em que a extensão quantitativa supera aberrativamente a intensidade qualitativa. É a saudade típica das multidões involuídas, das massas informes... Saudade democrática, superficial, epidérmica, vulgar e medíocre; saudade de um ego que defende egoisticamente a sua própria existência; saudade de um ego vicioso, de um profano de má vontade, de um homem-lama tão impuro, que adora viver impuramente no meio das impurezas. É a saudade, característica do homem mundano, que afirma o mundo, no mundo, com o mundo e para o mundo.

Saudade consciente. É ainda no segundo céu da inteligência que o ser humano sofre a consciente saudade de Deus. É uma saudade cruciante. Nessa altura de nossa jornada evolutiva em demanda do Infinito, o ego vicioso cede seu lugar ao ego virtuoso. Desaparece o homem-lama, o profano de má vontade e surge o homem-água, o profano de boa vontade, o homem virtuoso. Começa a funcionar o Tribunal da Consciência – o único tribunal digno de um homem digno. Tem início a temível crucificação. Já não somos espectadores inocentes de nossa tragédia, somos atores! Temos consciência da impiedosa dicotomia do Bem e do Mal... do Bem que almejamos, sem muito sucesso e, do mal, que, muitas vezes, não conseguimos evitar!... Quanta dor!...

É uma saudade sangrenta. Batemos no peito, olhos baixos colados na gravidade da terra, e desfiamos perante a Consciência Infinita o monstruoso rosário de nossas faltas diante de Deus e diante dos homens!... Quanta vergonha!...

Sentimos desabar sobre a cabeça os falsos princípios de nossa antiga segurança. Parece então que estamos sós em nossa finitude, frágeis e trôpegos a caminhar... é uma benéfica e bendita saudade, pois pode naturalmente limpar-nos de nossas primitivas e grosseiras escórias involutivas; pode ser uma real assepsia, a nos condicionar para a necessária cirurgia do nosso ego duro e recalcitrante, a ser realizada, finalmente, pela saudade pleniconsciente de Deus, a única saudade verdadeira, profunda, autêntica e libertadora, origem e destino comum de todos os demais tipos de saudade.

Saudade pleniconsciente. Todos já gozamos a saudade inconsciente de Deus, muitos sofrem a saudade subconsciente, outros tantos choram a saudade consciente. Pouquíssimos, no entanto, depois de vencerem as três barônticas, telúricas e egoicas saudades existenciais, mergulham definitivamente na essencial e pleniconsciente saudade de Deus... São homens raros, raríssimos, cuja metanoia lhes abriu as cortinas do Infinito e lhes deu a visão de Deus, face a face...

Quem demanda a esse nível superior de consciência, já não vive nas escalas periféricas e intelectivas do ego, seja um ego virtuoso ou, muito menos, vicioso. Vive na profundidade crística do Eu, no terceiro céu da intuição ou introvisão libertadora. É um autoiluminado, um exemplar avançado de sua espécie, um rastro de luz na escuridão do mundo; é um homem-luz que se mantém puro no meio de todas as impurezas. É um vidente, é um santo, é um profeta!

5. Eu e minha saudade

O homem, desde que emergiu dos tenebrosos abismos da inconsciência sensitiva, para a penumbra da semiconsciência intelectiva, tem sofrido sempre uma saudade louca e desvairada do quanto já saboreou ao longo do caminho percorrido. Preso a essa corrente barôntica, não obstante ele segue, marcha e avança na mais fantástica antidromia, impulsionado pela infinita saudade da luz, que ainda gozará eternamente na pleniconsciência intuitiva do seu Eu.

Sou homem, confesso. E, como tal, cheio de saudades...

Trago na periferia horizontal e sentimental do meu ego, a saudade multimilenar dos acasos, dos ensanguentados pores-de-sol e das alvoradas radiantes de uma esperança sempre nova e imorredoura. Desde então, venho cantando alegrias e soluçando tristezas...

Trago nas minhas mal feridas retinas, a saudade de flores orvalhadas, que enfeitaram as margens do meu caminho...

Trago no recôndito mais íntimo da memória, a melancólica saudade dos amigos e parentes que se foram à minha frente, rasgando dimensões e abrindo as cortinas do Infinito... Mais ainda daqueles que se perderam temporariamente na retaguarda de seu destino...

Trago no meu coração cansado a saudade doída da mulher companheira que, há milhares de anos, caminha comigo, iluminando o meu dia e perfumando a minha longa noite...

Trago na profundeza vertical e metafísica de minha alma, a eterna, dolente e soluçante saudade do meu Senhor, meu Deus, meu Pai e meu tudo, que é a última razão da minha razão, toda a Essência da minha existência.

Referências bibliográficas

AGAZZI, Evandro. *A ciência e os valores*. Trad. Francisco Rocha Guimarães e José Nogueira Machado. São Paulo: Loyola, 1977.

ARANGURÉN, José Luís. Ética. 5. ed. Madrid: Revista de Ocidente, 1972.

ARISTÓTELES. Ética. Trad. Cássio M. Fonseca. Rio de Janeiro: Edições de Ouro, 1968.

BACCHETO, Sinésio. *Educação e ideologia*. Petrópolis: Vozes, 1967.

BARBARIN, Georges. *O medo, mal n° 1*. Trad. Ronaldo Lima. Rio de Janeiro: Forense, 1968.

BERDIAEFF, Nicolas. *Le sens de la création*. Trad. do russo por Mme Julien Bruges. Paris: Descler de Brouwer, 1955.

BOFF, Leonardo. *O Pai-Nosso - a oração da libertação integral*. 10. ed. Petrópolis: Vozes, 2003.

BRAMELD, Theodore. *O poder da educação*. Trad. Deny Félix Fonseca. Rio de Janeiro: Zahar Editores, 1967.

BRUNTON, Paul. *A crise espiritual do homem*. Trad. Octávio Mendes Cajado. São Paulo: Pensamento, 1973.

______. *Ideias em perspectiva*. Trad. 10. ed. São Paulo: Pensamento, 1995.

CHARDIN, Teillard de. *O fenômeno humano*. Trad. Léon Bourdone e José Terra. 3. ed. Porto: Livraria Tavares Martins Editora, 1970.

CIRIGLIANO, Gustavo. *Fenomenologia da educação*.

Trad. Isaída Bezerra Tissot. Petrópolis: Vozes, 1969.

COSTE, René. *Moral para uma sociedade que se transforma*. Trad. José J. Queiroz. São Paulo: Paulinas, 1976.

CRIPPA, Adolpho. *O problema da universidade*. São Paulo: Convívio, 1966.

DEL VECCHIO, Giorgio. *A justiça*. Trad. Antônlo Pinto de Carvalho. São Paulo: Saraiva, 1960.

DESCARTES, René. *Obra escolhida*. Trad. J. Guinsburg e Bento Prado Jr. São Paulo: DIFEL, 1962.

FLÓSCOLO DA NÓBREGA, J. *Introdução ao Direito*. 5. ed. Rio de Janeiro: José Konfino – Editor, 1977.

FOX, Emmet. *O Sermão da Montanha*. 13. ed. Rio de Janeiro: Record, [19...]

FROMM, Erich. *Psicanálise da sociedade contemporânea*. Trad. L. A. Bahia e Giasone Rebuá. 5. ed. Rio de Janeiro: Zahar Editores, 1967.

______. *A revolução da esperança*. Trad. Edmond Jorge. Rio de Janeiro: Zahar Editores, 1969.

FURTER, Pierre. *Educação e reflexão*. 7. ed. Petrópolis: Vozes, 1973.

GANDHI, Mahatma. *Somos todos irmãos*. Trad. Euclides Luís Calloni. São Paulo: Paulus, 1998.

GARCÍA MÁYNEZ, Eduardo. Ética. 20. ed. México: Porrua, 1973.

GARCÍA MORENTE, Manuel. *Fundamentos de filosofia*. Trad. Guilhermo de la Cruz Coronado. 5. ed. São Paulo: Mestre Jou, 1976.

GRÜN, Anselm. *Bem-aventuranças - Caminho para uma vida feliz*. Trad. Monika Ottermann. São Pualo: Paulinas, 2009.

GUSDORFF, Georges. *A agonia da nossa civilização*. Trad. Homero Silveira. São Paulo: Convívio, 1978.

HAGEDORN, Hermann. *O profeta das selvas*. 2. ed. Trad. Ilydio Burgos Lopes. São Paulo: Alvorada [19...]

HAERING Bernhard. *Medicina e manipulação*. Trad. Honório Dalbosco. São Paulo: Paulinas, 1977.

HESSEN, Johannes. *Teoria do conhecimento*. Trad. Antônio Correa. 7. ed. Coimbra: Armênio Amado – Editor, 1976.

______. *Filosofia dos valores*. Trad. L. Cabral de Moncada.

3. ed. Coimbra: Armênio Amado – Editor, 1967.

JASPERS, Karl. *Iniciação filosófica*. Trad. Manuela Pinto dos Santos. Lisboa: Guimarães Editores, 1972.

JOLIVET, Régis. *Tratado de filosofia*. Trad. Geraldo Pinheiro Machado. Rio de Janeiro: Agir Editora, 1969. V. 1.

JORGE, Salomão. *A estética da morte*. 4. ed. São Paulo: Resenha Tributária, [19...]. 3 V.

KANT, Emmanuel. *Crítica da razão prática*. Trad. Afonso Bertagnoli. 3. ed. São Paulo. Brasil Editora, 1959.

KHARISHNANDA, Yogi. *O Evangelho de Buda*. Trad. Cinira Riedel de Figueiredo. 6. ed. São Paulo: Pensamento, 2014.

LAHR, C. *Manual de filosofia*. 8. ed. Porto: Apostolado da Imprensa, 1969.

LARRAÑAGA, Inácio. *A rosa e o fogo*. Trad. Maria Luíza Garcia. 3. ed. São Paulo: Paulinas, 2000.

______. *As forças da decacência*. Trad. José Carlos Pedroso. São Paulo: Paulinas, 2005.

______. *A arte de ser feliz*. Trad. Maria Luíza Garcia Prada: São Paulo: Paulinas, 2004.

______. *Sofrimento e paz para uma libertação pessoal*. Trad. José Carlos Corrêa Pedroso. 15. ed. Petrópolis: Vozes, 1997.

______. *Adorar a Deus em Espírito e Verdade*. Trad. José Carlos C. Pedroso. 3. ed. São Paulo: Paulinas, 1985.

______. *Itinerário rumo a Deus*. Trad. João Rezende Costa. 2. ed. São Paulo: Paulus, 2000.

LEAKEY, Richard. *Origens*. Trad. Maria Luíza da Costa G. de Almeida. 3. ed. São Paulo: Edições Melhoramentos. Editora da UnB, 1981.

LEGAZ Y LACAMBRA, Luís. *Filosofia del Derecho*. 3. ed. Barcelona: Boch, 1972.

LELOUP, Jean-Yves. *Deus não existe... Eu rezo para Ele todos os dias*. Trad. Karin Andrea de Guise. Petrópolis: Vozes, 2008.

LOPES DE OÑATE, Flavio. *Filosofia del Derecho*. Trad. Alberto S. Bianchi. Buenos Aires: Ediciones Jurídica Europa – América, 1961. V.1.

MAMMANA, Caetano Zamitti. *O Aborto ante o Direito, a Medicina, a Moral e a Religião*. São Paulo: Letras Editora,

1969. 2 V.

MARITAIN, Jacques. *Os direitos do homem*. Trad. Afrânio Coutinho. Rio de Janeiro: José Olympio Editora, 1967.

______. *O homem e o Estado*. Trad. Alceu Amoroso Lima. 4. ed. Rio de Janeiro: Agir Editora, 1966.

Mc-Nall BURNS, Edward. *História da civilização Ocidental*. Trad. Lourival Gomes Machado e Leônidas Santos Machado. 2. ed. Porto Alegre: Globo, 1970, 2 V.

MARTÍN NIETO, Evaristo. *Pai-Nosso*. Trad. Alda da Anunciação Machado. São Paulo: Paulinas, 2001.

MAYER, Frederick. *História del pensamiento pedagógico*. Trad. María Célia Aguibar. Buenos Aires: Kapeluz, 1997.

MIRA Y LOPEZ, Emílio. *Quatro gigantes da alma*. Trad. Cláudio de Araújo Lima. 9. ed. Rio de Janeiro: José Olympio Editora, 1969.

MONDIN, Battista. *Quem é Deus?* Trad. José Maria de Almeida. São Paulo: Paulus, 1997.

OLIVEIRA, Nelci Silverio de. *A tríplice dimensão da saudade*. 2. ed. Goiânia; AB-Editora, 1998.

______. *Teoria Geral do Estado*. 2. ed. Goiânia; AB-Editora, 2004.

______. *Curso de Filosofia do Direito*. 2. ed. Goiânia: AB-Editora, 2001.

______. *Os Evangelhos em sua natureza, essência e profundidade*. Limeira: Editora do Conhecimento, 2013.

______. *A Filosofia, os filósofos e a incessante busca da Verdade*. Limeira: Editora do Conhecimento, 2015.

ORTEGA Y GASSET, José. *Meditações do Quixote*. Trad. Gilberto de Melo Kujawst. São Paulo: Livro Ibero-Americano, 1967.

PLATÃO. *Apologia de Sócrates*. Trad. María Lacerda de Moura. Rio de Janeiro. Ediouro, [19...]

______. *A República*. Trad. J. Guinsburg. São Paulo; DIFEL, 1965. 2 V.

______. *Obras completas*. Trad. María Araújo *et all*. Madrid: Aguilar, 1988.

RECASÉNS SICHES, Luís. *Tratado de Sociologia*. Trad. João Baptista de Aguiar. 2. ed. Porto Alegre: Globo, 1968. 2 V.

ROHDEN, Huberto. *O triunfo da vida sobre a morte*. 3.

ed. São Paulo: Alvorada, 1981.

______. *De alma para alma*. 13. ed. São Paulo: Alvorada, [19...]

______. *Lúcifer e Lógos*. 2. ed. São Paulo: Alvorada, [19...]

______. *Filosofia contemporânea*. 4. ed. São Paulo: Alvorada, [19...]

______. *O homem*. São Paulo: Alvorada, 1980.

______. *O Pensamento filosófico na antiguidade*. 4. ed. São Paulo: Alvorada, [19...]

______. *Filosofia cósmica do Evangelho*. 2. ed. São Paulo: Alvorada, 1976.

______. *A grande libertação*. 3. ed. São Paulo: Alvorada, 1980.

______. *Novos rumos para a educação*. 3. ed. Rio de Janeiro: Freitas Bastos, 1960.

______. *A metafísica do cristianismo*. 2. ed. São Paulo: Alvorada, [19...]

______. *Imperativos da vida*. 2. ed. São Paulo: Alvorada, 1983.

______. *Sabedoria das parábolas*. 3. ed. São Paulo: Alvorada, 1980.

______. *Por um ideal*. Rio de Janeiro: Freitas Bastos, 1962, 2 V.

______. *Cosmoterapia*. São Paulo: Alvorada, [19...]

______. *Agostinho*. 4. ed. São Paulo: Alvorada, 1976.

______. *Assim dizia o Mestre*. São Paulo: Alvorada, 1980.

______. *Em Espírito e Verdade*. 4. ed. Rio de Janeiro: Freitas Bastos, 1965.

______. *O homem e o universo*. São Paulo: Alvorada, 1982.

______. *O Quinto Evangelho*. 2. ed. São Paulo: Alvorada, 1979.

______. *Profanos e iniciados*. 2. ed. São Paulo: Alvorada, 1983.

______. *Entre dois mundos*. 2. ed. São Paulo: Alvorada, 1978.

RUSSEL, Bertrand. *O impacto da ciência na sociedade*. Trad. Antonio Cirurgião. Rio de Janeiro: Zahar Editores, 1976.

SALMAN, D. H. *O lugar da filosofia da universidade*. Trad. João Bosco Fonseca Lara. Petrópolis: vozes, 1969.

SCHOPENHAUER, Arthur. *Regras da conduta para bem viver*. Trad. Eloy Pontes. 2. ed. Rio de Janeiro: Vecchi, 1966.

TAIMNI, Ikbal. *O homem, Deus e o universo*. Trad. Milton Lavrador e outros. 9. ed. São Paulo: Pensamento, 1995.

______. *Preparação para a Yoga*. Trad. Sociedade Teosófica: Brasília: Teosófica, 1992.

______. *Shiva-Sutra*. Trad. Maria Luíza Lavrador. Rio de Janeiro: Grupo Annie Besant, 1980.

______. *Autocultura é luz do Ocultismo*. Trad. Milton Lavrador. Rio de Janeiro: Grupo Annie Besant, 1980.

______. *A Ciência do Yoga*. Trad. Milton Lavrador, Brasília: Teosófica, 1976.

TOMÁS DE AQUINO. *Suma Teológica*. Trad. Alexandre Corrêa. 2. ed. Porto Alegre: Sulina Editora / Univ. Caxias do Sul, 1980, V. 3 e 4.

TORRÉ A. *Introducción al Derecho*. 6. ed. Buenos Aires, 1972.

TOULAT, Jean. *Aborto, crime ou libertação?* Trad. Pilar Delvaulx. Lisboa: Publicações Europa-América, 1974.

YOGANANDA, Paramahansa. *Autobiografia de um iogue*. Trad. Adelaide Petters Lessa. São Paulo. Summus Editorial, 1982.

______. *Como ser feliz o tempo todo*. Trad. Gilson Cardo so de Sousa. 11. ed. São Paulo: Pensamento, 2015.

______. *Paz interior*. Trad. S.R.F. Los Ângeles: Self-Realization Fellowship, 2010.

A FILOSOFIA, OS FILÓSOFOS E A INCESSANTE BUSCA DA VERDADE

NELCI SILVÉRIO OLIVEIRA

O mundo precisa de Filosofia, não de uma filosofia qualquer, e sim da filosofia autêntica e genuína, a Filosofia perene, cujos princípios são eternos e, consequentemente, não engendrados pela mente humana, mas intuídos por grandes sábios e autoiluminados. Essa filosofia verdadeira está centrada no homem; seu objetivo principal é a Realidade Absoluta, enquanto origem e destino de tudo quanto existe; tem a verdade como único caminho de retorno da existência à Essência, de todos os finitos ao seio do Infinito.

Este livro, *A Filosofia, os Filósofos e a Incessante Busca da Verdade*, nos apresenta uma súmula dessa sabedoria filosófica universal, de forma sucinta e objetiva , abrangendo o que há de melhor e mais profundo, tanto no Ocidente quanto no Oriente. Em se tratando de Filosofia, raramente se tem uma obra tão completa e que não se limita a uma mera exposição de doutrinas, mas revela uma postura eminentemente investigativa.

O leitor atento perceberá que todos os autênticos filósofos, de todos os tempos e lugares, que realmente se fizeram sábios, cultivaram e mantiveram fidelidade aos superiores princípios e ideais da sublime Filosofia, que aqui se expõe.

O HOMEM, A SUA ESSÊNCIA E A SUA CIRCUNSTÂNCIA
foi confeccionado em impressão digital, em julho de 2019
Conhecimento Editorial Ltda
(19) 3451-5440 — conhecimento@edconhecimento.com.br
Impresso em Super Snowbright_b 70g, Hellefoss AG